Leinenbach · Interaktive Geschäftsprozessmodellierung

SCHRIFTEN ZUR EDV-ORIENTIERTEN BETRIEBSWIRTSCHAFT

HERAUSGEGEBEN VON PROF. DR. DR. h.c. A.-W. SCHEER

In den „Schriften zur EDV-orientierten Betriebswirtschaft“ werden Beiträge aus Wissenschaft und Praxis veröffentlicht, die sich durch ausgeprägten Anwendungsbezug und hohes fachliches Niveau auszeichnen.

Stefan Leinenbach

Interaktive Geschäfts-prozessmodellierung

Dokumentation von Prozesswissen in einer Virtual Reality-gestützten Unternehmungsvisualisierung

Springer Fachmedien Wiesbaden GmbH

Die Deutsche Bibliothek - CIP-Einheitsaufnahme

Leinenbach, Stefan:
Interaktive Geschäftsprozessmodellierung : Dokumentation von Prozesswissen in einer virtual-reality-gestützten Unternehmungsvisualisierung / Stefan Leinenbach. - 1. Aufl..
- Wiesbaden : Dt. Univ.-Verl. ; Wiesbaden : Gabler, 2000
(Schriften zur EDV-orientierten Betriebswirtschaft)
Zugl.: Saarbrücken, Univ., Diss., 2000

1. Auflage Dezember 2000

Ursprünglich erschienen bei Betriebswirtschaftlicher Verlag Dr. Th. Gabler GmbH, Wiesbaden, und Deutscher Universitäts-Verlag GmbH, Wiesbaden, 2000

Lektorat: Ute Wrasmann / Annegret Eckert

Der Gabler Verlag und der Deutsche Universitäts-Verlag sind Unternehmen der Fachverlagsgruppe BertelsmannSpringer.

www.gabler.de
www.duv.de

Druck und Buchbinder: Rosch-Buch, Scheßlitz

ISBN 978-3-8244-9042-4 ISBN 978-3-322-90707-3 (eBook)

DOI 10.1007/978-3-322-90707-3

Geleitwort

Die Reorganisation von Geschäftsprozessen innerhalb eines Unternehmens erfordert ein tiefgreifendes Verständnis der betrachteten Abläufe. Bereits die Untersuchung von Prozessen kleiner oder mittlerer Unternehmen beinhaltet die Betrachtung einer Vielzahl von Aktivitäten, Mitarbeitern, Ressourcen und Informationen sowie der Beziehungen zwischen diesen Objekten. Dabei übersteigt die Komplexität der Zusammenhänge häufig das menschliche Erfassungsvermögen und begründet die Notwendigkeit zur Dokumentation der Unternehmensprozesse mit Hilfe formaler oder semi-formaler Modellierungsmethoden.

Die Erstellung formaler oder semi-formaler Prozeßbeschreibungen erfordert aber im Gegensatz zur Erstellung informaler, beispielsweise natürlichsprachlicher, Dokumentationen ein Verständnis der anzuwendenden Methode, d.h. Wissen über die Semantik der einzusetzenden Sprachelemente und das Vorgehen zur ihrer Anwendung. Dieses notwendige Methodenwissen fehlt jedoch in der Regel insbesondere den in die Prozesse hauptsächlich fachlich involvierten oder für sie verantwortlichen Mitarbeitern. Die aktive Beteiligung dieser Personengruppen als Träger des abzubildenden Prozeßwissens ist aber während des gesamten Reorganisationsprojektes dringend anzuraten.

Vor diesem Hintergrund beschreibt das vorliegende Buch die Methode der interaktiven Geschäftsprozeßmodellierung, einen innovativen Ansatz, der die fachlichen Wissensträger in eine computergenerierte virtuelle Welt versetzt, deren grafische Gestalt sich an die reale Unternehmens- und damit Prozeßumgebung anlehnt und die eine interaktive und intuitive Prozeßbeschreibung durch die am realen Ablauf beteiligten Mitarbeiter ermöglicht. Die automatische Generierung formaler oder semi-formaler Prozeßmodelle, die für eine maschinelle oder expertengestützte Auswertung benötigt werden, geschieht im Anschluß an die mitarbeitergesteuerte Prozeßbeschreibung quasi auf Knopfdruck durch die ebenfalls beschriebene Werkzeugunterstützung der interaktiven Geschäftsprozeßmodellierung.

Dem Verfasser gelingt ein überzeugender Ansatz, der auch weitere Forschungsthemen einer benutzerorientierten Unternehmensmodellierung aufzeigt.

August-Wilhelm Scheer

Vorwort

Ständige Veränderungen im Umfeld von Unternehmungen erfordern zumindest eine Anpassung, in vielen Fällen aber auch eine völlige Neugestaltung bestehender Organisationsstrukturen. Als zentraler Betrachtungsgegenstand der resultierenden (re-)organisatorischen Tätigkeiten haben sich die Geschäftsprozesse der Unternehmung herausgebildet. Unterschiedliche Reorganisationsansätze wie das Business Process Reengineering oder das Continuous Process Improvement stellen verschiedene Methoden bereit, um in den einzelnen Reorganisationsphasen durch eine geeignete modellhafte Abbildung der betrachteten Abläufe bei allen Beteiligten ein gemeinsames Prozeßverständnis zu schaffen.

Die in diesem Buch beschriebene Methode und Werkzeugunterstützung der interaktiven Geschäftsprozeßmodellierung ergänzt existierende Prozeßmodellierungs- und Prozeßvisualisierungsansätze. Sie unterscheidet sich aber von diesen dadurch, daß sie durch den Einsatz leicht erlernbarer Beschreibungssprachen eine interaktive Prozeßerhebung und intuitive Prozeßdarstellung insbesondere durch die an den betrieblichen Abläufen beteiligten Mitarbeiter als Träger des abzubildenden Prozeßwissens fördert und weniger der Unterstützung durch häufig fachfremde Methodenexperten bedarf.

Die vorliegende Arbeit entstand während meiner Tätigkeit am Institut für Wirtschaftsinformatik (IWi) der Universität des Saarlandes. Mein besonderer Dank gilt Herrn Prof. Dr. Dr. h.c. August-Wilhelm Scheer für seine Unterstützung und wissenschaftliche Betreuung der Arbeit.

Weiterer Dank für ihre fachliche Unterstützung gebührt meinen ehemaligen Kollegen am IWi. Besonders erwähnen möchte ich hierbei Herrn Dipl.-Inform. Christian Seel, Herrn Dipl.-Kfm. Malte Beinhauer, Herrn Dipl.-Kfm. Frank Habermann sowie Herrn Markus Bitterlich, der mich bei der Literaturrecherche unterstützte.

Einen ebenfalls bedeutenden Beitrag zum Gelingen der Arbeit hat mein Geschäftspartner Dipl.-Kfm. Mirko Jerrentrup in zahlreichen Diskussionen geleistet. Dafür meinen herzlichen Dank. Herrn Harald Diehl danke ich für das sorgfältige Korrekturlesen des Manuskriptes.

Darüber hinaus möchte ich mich bei der Deutschen Bahn AG für die gelungene Zusammenarbeit im Verlaufe mehrerer Forschungs- und Entwicklungskooperationen bedanken. Diese Kooperationen haben letztendlich das notwendige Projekt- und Arbeitsumfeld geschaffen, das notwendig war, um die vorliegende Arbeit zum Erfolg zu führen. Ganz besonderer Dank gilt hierbei den Herren Karl-Heinz Müller und Michael Grimm.

Nicht weniger wichtig als das fachliche Umfeld war das persönliche Umfeld, das mir meine Eltern und meine Familie geschaffen haben und das ebenfalls zum Gelingen der Arbeit maßgeblich beigetragen hat. Um diesem Dank Ausdruck zu verleihen, widme ich die vorliegende Arbeit meiner Frau Anna und meiner Tochter Johanna.

Stefan Leinenbach

Inhaltsübersicht

Inhaltsverzeichnis

Abbildungsverzeichnis

Abkürzungsverzeichnis

API	Application Programming Interface
ARIS	Architektur integrierter Informationssysteme
BOOM	Binocular Omni-Orientation Monitor
BPR	Business Process Reengineering
CAD	Computer-Aided Design
CAVE	Computer-Automated Virtual Environment
CBT	Computer-Based Training
CE	Concurrent Engineering
CIR	Computer-Integrated Railroading
CORBA	Common Object Request Broker Architecture
CPI	Continuous Process Improvement
CSCW	Computer-Supported Cooperative Work
DB	Deutsche Bahn AG
DCOM	Distributed Component Object Model
DFG	Deutsche Forschungsgemeinschaft
DIN	Deutsches Institut für Normung
DLL	Dynamic Link Library
DSS	Decision Support System
DV	Datenverarbeitung
EN	Europäische Norm
eEPK	erweiterte Ereignisgesteuerte Prozeßkette
EIS	Executive Information System
GL	Graphics Library
GoM	Grundsätze ordnungsmäßiger Modellierung
GPO	Geschäftsprozeßoptimierung
HITL	Human Interface Technology Laboratory, Universität Washington
HMD	Head-Mounted-Display
HOBE	House of Business Engineering
HTML	Hypertext Markup Language
ISO	International Organization for Standardization
IWi	Institut für Wirtschaftsinformatik, Universität des Saarlandes
LAN	Local Area Network

LoD	Level-of-Detail
MFC	Microsoft Foundation Classes
OMG	Object Management Group
PC	Personal Computer
SA	Structured Analysis
SDK	Software Development Kit
SIMNET	Simulation Network
SOM	Semantisches Objektmodell
Ubicomp	Ubiquitous Computing
UML	Unified Modeling Language
VCASS	Visually Coupled Airborne Systems Simulator
VDI	Verein deutscher Ingenieure
VPL	Virtual Programming Language
VR	Virtual Reality
VRT	Virtual Reality Toolkit
VRML	Virtual Reality Modeling Language
WKD	Wertschöpfungskettendiagramm
WWW	World Wide Web

Einleitung

Motivation und Problemstellung

Ständige Veränderungen im Umfeld global agierender Unternehmungen, seien sie durch die zunehmende Konvergenz der Märkte oder durch Änderungen des Kundenverhaltens verursacht, erfordern zumindest eine Anpassung, in vielen Fällen aber auch eine völlige Neugestaltung bestehender Organisationsstrukturen. Als zentralen Betrachtungsgegenstand der organisatorischen Tätigkeiten zur Bewältigung dieses notwendigen Wandels haben sich die Geschäftsprozesse der Unternehmung herausgebildet.

Ob ein Reorganisationsansatz wie das Business Process Reengineering einen radikalen Neuaufwurf der betrieblichen Abläufe in Projektform propagiert oder, wie im Falle des Continuous Process Improvement, eine kontinuierliche Beobachtung und schrittweise Verbesserung der Prozesse bevorzugt wird - in jedem Fall ist es notwendig, durch eine geeignete modellhafte Abbildung der zu betrachtenden Abläufe ein gemeinsames Prozeßverständnis bei allen Beteiligten zu schaffen. Gegenwärtige Prozeßbeschreibungssprachen vermitteln dieses geforderte Prozeßverständnis aufgrund mangelnder Intuitivität nicht, insbesondere bei denjenigen Mitarbeitern, denen Erfahrung im Umgang mit den verwendeten abstrakten Sprachkonstrukten fehlt. Darüber hinaus sind sie in der Phase der Modellerstellung nur von Modellierungsexperten anwendbar. Diese Tatsache wiederum ist verantwortlich für die gängige Vorgehensweise innerhalb von Reorganisationsvorhaben, die Mitarbeiter als Träger des abzubildenden Prozeßwissens lediglich in der passiven Rolle des Informationslieferanten für die Modellersteller zu sehen. Diese nur passive Beteiligung setzt sich auch in denjenigen Phasen fort, in deren Zentrum die Analyse und Verbesserung der modellhaft dargestellten Prozesse steht. Auch hier steht das hohe Abstraktionsniveau der Prozeßvisualisierung einer aktiven Mitarbeiterbeteiligung im Wege. Entsprechende Methoden- und Werkzeugschulungen sind ein möglicher, aber aufwendiger Ansatz, dieses Problem zu mindern.

Ziel der Arbeit

Der im Rahmen dieser Arbeit entwickelte Lösungsansatz basiert auf einem Vorgehensmodell, das die an den betrieblichen Abläufen beteiligten Mitarbeiter in die aktive Rolle des Prozeßmodellierers und auch –bewerters versetzt, ohne daß eine, möglicherweise fehlerbehaftete, Wissensübertragung auf einen Methodenexperten notwendig ist. Dazu werden leicht erlernbare Beschreibungssprachen benötigt, die eine interaktive Prozeßerhebung und eine intuitive Prozeßvisualisierung unterstützen. Im Zentrum dieser Sprachen steht der Einsatz der Visualisierungs- und Interaktionstechnologie Virtual Reality (VR). Ergebnis einer interaktiven Geschäftsprozeßbeschreibung durch die Mitarbeiter sollen aber dennoch auch abstrakte Prozeßmodelle sein, die sowohl im Rahmen der Reorganisation die systemgestützte Analyse und Bewertung der dargestellten Prozesse unterstützen, als auch die Workflow-gesteuerte Prozeßbearbeitung im Rahmen eines integrierten Geschäftsprozeßmanagements ermöglichen. Insbesondere vor diesem Hintergrund wird ein Werkzeug benötigt, das die von den Mitarbeitern erzeugte intuitive Prozeßbeschreibung automatisch, d.h. ohne Zuhilfenahme von Modellierungsexperten, in die gewünschte Zielbeschreibungssprache überführt.

Die im Rahmen dieser Arbeit vorgestellte Methoden- und Werkzeugunterstützung der interaktiven Geschäftsprozeßmodellierung basiert auf Ergebnissen des am Institut für Wirtschaftsinformatik (IWi) der Universität des Saarlandes durchgeführten und von der Deutschen Forschungsgemeinschaft (DFG) geförderten Projektes IMPROVE.[1] Die Methoden- und Werkzeugunterstützung der VR-gestützten Geschäftsprozeßvisualisierung stützt sich auf Ergebnisse des Forschungs- und Entwicklungsprojektes VISIER[2], das ebenfalls am IWi mit Unterstützung der Deutschen Bahn AG (DB) durchgeführt wurde. Darüber hinaus fungierte die DB als Entwicklungspartner und Pilotanwender für das System IMPROVE zur interaktiven Prozeßbeschreibung.

Aufbau der Arbeit

Die vorliegende Arbeit gliedert sich in drei Kapitel. Das **erste Kapitel** motiviert die Entwicklung der Methode der interaktiven Geschäftsprozeßmodellierung anhand einer Betrachtung der gegenwärtigen Methoden- und Werkzeugunterstützung zur Geschäftsprozeßmodellierung. Zuvor wird diese jedoch in den Gesamtzusammenhang eines integrierten Managementkonzeptes für Geschäftsprozesse eingeordnet. Den Abschluß des ersten Kapitels bildet eine Betrachtung der Technologie VR und ihrer Unterstützungspotentiale für die Erhebung und Visualisierung von Unternehmungsabläufen.

Das **zweite Kapitel** stellt den Hauptteil dieser Arbeit dar. Im Mittelpunkt stehen dabei die Darstellung der im Verlauf der interaktiven Prozeßmodellierung einzusetzenden Beschreibungssprachen und des zugrunde liegenden Vorgehensmodells. Beide Dimensionen der neuen Modellierungsmethode werden zuvor in ein Rahmenkonzept integriert, und es werden die mit der Methodenentwicklung verknüpften Ziele konkretisiert.

---

1 Das Forschungsprojekt IMPROVE (Interaktive Prozeßmodellierung auf Basis einer VR-gestützten Unternehmensdarstellung) wird bei der DFG unter dem Förderkennzeichen Sche 185/19-1 geführt.

2 Die Abkürzung VISIER steht für „VR-gestützte Visualisierung des Leitplans Computer Integrated Railroading (CIR)“.

Das **dritte** und letzte **Kapitel** beschreibt die benötigte Werkzeugunterstützung für die interaktive Geschäftsprozeßmodellierung und die VR-gestützte Geschäftsprozeßvisualisierung durch die Systeme IMPROVE und VISIER. Dies geschieht im Anschluß an eine Integration der beiden Tools in die Gesamtarchitektur einer umfassenden Werkzeugunterstützung für die Geschäftsprozeßorganisation.

Den Abschluß dieser Arbeit stellen eine Zusammenfassung sowie ein Ausblick auf sinnvolle Weiterentwicklungsmöglichkeiten im Umfeld der neuen Modellierungsmethode dar.

1 Geschäftsprozeßmodellierung und Virtual Reality

Im Rahmen dieses ersten Kapitels wird die Motivation für die Entwicklung der Methode der interaktiven Geschäftsprozeßmodellierung gegeben. Dazu wird das Thema Prozeßmodellierung zunächst in den Zusammenhang eines umfassenden Geschäftsprozeßmanagements eingeordnet, in dessen Mittelpunkt neben der Gestaltung, Steuerung und Ausführung auch die kontinuierliche Verbesserung der betrieblichen Abläufe steht. Auf die Bedeutung einer intensiven Mitarbeiterbeteiligung sowohl im weiteren Umfeld der Reorganisation von Geschäftsprozessen, als auch im engeren Anwendungszusammenhang der Modellierung betrieblicher Abläufe wird an mehreren Stellen hingewiesen. Eine Betrachtung und Bewertung der gegenwärtigen Methoden- und Werkzeugunterstützung für die Geschäftsprozeßmodellierung bildet schließlich die Grundlage für die Entwicklung der interaktiven Prozeßmodellierungsmethode, in deren Zentrum die aktive Einbeziehung der Mitarbeiter als Träger des abzubildenden Prozeßwissens steht. Die notwendige Werkzeugunterstützung ist durch den Einsatz der Visualisierungs- und Interaktionstechnologie Virtual Reality (VR) geprägt. Eine Betrachtung dieser Technologie und ihrer Nutzenpotentiale für die Geschäftsprozeßmodellierung bildet daher den Abschluß des ersten Kapitels.

1.1 Geschäftsprozeßmanagement als zentrale Unternehmungsaufgabe

1.1.1 Geschäftsprozesse im Mittelpunkt organisatorischer Veränderungen

Spätestens seit dem Beginn dieses Jahrzehnts hat sich in den meisten deutschen Unternehmungen, nicht zuletzt unter dem Eindruck einer zunehmenden Globalisierung, die Erkenntnis notwendiger Organisationsveränderungen durchgesetzt.[3] Zahlreiche Maßnahmen zur Bewältigung dieses Wandels mit dem Ziel einer Erhöhung der Leistungsfähigkeit der Organisation wurden bereits eingeleitet und weitere geplant.[4] Bei aller Vielfalt der dabei entworfenen Leitbilder, wie *Lean Management*[5] oder *Total Quality Management*[6], haben sich die Geschäftsprozesse als zentraler Betrachtungsgegenstand der organisatorischen Tätigkeit herausgebildet.[7]

---

3 Dies zeigen die Ergebnisse einer empirischen Untersuchung des Fraunhofer Instituts für Arbeitswissenschaft und Organisation (IAO), Stuttgart. Vgl. Bullinger/Wiedmann, Der Wandel beginnt 1995.

4 Dies zeigt die empirische Bestandsaufnahme des Arbeitskreises „Organisation" der Schmalenbach-Gesellschaft/Deutsche Gesellschaft für Betriebswirtschaft e.V. Vgl. Frese/Maly, Organisationsstrategien 1994.

5 Vgl. Wildemann, Lean Management 1993.

6 Vgl. Zink, TQM als integratives Managementkonzept 1995.

7 Vgl. Picot/Franck, Prozeßorganisation 1996, S. 14.

Der Begriff *Prozeß* und seine speziellere Ausprägung *Geschäftsprozeß* werden im Rahmen dieser Arbeit synonym verwendet. Bezüglich der unterschiedlichen Verwendungsformen der beiden Begriffe sei an dieser Stelle auf die Literatur verwiesen.[8] *Zimmermann* unterteilt die existierenden Definitionsansätze in Ansätze, „bei denen die Funktion und ihre Reihenfolge der Bearbeitung im Mittelpunkt der Betrachtung steht", und Ansätze, „die den Objektbezug und das Verrichten an einem Objekt in den Vordergrund stellen".[9] Zur ersten Klasse gehört beispielsweise die Prozeßdefinition von *Hammer/Champy*, die einen Prozeß definieren als „Bündel von Aktivitäten, für das ein oder mehrere unterschiedliche Inputs benötigt werden und das für den Kunden ein Ergebnis von Wert erzeugt".[10] Innerhalb der zweiten Klasse von Prozeßdefinitionen beschreibt *Scheer* beispielsweise einen Geschäftsprozeß als „eine zusammengehörende Abfolge von Unternehmungsverrichtungen zum Zweck einer Leistungserstellung. Ausgang und Ergebnis des Geschäftsprozesses ist eine Leistung, die von einem internen oder externen Kunden angefordert und abgenommen wird."[11]

Die betriebliche Wertschöpfung erfolgt also in den Geschäftsprozessen, deren Ablauf durch Informationstechnik unterstützt wird. Aufgrund diesen Zusammenhangs wird computergestützten Informationssystemen auch häufig eine Rolle als „Enabler" von prozeßorientierten Reorganisationen zugesprochen.[12] Daneben kommt den Werkzeugen der Informationstechnik bei der Organisation von Geschäftsprozessen noch eine weitere wichtige Bedeutung zu, denn sie dienen der unmittelbaren Unterstützung des Organisationsprozesses selbst.[13] Der Werkzeugeinsatz betrifft alle Phasen der Prozeßorganisation, begonnen bei der Erhebung des betrieblichen Prozeßwissens bis hin zur Umsetzung und Kontrolle der organisatorischen Maßnahmen.

1.1.2 Ansätze zur Reorganisation von Geschäftsprozessen

Als zwei grundlegende Ansätze zur Reorganisation von Geschäftsprozessen werden das *Business Process Reengineering (BPR)*[14] und das *Organizational Learning*[15] thematisiert.

---

8 Einen Überblick geben z.B. Remme, Geschäftsprozeßkonstruktion durch Montage generischer Prozeßpartikel 1997, S. 28; Kruse, Referenzmodellgestütztes Geschäftsprozeßmanagement 1996, S. 21f und Rosemann, Komplexitätsmanagement in Prozeßmodellen 1996, S. 6-14.

9 Zimmermann, Objektorientiertes Geschäftsprozeßmanagement 1998, S. 8.

10 Hammer/Champy, Business Reengineering 1995, S. 52.

11 Scheer, ARIS – Vom Geschäftsprozeß zum Anwendungssystem 1998, S. 3.

12 Vgl. u.a. Österle, Business Engineering 1995 und Davenport, Process Innovation 1993.

13 Eine Studie des Werkzeugeinsatzes findet sich bei Kortzfleisch, Werkzeuge für die computergestützte Organisationsgestaltung 1995 und Finkeisen/Forschner/Häge, Werkzeuge zur Prozeßanalyse und –optimierung 1996.

14 Der Begriff wurde maßgeblich von *Hammer* geprägt. Vgl. Hammer, Reengineering Work 1990.

15 Einen Überblick über die Definitionen des Begriffs bietet *Dodgson*. Vgl. Dodgson, Organizational Learning 1993.

Beide werden häufig hinsichtlich der Reichweite der angestrebten Veränderungen sowie der Einbindung des Veränderungsprozesses in die Unternehmungsstruktur und -kultur als zwei gegensätzliche Konzepte interpretiert.[16] Diese Sichtweise geht auf Überlegungen zurück, welche in organisatorischen Maßnahmen entweder eine *Revolution* oder eine *Evolution* sehen.[17] Verfechter revolutionärer Organisationskonzepte wie dem *Business Process Reengineering* betonen die Notwendigkeit, sich von den bestehenden Strukturen und Werten zu lösen und so, ausgehend von den Kernprozessen einer Unternehmung, strategische Wettbewerbsvorteile erreichen zu können.[18] Sie befürworten damit eine radikale Neugestaltung der Kerngeschäftsprozesse, die nur mit großem Kraftaufwand in Form eines auf eine bestimmte Zeitspanne begrenzten Reorganisationsprojektes durchzuführen sei. Zu dieser Auffassung gelangt neben *Hammer/Champy* auch *Davenport*, der den Begriff *Process Innovation*[19] prägte, der im Rahmen dieser Arbeit aber synonym zum Begriff des *Business Process Reengineering* betrachtet wird.

Vertreter evolutionärer Organisationskonzepte erblicken in einer notwendigen Revolution immer auch das Ergebnis versäumter stetiger Anpassungen an veränderte Bedingungen und befürworten daher die *Lernende Organisation*, in welcher der Wandel als Bestandteil der Systemprozesse den Normalfall darstellt.[20] Sie bevorzugen damit im Gegensatz zur radikalen Prozeßneugestaltung in Projektform die eher inkrementelle, aber kontinuierliche Verbesserung der existierenden Geschäftsprozesse. Aus diesem Grund wird im Verlauf dieser Arbeit auch der Begriff *Continuous Process Improvement (CPI)* stellvertretend für evolutionäre Organisationskonzepte verwendet.

Zwischen beiden Konzepten besteht allerdings kein Widerspruch, wenn man zugrunde legt, daß einerseits für die Einführung lernfähiger Organisationsstrukturen häufig ein grundlegender Struktur- und Wertewandel erforderlich ist,[21] und andererseits einen *Lernende Organisation* auch auf einschneidende Veränderungen des Umfelds reagieren muß.[22] Eine weitere Gemeinsamkeit besteht darin, daß beide Konzepte die Notwendigkeit betonen, die Mitarbeiter

16 So etwa von Dixon u.a., Mit Ausdauer ist es machbar 1995, S. 106f.
17 Vgl. Greiner, Evolution and revolution as organization grow 1972.
18 Vgl. z.B. Hammer/Champy, Business Reengineering 1995, S. 48-53.
19 Vgl. Davenport, Process Innovation 1993.
20 Vgl. Schreyögg/Noss, Organisatorischer Wandel 1995, S. 179f.
21 Vgl. Arbeitskreis „Organisation", Organisation im Umbruch 1996, S. 624 und Österle, Business Engineering 1995, S. 22f.
22 Vgl. Davidow/Malone, Das virtuelle Unternehmen 1997, S. 19.

der Unternehmung aktiv in den organisatorischen Gestaltungs- und Verbesserungsprozeß einzubinden.[23]

1.1.2.1 Vorgehensmodell zur Reorganisation von Geschäftsprozessen

Im deutschen Sprachgebrauch haben sich zum Thema Reorganisation von Geschäftsprozessen die beiden Begriffe *Geschäftsprozeßoptimierung (GPO)* und *Kontinuierliche Prozeßverbesserung* durchgesetzt. Während sich der erste Begriff auf den ersten Blick scheinbar eindeutig der Klasse der revolutionären Organisationskonzepte zuordnen läßt, scheint der zweite eher die Klasse der evolutionären Konzepte zu vertreten. Allerdings zeigt die Praxis gerade im deutschsprachigen Raum[24], daß die vermeintlich revolutionären Konzepte, seien sie mit BPR oder GPO überschrieben, zwar die Durchführung in Projektform befürworten, nicht aber die geforderte radikale Neugestaltung der Geschäftsprozesse ohne Rücksicht auf die aktuelle Situation unterstützen. Statt dessen hat sich ein Vorgehen durchgesetzt, das eine intensive Analyse der Ist-Situation vorsieht, um auf Basis der gefundenen Schwachstellen entweder „nur“ verbesserte oder radikal veränderte Geschäftsprozesse zu entwerfen und zu implementieren. Zum anderen sehen die meisten Konzepte im Anschluß an die Reorganisation in Projektform auch eine Phase zur kontinuierlichen Beobachtung und Verbesserung der Geschäftsprozesse vor.[25] Zur selben Auffassung gelangt auch *Österle* und fordert im Zusammenhang eines umfassenden Business Engineering zuerst ein (revolutionäres) Projekt zur Neugestaltung der Geschäftsprozesse und dann die (evolutionäre) Weiterentwicklung der Prozesse durch die Prozeßführung.[26] Derselbe Gedanke steht auch im Mittelpunkt des im Folgenden vorgestellten Vorgehensmodells (vgl. Abb. 1.1.1), das mit dem neutralen Begriff *Reorganisation von Geschäftsprozessen* überschrieben ist und sämtliche organisatorischen Anstrengungen einer Unternehmung umfaßt, die sowohl einer inkrementellen als auch einer radikalen Verbesserung oder Optimierung der Geschäftsprozesse dienen:[27]

---

23 Vgl. Wirtz, Business Process Reengineering 1996; Dodgson, Organizational Learning 1993 sowie die Ausführungen in Abschnitt 1.1.2.2.

24 Beispiele für Reengineering-Konzepte in Deutschland geben *Nippa/Picot*. Vgl. Nippa/Picot, Prozeßmanagement und Reengineering 1996.

25 Vgl. z.B. Bock, Der Hochleistungsansatz von Arthur D. Little 1996; Crux/Schwilling, Business Reengineering 1996; Gerpott/Wittkemper, Business Process Redesign 1996 und Zeller, Maßgeschneidertes Reengineering 1996 sowie Korf/Bonin, Leistungsfähige Organisationsabläufe durch Geschäftsprozeß-Optimierung 1997.

26 Vgl. Österle, Business Engineering 1995, S. 22f.

27 Eine ausführliche Beschreibung des dargestellten Vorgehensmodells gibt *Heib*. Vgl. Heib, Business Process Reengineering mit ARIS-Modellen 1998, S. 149-153.

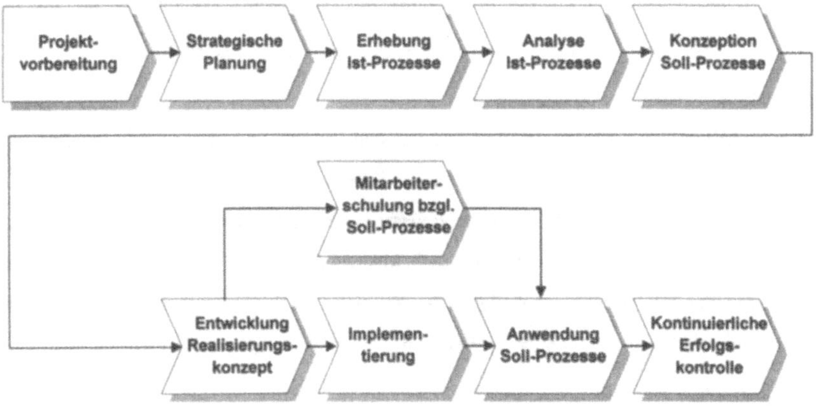

Abb. 1.1.1: Vorgehensmodell zur Reorganisation von Geschäftsprozessen[28]

Projektvorbereitung

Im Rahmen der Projektvorbereitung werden die groben Ziele definiert, die mit dem Reorganisationsprojekt verfolgt werden sollen. Darüber hinaus wird die Projektorganisation und die weitere Vorgehensweise festgelegt. Dazu gehört insbesondere die Festlegung der Prozeßbeschreibungssprachen, die in den folgenden Projektphasen zum Einsatz kommen. Den Abschluß dieser Vorbereitungsphase bildet eine Kick-off-Veranstaltung, in der die beteiligten Mitarbeiter über das geplante Organisationsprojekt informiert und motiviert werden.

Strategische Planung

Die Strategische Planung umfaßt die Dokumentation und Analyse der strategischen Rahmenbedingungen und der strategischen Unternehmungsziele. Auf dieser Basis werden die in der Projektvorbereitungsphase definierten groben Ziele konkretisiert und ebenfalls dokumentiert. Diese Ziele können sowohl quantitativer als auch qualitativer Art sein. Beispiele für quantitative Ziele sind die Reduzierung der Produktionskosten oder die Minimierung der Auftragsbearbeitungszeiten. Beispiele für qualitative Ziele sind die Verbesserung der Produktqualität oder die Erweiterung des Service-Angebots der Unternehmung.

Erhebung Ist-Prozesse

In der Projektphase zur Erhebung der Ist-Prozesse wird das Organisationswissen der für die relevanten Geschäftsprozesse verantwortlichen bzw. an ihnen beteiligten Mitarbeitern erfragt

---

[28] In Anlehnung an Heib, Business Process Reengineering mit ARIS-Modellen 1998, S. 149.

und in Form formaler oder semi-formaler Modelle[29] dokumentiert. Dazu kommen die im Rahmen der Projektvorbereitung festgelegten Beschreibungssprachen zum Einsatz.

Ist-Analyse

Unter Zuhilfenahme der resultierenden Prozeßmodelle werden im Verlauf der Ist-Analyse die aktuellen Geschäftsprozesse im Hinblick auf die im Rahmen der Strategischen Planung definierten Projektziele bewertet. Mögliche Bewertungskriterien können die Durchlaufzeiten, Prozeßkosten, Organisations-, System- und Medienbrüche, Kapazitätsauslastungen oder Datenredundanzen betreffen. Auf Basis der im Zuge der Prozeßbewertung aufgedeckten Schwachstellen können schließlich Verbesserungspotentiale dargestellt werden.

Konzeption Soll-Prozesse

Die aufgedeckten Schwachstellen und dargestellten Verbesserungspotentiale wiederum sind Ausgangspunkt für die Konzeption verbesserter oder völlig neuer Soll-Prozesse. Diese Phase kann durch den Einsatz von Branchenreferenzmodellen unterstützt werden. Wurden unterschiedliche Alternativen erarbeitet, kann mit Hilfe geeigneter Werkzeuge zur Prozeßsimulation oder Prozeßkostenrechnung die beste Alternative im Hinblick auf die Erreichung der im Rahmen der Strategischen Planung definierten Projektziele ausgewählt werden.

Entwicklung Realisierungskonzept

Im Rahmen der Entwicklung des Realisierungskonzeptes wird der DV-Bebauungs- und Einführungsplan entworfen, der die gesamte IT-Infrastruktur sowie die einzelnen einzusetzenden Anwendungssysteme an die entworfenen Soll-Prozesse anpaßt. Bei den Anwendungssystemen kann es sich sowohl um Individualsoftware als auch um Standardlösungen handeln.

Implementierung und Mitarbeiterschulung

Zeitlich parallel können die Implementierung und Mitarbeiterschulung bezüglich der Soll-Prozesse erfolgen. Im Verlauf der Implementierungsphase kann insbesondere die prototyphafte Einführung oder Entwicklung der benötigten Informations- und Anwendungssysteme frühe Erkenntnisse über die Qualität der entwickelten Soll-Prozesse und des Realisierungskonzeptes liefern. Im Erfolgsfall wirkt dies motivierend für die weitere Fortsetzung dieser Projektphase.

Anwendung Soll-Prozesse und kontinuierliche Erfolgskontrolle

Die Anwendung der Soll-Prozesse schließlich ist Informationslieferant für eine kontinuierliche Erfolgskontrolle, welche die neuen Prozesse und entwickelten Systemlösungen den ursprünglichen Zielen des Reorganisationsprojektes gegenüber stellt. Bei entsprechenden

---

[29] Vgl. die Ausführungen in Abschnitt 1.2.1.

Abweichungen oder bei Änderung der Unternehmungsziele aufgrund veränderter Rahmenbedingungen sind entweder sämtliche oder einzelne Phasen des in Abb. 1.1.1 dargestellten Vorgehensmodells neu zu durchlaufen. Ziel ist damit eine kontinuierliche Prozeßverbesserung als Fortsetzung eines oder mehrerer einschneidender Reorganisationsprojekte.

1.1.2.2 Erfolgsfaktoren

Die wichtigsten Erfolgsfaktoren bei der Durchführung von Maßnahmen zur Reorganisation von Geschäftsprozessen lassen sich in Faktoren inhaltlicher und projektorganisatorischer Art unterteilen. Aus inhaltlicher Sicht ist es von großer Bedeutung, daß zu Beginn des Reorganisationsprojektes *ehrgeizige Ziele* gesetzt und formuliert werden. Nur so können Engagement und Motivation, sowohl beim Management als auch bei den Mitarbeitern, während des gesamten Projektes aufrecht erhalten bleiben. Ebenfalls von großer Wichtigkeit ist die Tatsache, daß sich die Reorganisationsbemühungen auf die *Kerngeschäftsprozesse* der betrachteten Unternehmung konzentrieren, dies aber über Bereichs- und Abteilungsgrenzen hinweg. Eine starke Berücksichtigung der Unterstützungspotentiale moderner *Informations- und Kommunikationstechnologien* bildet schließlich den dritten Erfolgsfaktor aus inhaltlicher Sicht.[30]

Aus projektorganisatorischer Sicht ist von entscheidender Bedeutung, daß das Reorganisationsprojekt über die gesamte Laufzeit *von Unternehmungsleitung und Top-Management unterstützt* wird. Das trägt zum einen, ebenso wie die erwähnte Formulierung ehrgeiziger Ziele, zu einer erhöhten Motivation der Mitarbeiter bei und garantiert zum anderen dem Projektmanagement die notwendige Rückendeckung bei der Durchsetzung und Implementierung einschneidender Organisationsveränderungen. Ein effektives und effizientes *Projektmanagement* stellt einen weiteren Erfolgsfaktor aus organisatorischer Sicht dar. Zur Steuerung des Reorganisationsprojektes dürfen nur solche Mitarbeiter eingesetzt werden, die gleichermaßen über das fachliche, technische und organisationsgestalterische Know-how verfügen und darüber hinaus die notwendige Durchsetzungsfähigkeit und erforderlichen Moderationstechniken mitbringen, um fachbereichsübergreifende Kommunikation zu fördern und auftretende Verständigungsprobleme und Konflikte lösen zu können.[31]

---

30 Diese Erfolgsfaktoren wurden durch empirische Studien über abgeschlossene bzw. geplante Reorganisationsvorhaben identifiziert. Vgl. Bullinger/Wiedmann, Der Wandel beginnt 1995, S. 59f und Wirtz, Business Process Reengineering 1996, S. 1030-1032. Die besondere Bedeutung der Informations- und Kommunikationstechnologie wird beispielsweise von *Hammer/Champy* betont. Vgl. Hammer/Champy, Business Reengineering 1995, S. 112-133.

31 Vgl. Bullinger/Wiedmann, Der Wandel beginnt 1995, S. 60; Wirtz, Business Process Reengineering 1996, S. 1030 und S. 1032 sowie Picot/Franck, Prozeßorganisation 1996, S. 19f.

Der dritte Erfolgsfaktor aus projektorganisatorischer Sicht bei der Durchführung einer Maßnahme zur Geschäftsprozeßverbesserung betrifft die *aktive Beteiligung der Mitarbeiter*. Diese ist aus zwei Gründen und in mindestens zwei Phasen des im letzten Abschnitts dargestellten Vorgehensmodells von existentieller Bedeutung. Zum einen sind es die Mitarbeiter, die in der Phase der Erhebung der aktuellen Unternehmungsabläufe Informationslieferant für die anschließende Ist-Analyse sind, und zum anderen sind es ebenfalls die Mitarbeiter, die im Anschluß an die Implementierungsphase die neuen Soll-Prozesse auch anwenden müssen.[32] Um die Bereitschaft zur Akzeptanz der Organisationsveränderungen, insbesondere in dieser letzten Projektphase, zu gewährleisten, ist eine aus Sicht der Mitarbeiter passive Beteiligung an einem geeigneten Informations-, Kommunikations- und Vertrauensbildungprozeß parallel zum eigentlichen Reorganisationsprozeß notwendig,[33] aber nicht ausreichend. Darüber hinaus ist eine aktive Mitarbeiterbeteiligung über die gesamte Projektdauer hinweg anzustreben. Diese betrifft sowohl die Erhebung und Analyse der aktuellen Geschäftsprozesse als auch den Entwurf der verbesserten oder völlig neuen Abläufe in der Phase der Soll-Konzeption.[34] Die derzeitige Praxis der Ist-Erhebung sieht allerdings die Mitarbeiter in der eher passiven Rolle des zu befragenden Interviewpartners (vgl. Abschnitt 1.2.2).

Ein unkonventioneller Lösungsansatz, der sich zumindest in einem konkreten Anwendungsfall als sehr erfolgreich erwiesen hat,[35] stellt die auch in dieser Arbeit propagierte Mitarbeiterbeteiligung derart in den Vordergrund, daß sämtliche Mitarbeiter im Verlauf eines als Wettbewerb gestalteten unternehmungsweiten Reorganisationsprojektes ihre eigenen Arbeitsplätze durchleuchten und eigenständig Verbesserungsvorschläge erarbeiten. Die derart identifizierten Einsparpotentiale in zweistelliger Millionenhöhe bestätigen zwar den generellen Erfolg dieses Organisationsansatzes. Die Tatsache aber, daß sich etwa 80 Prozent der Verbesserungsvorschläge ausschließlich auf Zeiteinsparungen an einzelnen oder mehreren Arbeitsplätzen beziehen, deutet darauf hin, daß mit einer prozeßorientierteren Herangehensweise noch deutlichere Prozeßverbesserungen möglich sein sollten.

1.1.3 ARIS – House of Business Engineering: Rahmenkonzept für ein integriertes Geschäftsprozeßmanagement

Die im vorangegangenen Abschnitt vorgestellten Ansätze zur Reorganisation von Geschäftsprozessen benötigen ein gemeinsames Rahmenkonzept, in das sich sowohl die revolutionären

---

32 Vgl. Picot/Franck, Prozeßorganisation 1996, S. 20f.
33 Vgl. Wirtz, Business Process Reengineering 1996, S. 1032.
34 Vgl. Lullies/Pastowsky/Grandke, Geschäftsprozesse optimieren 1998, S. 71.
35 Vgl. Bettermann/Hollstein/Nettesheim, Business Procedure Reengineering 1993, S. 92-101.

und evolutionären Aspekte der Organisationskonzepte, als auch das in Abb. 1.1.1 dargestellte Vorgehensmodell integrieren lassen. Da insbesondere die evolutionären Reorganisationsansätze zur kontinuierlichen Verbesserung von Unternehmungsabläufen Informationen über die aktuell ausgeführten Geschäftsprozesse und eingesetzten Anwendungssysteme benötigen, muß das benötigte Rahmenkonzept sowohl die strategische und taktische, als auch operative Ebene des Geschäftsprozeßmanagements zur Planung, Steuerung und Überwachung von Unternehmungsprozessen berücksichtigen.[36] Ein solches Rahmenkonzept für ein integriertes Geschäftsprozeßmanagement ist das von *Scheer* entwickelte und im Folgenden vorgestellte ARIS – House of Business Engineering (HOBE) (vgl. Abb. 1.1.2).

Der HOBE-Ansatz umfaßt die Ebenen der *Prozeßgestaltung* (I), der *Prozeßplanung und –steuerung* (II), der *Workflow-Steuerung* (III) und der *Anwendungssysteme* (IV). Diese vier Ebenen werden zu einem *Framework* als fünfte Komponente des HOBE-Ansatzes zusammengefaßt. Dieses enthält Architektur- und Anwendungswissen, das aus den Software-Werkzeugen, die auf den Ebenen II und III eingesetzt werden, sowie dem Fachwissen auf Ebene I und dem Systemwissen auf Ebene IV konkrete Anwendungen konfiguriert.[37]

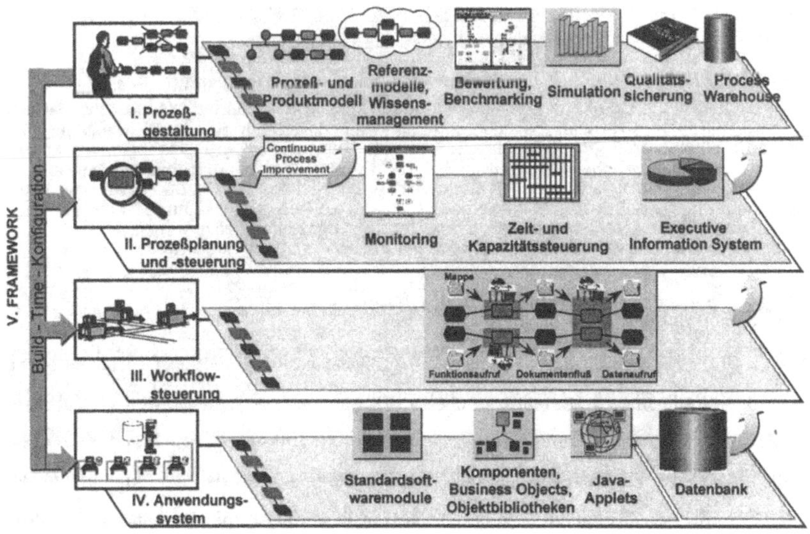

Abb. 1.1.2: ARIS – House of Business Engineering[38]

---

36 Vgl. Scheer/Nüttgens/Zimmermann, Rahmenkonzept für ein integriertes Geschäftsprozeßmanagement 1995, S. 426 und Schmidt, Prozeß-Management 1997, S. 3f.

37 Vgl. Scheer, ARIS – Vom Geschäftsprozeßmodell zum Anwendungssystem 1998, S. 54-58.

38 Aus: Scheer, ARIS – Vom Geschäftsprozeßmodell zum Anwendungssystem 1998, S. 56f.

1.1.3.1 Ebene der Prozeßgestaltung

Auf der Ebene der Prozeßgestaltung werden die betrachteten Geschäftsprozesse modelliert. Dazu stehen unter anderem die im folgenden Unterkapitel 1.2 beschriebenen Methoden und Werkzeuge zur Verfügung, welche durch die in Kapitel 2 und 3 dieser Arbeit vorgestellte Methode und Werkzeugunterstützung der interaktiven Geschäftsprozeßmodellierung ergänzt werden. Auf dieser Ebene ist auch der in Projektform durchzuführende (Haupt-)Teil des in Abschnitt 1.1.2.1 vorgestellten Vorgehensmodells zur Reorganisation von Geschäftsprozessen einzuordnen, d.h. die Erfassung, Modellierung und Analyse der aktuellen Prozesse sowie die Konzeption der verbesserten Soll-Prozesse. Zur Unterstützung der Ist-Analyse stehen auf der Ebene der Prozeßgestaltung zusätzlich unterschiedliche Bewertungs- und Benchmarking-Verfahren zur Verfügung, zur Unterstützung der Soll-Konzeption Branchenreferenzmodelle[39] und Verfahren zur Simulation[40] der entworfenen Prozeßalternativen.

Die Reorganisation von Geschäftsprozessen ist häufig mit dem Neuaufbau oder der Weiterentwicklung eines Qualitätsmanagementsystems verbunden und kann nach erfolgreicher Einführung mit einer ISO 9000-Zertifizierung abgeschlossen werden. In diesem Zusammenhang nimmt die Dokumentation der Geschäftsprozesse durch entsprechende Prozeßmodelle eine wichtige Rolle ein.[41] Aus diesem Grund gehört die Qualitätssicherung von Geschäftsprozessen auch zur Ebene der Prozeßgestaltung innerhalb der HOBE-Architektur.

Zur systematischen Erfassung, Speicherung und Pflege des Geschäftsprozeßwissens, das sich im Laufe unterschiedlicher Reorganisationsprojekte oder Zertifizierungsmaßnahmen ansammelt, kann ein spezielles Repository eingesetzt werden. Dieses wird dann als Process Warehouse bezeichnet und ist ebenfalls der Ebene der Prozeßgestaltung zuzuordnen.

1.1.3.2 Ebene der Prozeßplanung und -steuerung

Auf dieser Ebene werden die während der Prozeßgestaltung definierten Geschäftsprozesse durch die jeweiligen Prozeßverantwortlichen geplant und gesteuert. Hierzu können Verfahren zur Zeit- und Kapazitätssteuerung eingesetzt werden. Mit Hilfe geeigneter Monitoring-Werkzeuge können sich die Prozeßmanager über die Bearbeitungszustände ihrer aktuell laufenden Geschäftsprozesse informieren. Um den Verantwortlichen diese Informationen auf intuitive Art und Weise zu präsentieren, können sich die entsprechenden Monitoring-Systeme ähnlicher VR-gestützter Visualisierungstechniken bedienen wie die im Hauptteil dieser Arbeit

---

39 Vgl. Kruse, Referenzmodellgestütztes Geschäftsprozeßmanagement 1996.
40 Vgl. Kruse/Scheer, Modellierung und Analyse dynamischen Systemverhaltens 1992.
41 Vgl. Helling, ISO 9000-Zertifizierung mit ARIS-Modellen 1998.

vorgestellten Methoden zur interaktiven Prozeßmodellierung und intuitiven Prozeßvisualisierung.[42] Der Einsatz von Executive Information Systems (EIS) verdichtet diese Detailinformationen zu Aussagen über die Wirtschaftlichkeit der Prozesse, die wiederum Ausgangspunkt für die kontinuierliche Verbesserung der Geschäftsprozesse auf der Ebene der Prozeßgestaltung sind (vgl. Regelkreis „Continous Process Improvement" in Abb. 1.1.2).

1.1.3.3 Ebene der Workflow-Steuerung

Diese Ebene umfaßt die DV-gestützte Steuerung der Kontroll- und Informationsflüsse innerhalb der Geschäftsprozesse, die auf der Ebene der Prozeßgestaltung modelliert worden sind. Die Steuerung des Kontrollflusses, der explizit durch die Anordnung der einzelnen Funktionen innerhalb des Prozeßmodells definiert ist, bedeutet die Interaktion des eingesetzten Workflow-Systems mit den auf der Ebene der Anwendungssysteme einzuordnenden Informationssystemen. Die Interaktionen erfolgen in der Reihenfolge, an den Bearbeitungsstationen und mit denjenigen Systemen, die im Prozeßmodell festgelegt sind. Die Steuerung des Informationsflusses bedeutet im Falle elektronischer Dokumente den ebenfalls elektronischen Dokumententransport durch das Workflow-System von Bearbeitungsstation zu Bearbeitungsstation.[43]

Die Workflow-Steuerung meldet gleichzeitig Ist-Daten bezüglich Mengen, Zeiten und organisatorischer Zuordnungen über die ausgeführten Geschäftsprozesse an die Ebene der Prozeßplanung und –steuerung zurück und ist damit Datenlieferant für die auf dieser Ebene eingesetzten Monitoring-Systeme.

1.1.3.4 Ebene der Anwendungssysteme

Die Ebene der Anwendungssysteme umfaßt diejenigen computergestützten Informationssysteme, die vom Workflow-System an den einzelnen Arbeitsstationen zur Bearbeitung der transportierten Dokumente und damit zur Ausführung der einzelnen Funktionen innerhalb des Gesamtprozesses gestartet werden. Die Palette der möglichen Anwendungssysteme reicht von einfachen Büroapplikationen über einzelne Module, Komponenten oder Business Objects betriebswirtschaftlicher Standardsoftware bis hin zu Java-Applets innerhalb verteilter Informationssysteme. Neben den Anwendungssystemen sind auch die unterstützenden Datenbanksysteme dieser vierten Ebene innerhalb der HOBE-Architektur zuzuordnen.

---

42 Vgl. hierzu die Ausführungen im Rahmen des Ausblicks dieser Arbeit.

43 Vgl. zum Thema Workflow-Management und dessen Beziehung zur Geschäftsprozeßmodellierung Vossen/Becker, Geschäftsprozeßmodellierung und Workflow-Management 1996; Hasenkamp/Kirn/Syring, CSCW 1994 sowie Hasenkamp, Einführung von CSCW-Systemen in Organisationen 1994.

1.2 Methoden und Werkzeuge zur Geschäftsprozeßmodellierung

Das im vorangegangenen Unterkapitel beschriebene Vorgehensmodell zur Reorganisation von Geschäftsprozessen (vgl. Abschnitt 1.1.2.1, Abb. 1.1.1) demonstriert zumindest in den Phasen Ist-Analyse und Soll-Konzeption die Notwendigkeit einer modellhaften Beschreibung der zu verbessernden Abläufe. Der Begriff *Prozeßmodell* bezeichnet dabei eine Klasse konzeptueller Modelle, welche die betrieblichen Abläufe als Diskursbereich haben.[44] Sie können auf Ausprägungsebene, auf Typebene sowie auf mehreren Meta-Ebenen erstellt werden.[45] Die Erstellung von Prozeßmodellen steht dabei häufig in engem Zusammenhang mit der Bildung von Informations-, Unternehmungs- und Organisationsmodellen.[46]

1.2.1 Formale, informale und semi-formale Beschreibungssprachen

Die Methode, mit der ein Modell erstellt wird, entscheidet insbesondere durch die Wahl des Abstraktionsgrades über die Wiedergabe des Diskursbereiches. Sie ist folglich abhängig von der angesprochenen Zielgruppe und dem Zweck, der mit der Modellerstellung verfolgt werden soll, zu wählen. Betriebswirtschaftliche Ziele der Prozeßmodellierung sind neben der Analyse der aktuellen Abläufe und der Neugestaltung verbesserter Geschäftsprozesse die Schulung von betrieblichen Abläufen[47], Prozeß-Controlling[48], Simulation[49], Definition von Workflows[50] sowie Spezifikation von Standardsoftware[51].

Eine Modellierungsmethode definiert die einzusetzende(n) Beschreibungssprache(n) und das Vorgehen bei der Anwendung der verfügbaren Sprachkonstrukte zur Entwicklung des Modells.[52] Ein Überblick über mögliche Prozeßbeschreibungssprachen ist Gegenstand dieses Abschnitts, ein entsprechendes Vorgehensmodell ist Inhalt des nächsten Abschnitts.

Modellbeschreibungssprachen können grob unterteilt werden in formale und informale Sprachen. Die formalsten Sprachen haben ihren Ursprung in der Mathematik, die informalsten in

44 Zum Begriff der konzeptuellen Modellierung vgl. Brodie/Mylopoulus/Schmidt, On Conceptual Modelling 1984.

45 Vgl. Scheer, ARIS – Vom Geschäftsprozeß zum Anwendungssystem 1998, S. 26-31 und Rosemann, Komplexitätsmanagement in Prozeßmodellen 1996, S. 36-38.

46 Vgl. Lehner/Hildebrand/Maier, Wirtschaftsinformatik 1995, S. 104-111.

47 Vgl. Scheer/Stehle, ARIS-Mentor: Towards a Process-Oriented Learning Environment for Software Users 1996.

48 Vgl. Berkau, Effizientes Geschäftsprozeß-Controlling mit modellbasierter Prozeßkostenrechnung 1996.

49 Vgl. Kruse/Scheer, Modellierung und Analyse dynamischen Systemverhaltens 1992.

50 Vgl. Galler, Vom Geschäftsprozeßmodell zum Workflow-Modell 1997 und Kronz, Einführung von Workflow-Systemen mit ARIS-Modellen 1998.

51 Vgl. Mattheis/Jost, Einführung von Standardsoftware mit ARIS-Modellen 1998 und Rosemann/Rotthowe, Der Lösungsbeitrag von Prozeßmodellen bei der Einführung von SAP R/3 1995.

52 Vgl. Spur/Mertins/Jochem, Integrated Enterprise Modeling 1996, S. 13.

der natürlichen Sprache. Zwischen diesen beiden Extremen gibt es eine Reihe semi-formaler Beschreibungssprachen.[53]

Informale Prozeßmodelle, zu denen neben natürlichsprachlichen Ablaufbeschreibungen in textueller Form auch Video- oder Tonbandaufzeichnungen zählen, haben noch einen starken Bezug zur Wahrnehmungswelt des Menschen und sind deshalb leicht verständlich. Aus demselben Grund lassen sie für den menschlichen Betrachter Interpretationsmöglichkeiten offen, sind nicht maschinell auswertbar und erfordern deshalb einen hohen Nachbearbeitungsaufwand.

Der daraus resultierenden Forderung nach Vollständigkeit und Eindeutigkeit (im Sinne des Diskursbereiches) genügen insbesondere die formalen Prozeßbeschreibungssprachen. Beispiele hierfür sind Programmiersprachen und unterschiedliche Varianten von Petri-Netzen[54]. Vor dem Hintergrund der angestrebten Mitarbeiterbeteiligung in nahezu allen Phasen der (Re-)Organisation von Geschäftsprozessen erscheint die direkte Nutzung formaler Beschreibungssprachen durch die Mitarbeiter als Träger des abzubildenden Prozeßwissens aufgrund des komplizierteren Regelwerks allerdings sehr schwierig.[55]

Einen Ausweg aus der scheinbaren Unvereinbarkeit der Intuitivität informaler Prozeßbeschreibungssprachen auf der einen Seite und der Vollständigkeit und Eindeutigkeit formaler Sprachen auf der anderen Seite versprechen insbesondere im Zuge von Prozeßgestaltungsmaßnahmen semi-formale Beschreibungssprachen. Eine semi-formale Beschreibungssprache „ist eine Sprache, die sowohl Text- wie auch Grafikelemente aufweist, wobei Teile der Sprachelemente gemäß einer formalen Sprache zu verwenden sind. Darüber hinausgehende Text- und Grafikelemente dienen der nicht-formalen und zum Teil natürlichsprachlichen Beschreibung und Benennung der Grafikelemente und sind für das Verständnis der dargestellten Sachverhalte von Bedeutung".[56] Beispiele für semi-formale Prozeßbeschreibungssprachen sind Flußdiagramme[57] in Form von Struktogrammen, Programmablauf- oder Datenflußplänen, Datenflußdiagramme im Rahmen der Structured Analysis (SA)-Methode[58], Netzpläne[59], Vorgangskettendiagramme[60], Ereignisgesteuerte Prozeßketten[61] sowie verschiedene Ansätze zur Prozeßmodellierung im Rahmen objektorientierter Modellierungsmethoden[62].

---

53 Vgl. Vernadat, Enterprise Modelling and Integration 1996, S. 24.

54 Zu den theoretischen Grundlagen von Petri-Netzen vgl. Petri, Kommunikation mit Automaten 1962, zur Einführung vgl. Baumgarten, Petri-Netze 1996 und Reisig, Petri-Netze 1986.

55 Vgl. Lullies/Pastowsky/Grandke, Geschäftsprozesse optimieren 1998, S. 69.

56 Remme, Geschäftsprozeßkonstruktion durch Montage generischer Prozeßpartikel 1997, S. 43f.

57 Die grafischen Darstellungen von Flußdiagrammen werden durch die DIN 66261 und DIN 66001 normiert.

58 Vgl. De Marco, Structured Analysis and System Specification 1978.

59 Vgl. Altrogge, Netzplantechnik 1996 und Schwarze, Netzplantechnik 1994.

Trotz der unbestrittenen Vorteile und der weiten Verbreitung semi-formaler Prozeßbeschreibungssprachen zum Zweck der Wissenserhebung ist die direkte Methodenanwendung durch die Mitarbeiter als Träger des Prozeßwissens nur bedingt möglich. Die verwendeten Sprachkonstrukte sind immer noch zu abstrakt und nicht direkt, d.h. ohne vorherige Methodenschulungen, auf die betriebliche Erfahrungswelt des Mitarbeiters übertragbar.[63] Als Folge entsteht eine Modellwelt, die den Diskursbereich nicht in allen Punkten gemäß der verfolgten Modellierungsziele abbildet. Dieses Problem wird ebenfalls offensichtlich bei der anschließenden Beschreibung des Vorgehensmodells zur Prozeßmodellierung, welches für die Mitarbeiter lediglich die passive Rolle des befragten Interviewpartners vorsieht und die eigentliche Modellierung, d.h. Formalisierung des erhobenen Prozeßwissens, durch interne oder externe Modellierungsexperten vornehmen läßt.

1.2.2 Vorgehensmodell

Allgemeines Ziel der Geschäftsprozeßmodellierung im Zusammenhang mit der Reorganisation der betrachteten Prozesse ist die modellhafte Beschreibung entweder der aktuellen oder der neu gestalteten betrieblichen Abläufe mit Hilfe einer der oben aufgeführten formalen oder semi-formalen Beschreibungssprachen. Insbesondere im Falle der Modellierung von Ist-Prozessen muß ein entsprechendes Vorgehensmodell sowohl die Erhebung des in den Köpfen der Mitarbeiter vorhandenen und durch diese informal beschriebenen Prozeßwissens, als auch die Überführung dieser informalen Beschreibung in formale oder semi-formale Prozeßmodelle berücksichtigen.

Elgass/Krcmar/Oberweis beschreiben beispielsweise mit Hilfe eines evolutionären Vorgehensmodells zur Prozeßmodellierung die sukzessive, semi-automatische Transformation von informal definierten Prozeßmodellen zunächst in semi-formale und anschließend formale Modelle auf Basis von Petri-Netzen. „Das Vorgehensmodell geht" allerdings[64] „von der Annahme aus, daß die Geschäftsprozesse eines Unternehmens bereits identifiziert wurden und

---

60 Vgl. Scheer, EDV-orientierte Betriebswirtschaftslehre 1990, S. 38-41; Berkau, VOKAL - Teil 1 1991 und Berkau, VOKAL - Teil 2 1991.

61 Vgl. Keller/Nüttgens/Scheer, Semantische Prozeßmodellierung 1992 und Hoffmann/Kirsch/Scheer, Modellierung mit Ereignisgesteuerten Prozeßketten 1993.

62 Vgl. z.B. Zimmermann, Objektorientiertes Geschäftsprozeßmanagement 1998, S. 93-149; Ferstl/Sinz, Der Ansatz des semantischen Objektmodells zur Modellierung von Geschäftsprozessen 1995 und Bungert/Heß, Objektorientierte Geschäftsprozßmodellierung 1995.

63 Dies wird dokumentiert in einem Ergebnisbericht über ein deutsches Forschungsvorhaben zum Thema Geschäftsprozeßgestaltung. Vgl. Lullies/Pastowsky/Grandke, Geschäftsprozesse optimieren 1998, S. 69.

64 Anmerkung des Verfassers.

damit bereits eine informale Beschreibung der Prozesse existiert".[65] Aber gerade die Phase der Wissenserhebung ist von entscheidender Bedeutung für die inhaltliche Qualität der anschließend manuell entwickelten oder automatisch generierten formalen oder semi-formalen Prozeßmodelle und soll aus diesem Grund im Folgenden stärker in den Vordergrund gestellt werden.

Ein Projekt zur Modellierung der aktuellen Geschäftsprozesse gliedert sich in der Regel in eine Vor- und eine Nachbereitungsphase sowie in die zentrale Erhebungs- und Modellierungsphase. Im Rahmen der Vorbereitungsphase wird unter anderem die anzuwendende Erhebungsmethode bestimmt. Zu den möglichen Methoden zählen hierbei mündliche Befragungen in Form von Interviews, schriftliche Erhebungen mit Hilfe stark oder schwach strukturierter Fragebögen sowie unterschiedliche Beobachtungstechniken. In der Praxis haben sich persönliche Interviews als die geeignetste Methode herausgestellt, um das notwendige Vertrauensverhältnis zwischen den erhebenden und den befragten Personen aufzubauen. Darüber hinaus bietet nur diese Form der Wissenserhebung die Möglichkeit des unmittelbaren Nachfragens, um Mißverständnisse zu klären und damit Qualität und Vollständigkeit der benötigten Informationen zu gewährleisten.[66] Im Vorfeld der eigentlichen Wissenserhebung ist es ebenfalls für die Stärkung des Vertrauensverhältnisses unerläßlich, die zu interviewenden Prozeßbeteiligten über die Hintergründe, Ziele und Inhalte der durchzuführenden Interviews im Speziellen und des Reorganisationsprojektes im Allgemeinen zu informieren.

Die Wissenserhebung startet dann mit einer Abgrenzung der zu erhebenden Unternehmungsbereiche bzw. Geschäftsprozesse. Im Falle einer Prozeßmodellierung mit Hilfe erweiterter Ereignisgesteuerter Prozeßketten (eEPK) als Vertreter semi-formaler Beschreibungssprachen werden für jeden Ablauf zunächst die Start- und Endereignisse festgelegt. Anschließend wird die Prozeßstruktur mit Hilfe der zur Verfügung stehenden Sprachkonstrukte „Ereignis", „Funktion" und „logischer Konnektor" definiert. Zum Schluß werden für jede Funktion die verantwortlichen Organisationseinheiten, die bearbeiteteten Sach- oder Informationsobjekte und die dazu eingesetzten Bearbeitungswerkzeuge modelliert.[67] Die beschriebene Modellierung mit eEPKs sollte möglichst im direkten Anschluß an die Wissenserhebung entweder auf Papier oder besser direkt mit Hilfe eines geeigneten Modellierungswerkzeuges erfolgen.

---

65 Vgl. Elgass/Krcmar/Oberweis, Von der informalen zur formalen Geschäftsprozeßmodellierung 1996, insbesondere S. 128.

66 Vgl. Remme u.a., Die Erfassung der aktuellen Unternehmensprozesse 1995, S. 4-6.

67 Die semi-formale Prozeßbeschreibungssprache eEPK wird ausführlich in Abschnitt 2.4.5.1 vorgestellt.

Die Aktivitäten der Nachbearbeitungsphase sollen schließlich die Konsistenz und Qualität der Einzelmodelle sicherstellen, um diese anschließend zu einem ebenfalls konsistenten Gesamtmodell zu konsolidieren.[68]

Der entscheidende Nachteil des beschriebenen Vorgehens liegt in der personellen Trennung zwischen Methodenexperten und Wissensträgern. Denn diese „Fremdheit“[69] zwischen dem Interview-führenden Modellierer auf der einen Seite und dem befragten Prozeßbeteiligten auf der anderen Seite führt häufig zu Akzeptanzproblemen, welche die Bereitschaft des Mitarbeiters zur Informationsauskunft bezüglich der von ihm verantworteten oder bearbeiteten Abläufe zumindest einschränken. Darüber hinaus stellt die Informationsübertragung von den Trägern des Prozeßwissens hin zu den Modellierern, die dieses Wissen in Form geeigneter Modelle formalisieren, einen nicht unerheblichen Aufwand dar. Dieser wird nicht zuletzt durch Kommunikations- und Verständnisprobleme vergrößert, die aus der Diskrepanz zwischen dem mechanistischen Prozeßmodell des Modellierers und der erfahrungsgesättigten Ansicht der Arbeitswirklichkeit des Prozeßbeteiligten herrühren. Mit welchen Anstrengungen diesem Aufwand auch begegnet wird, sie schließen keine Modellierungsfehler bei der Formalisierung der Erhebungsergebnisse durch die Modellierungsexperten aus.[70]

1.2.3 ARIS – Architektur integrierter Informationssysteme: Rahmenkonzept für die Geschäftsprozeßmodellierung

Die Beschreibung von Geschäftsprozessen kann mit Hilfe unterschiedlicher Modellierungsmethoden unter unterschiedlichen Gesichtspunkten bzw. aus verschiedenen Sichten erfolgen. Sogenannte Modellierungsarchitekturen definieren diese Sichten und die in ihnen anzuwendenden Methoden. Ein Beispiel für eine solche Modellierungsarchitektur ist die von *Scheer* entwickelte Architektur integrierter Informationssysteme (ARIS). Die ARIS-Architektur unterscheidet zum einen drei *Ebenen*, auf denen Geschäftsprozesse und die sie unterstützenden betrieblichen Anwendungssysteme beschrieben werden können, und zum anderen fünf *Sichten*, aus denen die Prozesse betrachtet werden können.

Auf der Ebene des *Fachkonzeptes* werden Geschäftsprozesse im Umfeld der betrieblichen Problemstellungen beschrieben, vor deren Hintergrund sie betrachtet werden. Die Beschreibung auf dieser Ebene erfolgt losgelöst von möglichen informationstechnischen Fragestellungen. Auf der Ebene des *DV-Konzeptes* werden die Prozesse zum ersten Mal in Verbin-

---

68 Eine ausführliche Beschreibung der gängigen Modellierungspraxis im Zuge der Erhebung von Ist-Prozessen geben *Remme u.a.* Vgl. Remme u.a., Die Erfassung der aktuellen Unternehmensprozesse 1995.

69 Lullies/Pastowsky/Grandke, Geschäftsprozesse optimieren 1998, S. 70

70 Vgl. Bettermann/Hollstein/Nettesheim, Business Procedure Reengineering 1993, S. 93.

dung mit informationstechnischen Lösungskonzepten beschrieben. Die betrachteten Lösungskonzepte abstrahieren aber auf dieser Ebene immer noch von konkreten Informations- und Anwendungssystemen. Diese fließen erst auf der Ebene der *Implementierung* in die Beschreibung der Geschäftsprozesse mit ein und bilden die Grundlage für die informationstechnische Umsetzung der auf den ersten Ebenen beschriebenen Geschäftsprozesse.

Zur Prozeßbeschreibung unter verschiedenen Gesichtspunkten unterscheidet die ARIS-Architektur die Daten-, Funktions-, Organisations-, Leistungs- und Steuerungssicht. Im Rahmen der *Datensicht* werden die Umfelddaten von Geschäftsprozessen, die Ereignisse, welche Zustandsänderungen der Daten repräsentieren, und Nachrichten innerhalb von Prozessen beschrieben. In der *Funktionssicht* werden die Aktivitäten innerhalb der betrachteten Abläufe strukturiert und mit den durch sie unterstützten Unternehmungszielen in Verbindung gebracht. Ebenfalls zur Funktionssicht zählen die Anwendungssysteme, die zur Durchführung der Funktionen eingesetzt werden. Die *Organisationssicht* unterstützt die Modellierung der Aufbauorganisation der betrachteten Unternehmung, welche neben der menschlichen Arbeitsleistung auch Maschinen- und Computerressourcen berücksichtigt. Innerhalb der *Leistungssicht* werden die Vor-, Zwischen- und Endprodukte der betrieblichen Leistungserstellung innerhalb der Geschäftsprozesse beschrieben. Die ARIS-*Steuerungssicht* schließlich führt die in den ersten vier Sichten isoliert betrachteten Aspekte der betrieblichen Abläufe zur Abbildung der Geschäftsprozesse in ihrer Gesamtheit zusammen. Abb. 1.2.1 faßt die beschriebenen Sichten in Form des ARIS-Hauses zusammen. Innerhalb der Steuerungssicht ist das Prozeßmodell in der Notation einer eEPK zusammen mit Verweisen auf die Herkunft der einzelnen Objekte aus den anderen ARIS-Sichten dargestellt.

Insbesondere die durch die ARIS-Architektur propagierte Unterteilung in Sichten unterstützt die Komplexitätsreduzierung im Zusammenhang mit der Modellierung realer und häufig sehr komplexer Geschäftsprozesse und Informationssysteme. Die Integration der einzelnen Betrachtungen innerhalb der Steuerungssicht erlaubt die ganzheitliche Beschreibung derselben Prozesse. Die einzelnen Modellierungsmethoden innerhalb der ARIS-Sichten werden ihrerseits mit Hilfe eines gemeinsamen Meta-Modells beschrieben, das darüber hinaus die Abhängigkeiten zwischen den Methoden definiert.[71]

---

[71] Für eine detailliertere Beschreibung der ARIS-Architektur vgl. Scheer, ARIS – Vom Geschäftsprozeß zum Anwendungssystem 1998, S. 32-53.

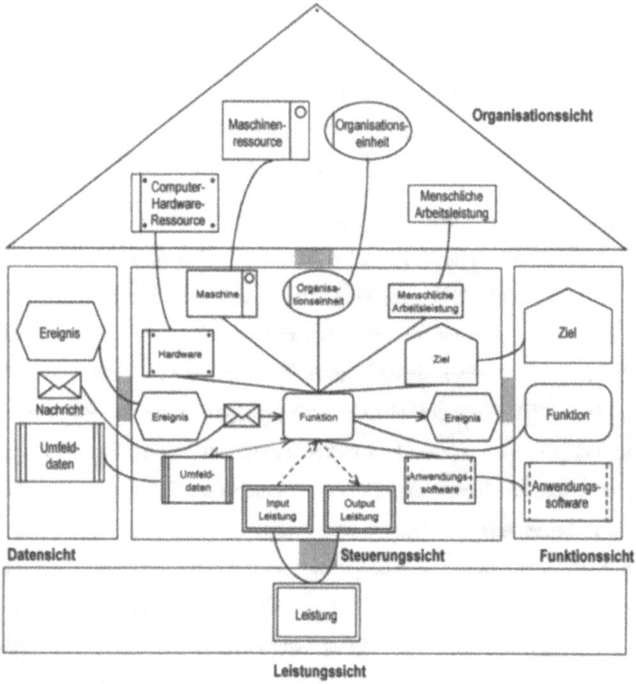

Abb. 1.2.1: Sichten des ARIS-Hauses[72]

1.2.4 Werkzeuge zur Geschäftsprozeßmodellierung

Einen Überblick über verfügbare Software-Werkzeuge zur Geschäftsprozeßmodellierung geben *Finkeißen/Forschner/Häge* und *Kortzfleisch*. Die beschriebenen Tools unterstützen die Analyse und Reorganisation von Geschäftsprozessen durch Systemkomponenten zur grafischen Modellierung der betrachteten Abläufe, zur Prozeßkostenrechnung oder zur Simulation und damit zur Bewertung der neu entwickelten Prozeßmodelle.[73]

Die möglichen Vorteile der Verwendung von Modellierungswerkzeugen betreffen die Wirtschaftlichkeit des Modellierungsprozesses und die Qualität der resultierenden Modellierungsergebnisse. Für eine Verbesserung der Wirtschaftlichkeit des Modellierungsprozesses ist im Wesentlichen die Tatsache verantwortlich, daß Prozeßmodelle mit Hilfe der in die Modellierungs-Tools integrierten grafischen Benutzungsoberflächen sehr viel schneller zu erstellen

[72] Aus: Scheer, ARIS – Vom Geschäftsprozeß zum Anwendungssystem 1998, S. 37.
[73] Vgl. Finkeisen/Forschner/Häge, Werkzeuge zur Prozeßanalyse und –optimierung 1995 und Kortzfleisch, Werkzeuge für die computergestützte Organisationsgestaltung 1996.

sind. Ebenfalls eine Aufwandsreduktion im Zusammenhang mit der Analyse und Verbesserung der modellierten Prozesse bewirken die eingebauten Navigations- und Analysefunktionalitäten sowie die Möglichkeiten zum automatisierten Abgleich von Ist-, Soll- oder Referenzmodellen. Mögliche Schnittstellen zu Workflow-Management-Systemen oder anderen aus Prozeßmodellen konfigurierbaren Anwendungssystemen unterstützen darüber hinaus die DV-technische Realisierung, Steuerung und Überwachung der Abläufe im Rahmen eines integrierten Geschäftsprozeßmanagements (vgl. Abschnitt 1.1.3, insbesondere Abb. 1.1.2).

Die Qualität der mit Hilfe von Modellierungs-Tools entwickelten Prozeßmodelle wird zum einen durch automatische Syntaxüberprüfungen verbessert. Diese basieren auf den Meta-Modellen der implementierten Methoden und stehen selbst im Modellierungswerkzeug elektronisch zur Verfügung. Zum anderen gewährleistet das dem jeweiligen Werkzeug zugrunde liegende Repository die Integrität der einzelnen Prozeßmodelle und leistet dadurch einen Beitrag zur Redundanzbeherrschung und damit auch zur Qualitätsverbesserung.[74]

Sehr viel kritischer beurteilen *Lullies/Pastowksy/Grandke* die Nutzenpotentiale gegenwärtig verfügbarer Modellierungswerkzeuge. Sie erkennen zwar die Notwendigkeit einer werkzeuggestützten Visualisierung von Geschäftsprozessen an, bemängeln aber aus ihrer Sicht die Tatsache, daß die im Zusammenhang mit der Reorganisation betrieblicher Abläufe verfügbaren Tools an den tatsächlichen Bedürfnissen vorbei entwickelt worden seien. Als notwendig sehen sie die Prozeßvisualisierung an, um ein gemeinsames Prozeßverständnis zu erzeugen und um die unterschiedlichen Ziele und Sichtweisen der am Reorganisationsprojekt beteiligten Akteure sichtbar zu machen. Damit werde ein fachbereichsübergreifendes Kommunikationsmedium geschaffen, das nicht zuletzt durch die gemeinsame Arbeit an diesem Medium die Veränderungsbereitschaft und –fähigkeit der Beteiligten fördert. Sie fordern daher Softwaretools, die es ermöglichen, Prozesse einfach zu erheben, intuitiv und übersichtlich darzustellen, um sie anschließend auch einfach verändern zu können. Die derzeit eingesetzten Werkzeuge dagegen empfinden sie nicht zuletzt aufgrund der komplizierten Bedienung als „over-engineered" ebenso wie die in den Werkzeugen implementierten Modellierungsmethoden. Die zugrunde liegenden Beschreibungssprachen seien nicht einfach genug, forderten einen zu hohen Detaillierungsgrad bei der Prozeßbeschreibung und erhöhten damit die Komplexität der resultierenden Prozeßmodelle.[75] Insbesondere der Forderung nach einer *einfachen* Methode und der dafür notwendigen Werkzeugunterstützung zur Erfassung, Modellierung und Visualisierung von Geschäftsprozessen versucht die vorliegende Arbeit nachzukommen.

[74] Vgl. Rosemann, Komplexitätsmanagement in Prozeßmodellen 1996, S. 46.
[75] Vgl. Lullies/Pastowsky/Grandke, Geschäftsprozesse optimieren 1998.

1.2.5 Qualität von Prozeßmodellen und Wirtschaftlichkeit der Modellierung: Grundsätze ordnungsmäßiger Modellierung

Ziel bei der Entwicklung einer neuen Methode zur Geschäftsprozeßmodellierung sollte zum einen die Verbesserung der Qualität der Modellierungsergebnisse, d.h. der resultierenden Prozeßmodelle, und zum anderen die Verbesserung der Wirtschaftlichkeit des Modellierungsprozesses selbst sein, die sich beispielsweise in einem verringerten Schulungsaufwand oder einer verkürzten Projektdauer niederschlagen kann.

Becker/Rosemann/Schütte definieren im Zusammenhang mit der Beurteilung der Qualität von Prozeßmodellen und der Wirtschaftlichkeit des Modellierungsprozesses sechs Grundsätze ordnungmäßiger Modellierung (GoM).[76] Diese werden im Folgenden vorgestellt. Der Beitrag der in dieser Arbeit entwickelten Methode der interaktiven Geschäftsprozeßmodellierung und ihrer Werkzeugunterstützung für die einzelnen Grundsätze wird in den Abschnitten 2.3.1 und 2.3.2 aufgezeigt.

Richtigkeit

Der Grundsatz der Richtigkeit hat eine syntaktische, d.h. vom abzubildenden Diskursbereich unabhängige, und eine semantische, d.h. vom abzubildenden Diskursbereich abhängige, Dimension. Ein Prozeßmodell ist syntaktisch korrekt, wenn es vollständig und konsistent gegenüber dem zugrunde liegenden Meta-Modell ist. Ein Modell ist semantisch korrekt, wenn es Struktur- und Verhaltenstreue gegenüber dem abzubildenden Diskursbereich aufweist und wenn es in sich und zu allen anderen Modellen widerspruchsfrei ist.

Relevanz

Die Berücksichtigung des Grundsatzes der Relevanz bestimmt den inhaltlichen Umfang und das Abstraktionsniveau der Geschäftsprozeßmodellierung. Beide Punkte sind direkt abhängig vom Zweck der Modellierung und von den Adressaten der Modellierungsergebnisse, d.h. von den späteren Nutzern der Prozeßmodelle.

Wirtschaftlichkeit

Die Beachtung des Grundsatzes der Wirtschaftlichkeit setzt der Dauer und Intensität von Modellierungsprojekten eine Obergrenze. Insbesondere der Einsatz von computergestützten Modellierungswerkzeugen und Branchenreferenzmodellen kann die Geschäftprozeßmodellierung erheblich beschleunigen und sie damit wirtschaftlicher machen.

---

76 Zur ausführlichen Beschreibung der dargestellten Modellierungsgrundsätze vgl. Becker/Rosemann/Schütte, Grundsätze ordnungsmäßiger Modellierung 1995.

Klarheit

Hinter dem Grundsatz der Klarheit verbergen sich Forderungen nach Strukturiertheit, Übersichtlichkeit, Lesbarkeit, Transparenz und damit nicht zuletzt Anschaulichkeit der entwickelten Prozeßmodelle. Die Klarheit von Prozeßmodellen steht immer dann im Widerspruch zum Grundsatz der semantischen Richtigkeit, wenn beispielsweise methodische Erweiterungen der Beschreibungssprache einen besseren Abdeckungsgrad der Realität durch die Modelle liefern könnten, aber die Übersichtlichkeit dieser Modelle verringern würden.

Vergleichbarkeit

Der Grundsatz der Vergleichbarkeit besitzt ebenso wie der Grundsatz der Richtigkeit eine syntaktische und eine semantische Dimension. Aus syntaktischer Sicht werden Modelle, die mit Hilfe unterschiedlicher Beschreibungssprachen erstellt worden sind, erst vergleichbar durch Integration der Meta-Modelle der eingesetzten Methoden. Die semantische Vergleichbarkeit bezieht sich dagegen auf die abgebildeten Inhalte, z.B. beim Abgleich von Ist- und Soll-Modellen. Die syntaktische Vergleichbarkeit von Prozeßmodellen wird durch den Einsatz von Strukturprozeßbausteinen[77], die semantische Vergleichbarkeit durch die Wiederverwendung von Ausschnitten aus Branchenreferenzmodellen gefördert. Gleichzeitig erzeugt die Wiederverwendung von Prozeßbausteinen und Modellausschnitten Wiedererkennungseffekte, die der Klarheit der resultierenden Prozeßmodelle förderlich sind.

Systematischer Aufbau

Die Forderung nach einem systematischen Aufbau der Prozeßmodelle resultiert aus der gängigen Modellierungspraxis, die eine Geschäftsprozeßbeschreibung in getrennten Sichten vorsieht. Da die resultierenden (Teil-)Modelle aber spätestens für die Betrachtung des Gesamtprozesses integriert werden müssen, setzt dies wiederum die Existenz einer entsprechenden Modellierungsarchitektur wie ARIS (vgl. Abschnitt 1.2.3) oder das Semantische Objektmodell (SOM)[78] voraus, die auf einem sichtenübergreifenden Meta-Modell basieren. Darüber hinaus ist bei der Modellierung in getrennten Sichten darauf zu achten, daß Objekte, die in unterschiedlichen (Teil-)Modellen zum Einsatz kommen, auch konsistent verwendet werden.

---

77 Vgl. Remme, Geschäftsprozeßkonstruktion durch Montage generischer Prozeßpartikel 1997.

78 Vgl. Ferstl/Sinz, Der Ansatz des Semantischen Objektmodells zur Modellierung von Geschäftsprozessen 1995.

1.2.6 Anforderungen an die Weiterentwicklung von Methoden und Werkzeugen zur Geschäftsprozeßmodellierung

Die Ausführungen in Abschnitt 1.1.2.2 dieser Arbeit stellten die wichtige Bedeutung einer umfassenden Mitarbeiterorientierung im Zusammenhang mit der Reorganisation von Geschäftsprozessen heraus. Dazu gehört insbesondere eine intensive Beteiligung der Mitarbeiter in den Projektphasen zur Erhebung und Modellierung der aktuellen Ist-Prozesse sowie zur Entwicklung und Modellierung der verbesserten Soll-Prozesse. Das derzeit gängige Vorgehen im Rahmen solcher Organisationsprojekte sieht allerdings eine Modellierung durch häufig fachfremde Methodenexperten vor und versetzt die Mitarbeiter aus den Fachabteilungen als Träger des Prozeßwissens lediglich in die passive Rolle des Informationslieferanten. Die mit diesem Vorgehen verbundenen Probleme wurden aufgezeigt, ebenso wie die Gründe für dieses Vorgehen. Sie liegen in der mangelnden Intuitivität der verfügbaren Prozeßbeschreibungssprachen und der Kompliziertheit der eingesetzten Modellierungswerkzeuge.

Es wird deshalb eine informale und intuitive und damit leicht erlernbare Beschreibungssprache benötigt, welche die Mitarbeiter in die Lage versetzt, die eigenen Geschäftsprozesse selbständig zu beschreiben, ohne daß es einer Wissensübertragung auf einen zusätzlichen Modellierungsexperten bedarf. Zur Unterstützung dieses Vorgehens und zur Weiterverarbeitung der auf diese Weise gewonnenen Prozeßdokumentation wird darüber hinaus ein Werkzeug benötigt, daß diese informale Prozeßbeschreibung automatisch in eine semi-formale Beschreibung überführt, die wiederum Ausgangspunkt für eine weitere, ebenfalls automatische, Transformation in eine formale Ablaufbeschreibung sein kann. Ziel dieser Arbeit ist also weniger die Entwicklung einer neuen Geschäftsprozeßbeschreibungssprache, die als Input für eine systemgestützte Analyse oder zur Steuerung eines Workflow-Management-Systems dienen soll. Ziel ist vielmehr die Entwicklung einer neuen Methode zur Erhebung und Visualisierung des betrieblichen Prozeßwissens, welches im Anschluß an seine Erhebung auf Basis bereits existierender formaler oder semi-formaler Beschreibungssprachen dokumentiert und weiterverarbeitet werden kann.

Kapitel 2 dieser Arbeit stellt die neue Methode der interaktiven Geschäftsprozeßmodellierung vor, Kapitel 3 die benötigten Software-Werkzeuge. Das entscheidende Merkmal der neuen Methode und Werkzeugunterstützung ist der Einsatz der Visualisisierungstechnologie Virtual Reality, die im nächsten Unterkapitel vorgestellt wird.

1.3 *Visualisieren und Interagieren mit Virtual Reality: Nutzenpotentiale für die Geschäftsprozeßmodellierung*

1.3.1 Historische Entwicklung von Virtual Reality

Einen ausführlichen Überblick über die Entwicklungsgeschichte von Virtual Reality (VR) geben *Kalawsky*[79] und *Vince*[80]. Die Anfänge von VR werden gemeinhin mit dem Filmtechniker *Morton Heilig* verknüpft, der sich um die Entwicklung eines Erlebnistheaters bemühte, das eine Vielzahl von Besuchern mit sehr großem technischem Aufwand in eine virtuelle Welt versetzen sollte. Aus den Bemühungen um die erste virtuelle Multi-User-Umgebung wurde im Jahr 1956 aufgrund fehlender Investoren schließlich „nur“ die erste virtuelle Single-User-Welt in Form des „Sensorama Simulators“, für den Heilig 1962 das US-Patent erhielt. Diese Maschine ermöglichte seinem Benutzer durch den Einsatz unterschiedlicher Technologien eine virtuelle Motorradfahrt durch New York. Zu diesen Technologien gehörten ein vibrierender Motorradsitz, 3D-Video und Stereo-Sound sowie die Simulation von Fahrtwind und das Erzeugen unterschiedlicher Essensgerüche beim „Vorbeifahren“ an virtuellen Lebensmittelgeschäften. Das einzige, aber dennoch entscheidende, das dem „Sensorama Simulator“ zum ersten „echten“ VR-System[81] fehlte, waren Möglichkeiten zur Interaktion des Benutzers mit der virtuellen Welt: Die virtuelle Motorradfahrt durch New York verlief ohne Eingriffsmöglichkeiten des Fahrers.[82]

Obwohl Heilig bereits in seiner Simulationsmaschine 3D-Videotechnik einsetzte, gilt *Ivan Sutherland* als Begründer der Computergrafik im Allgemeinen und als Erfinder des Head-Mounted-Display (HMD) im Speziellen. Im Mittelpunkt seiner Bemühungen um eine Verbesserung der Mensch-Maschine-Schnittstelle stand stets der Einsatz grafischer Systeme.[83] Das für die Entwicklungsgeschichte von VR wichtigste System ist aber das HMD, ein Datenhelm, der den Benutzer mit Hilfe zweier grafischer Displays, die direkt vor den Augen des Helmträgers angebracht sind, in eine virtuelle Welt versetzt.[84] Sutherland gründete 1968 die Fa. Evans & Sutherland, die sich auf die Entwicklung von Hochleistungsrechnern für militärische Grafik- und Simulationszwecke spezialisierte.

---

79 Vgl. Kalawsky, The Science of Virtual Reality 1993, S. 17-42.
80 Vgl. Vince, Virtual Reality Systems 1995, S. 18-23.
81 Zur Definition eines „echten“ VR-Systems vgl. den nachfolgenden Abschnitt 1.3.2.
82 Vgl. Burdea/Coiffet, Virtual Reality Technology 1994, S. 5-9 und Watkins/Marenka, Virtual Reality Excursions 1994, S. 49-52.
83 Vgl. Sutherland, Sketchpad 1963.
84 Vgl. Sutherland, The Ultimate Display 1965 und Sutherland, A Head-Mounted three-dimensional Display 1968.

Als wichtigster Anwender von Sutherlands Technologien im Hinblick auf die Weiterentwicklung von VR gilt *Thomas Furness*, der 1981 ebenfalls für das US-Militär einen Flugsimulator in Form eines virtuellen Cockpits entwickelte. Sein System, das den Namen Visually Coupled Airborne Systems Simulator (VCASS) trug, bestand im Wesentlichen aus einem HMD und einem Tracking-System.[85] Letzteres diente zur wiederholten Bestimmung der Kopfpositionen des HMD-Trägers und damit zur kontinuierlichen Berechnung der durch das HMD in schneller Folge angezeigten einzelnen Computergrafiken.

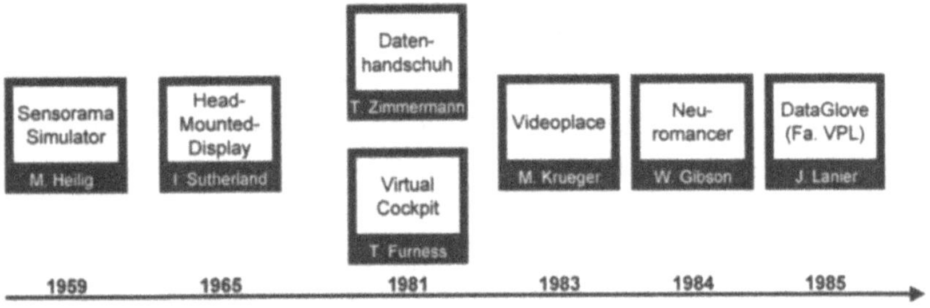

Abb. 1.3.1: Virtual Reality-Entwicklungsgeschichte

Als Erfinder des Datenhandschuhs im Jahr 1981 gilt *Thomas Zimmermann*[86]. Dieser Handschuh interpretiert die Finger- und Handbewegungen seines Trägers als unterschiedliche Dateneingaben. Er eignet sich damit als Eingabegerät insbesondere in solchen virtuellen Welten, die mit Hilfe eines HMD erzeugt und dargestellt werden, das den Blick aber auf alternative Eingabegeräte wie Tastatur oder Maus versperrt. Dennoch wird mit dem Begriff des Datenhandschuhs häufig der Name *Jaron Lanier* in Verbindung gebracht, der zusammen mit Zimmermann die Fa. VPL Research (Virtual Programming Language) gründete, die 1985 den bekannten Datenhandschuh DataGlove auf den Markt brachte. Lanier war es schließlich auch, der 1989 den Begriff Virtual Reality prägte.[87]

Zwei weitere wichtige Persönlichkeiten im erweiterten Umfeld von VR sind *Myron Krueger* und *William Gibson*. Krueger suchte nach neuen Möglichkeiten, um in computergenerierte künstliche Welten auch ohne HMD eintauchen zu können und prägte den Begriff Artificial Reality. Sein künstliches Labor „Videoplace" kombinierte dabei großflächig projizierte Com-

85 Vgl. Bauer, Nutzenorientierter Einsatz von Virtual Reality 1996, S. 21f und Gigante, Virtual Reality 1993, S. 5f.

86 Vgl. Bormann, Virtuelle Realität, S. 42 und Kalawsky, The Science of Virtual Reality 1993, S. 25.

87 Vgl. Bauer, Nutzenorientierter Einsatz von Virtual Reality 1996, S. 25-27 und Watkins/Marenka, Virtual Reality Excursions 1994, S. 73-76.

putergrafiken zur Darstellung der virtuellen Welt als Ausgabemedium zusammen mit Videokameras zur Positions- und Gestenerkennung des Benutzers als Eingabemedium.[88]

Gibson gilt mit seinem 1984 erschienenen Roman „Neuromancer" als der Begründer einer literarischen Bewegung, die der Forschung wichtige Impulse für die Simulation virtueller Welten gab. Er prägte mit seinem Science-Fiction-Roman den Begriff Cyberspace, ein elektronischer Datenkosmos, mit dem sich der Benutzer direkt über sein Gehirn verbinden kann.[89] Gegenwärtig wird der Begriff Cyberspace eher lösgelöst von VR im Zusammenhang mit großen Datennetzen und insbesondere dem Internet verwendet.

Abb. 1.3.1 faßt die wichigsten Ereignisse und Pioniere dieser Entwicklungsgeschichte zusammen. Sie soll nicht den Eindruck vermitteln, daß die Weiterentwicklung von VR im Jahr 1985 stoppte. Es soll vielmehr zum Ausdruck gebracht werden, daß sich die Bemühungen auf dem Gebiet VR in der jüngeren Vergangenheit und in der Gegenwart auf die Leistungssteigerung und Kostenreduktion bereits existierender Systemkomponenten konzentrieren und damit der Verbreitung der Technolgie VR über Expertenkreise hinaus dienen. Einen wichtigen Beitrag hierfür werden beispielsweise die künftige Verfügbarkeit PC-basierter VR-Systeme und die Entwicklung verteilter VR-Anwendungen für das Internet liefern.[90]

1.3.2 Virtual Reality: Definition, Klassifikation und Begriffsabgrenzung

Bezüglich einer exakten Definition ist sich die Wissenschaft im Umfeld von VR einig, daß VR eigentlich „nur" eine neue und vielversprechende Form der Mensch-Maschine-Schnittstelle darstellt. Die Vielzahl der in der Literatur zu findenden Definitionen läßt allerdings zwei unterschiedliche Schwerpunkte feststellen. Die erste Gruppe von Definitionen stellt die eingesetzte Technologie zur Implementierung der Mensch-Maschine-Schnittstelle in den Vordergrund.[91] Als typisches Beispiel für diese Gruppe soll an dieser Stelle die Definition von *Leston/Ring/Kyral* dienen:

„VR ist eine Menge von 3D-Grafik- und Simulationswerkzeugen und –technologien, die den Benutzern erlauben, innerhalb einer computergenerierten Umgebung interaktiv und in Echtzeit zu operieren, ohne sich der Mensch-Maschine-Schnittstelle überhaupt bewußt zu sein."[92]

---

88 Vgl. Krueger, Artificial Reality II 1991, S. 34-64 und Krueger, Videoplace 1990.
89 Vgl. Gibson, Neuromancer 1998.
90 Vgl. Leston/Ring/Kyral, Virtual Reality 1996, S. 66f.
91 Vgl. z.B. Astheimer u.a., Die Virtuelle Umgebung 1994 (a), S. 282f; Gigante, Virtual Reality 1993 und Latham, Dictionary of Computer Graphics and Virtual Reality 1995, S. 148.
92 Leston/Ring/Kyral, Virtual Reality 1996, S. 25 (Übersetzung des Verfassers).

Die zweite Gruppe von Definitionen stellt den menschlichen Benutzer und dessen Empfindung hinsichtlich dieser neuen Schnittstelle in den Vordergrund.[93] *Steuer* beispielsweise setzt VR mit Telepresence gleich und definiert diesen Begriff wiederum als die Vorstellung des menschlichen Benutzers, sich mit Hilfe eines geeigneten Kommunikationsmediums in einer bestimmten (realen oder virtuellen) Umgebung zu befinden.[94]

Die Qualität dieses Eindrucks und damit die Qualität der Mensch-Maschine-Schnittstelle VR hängt von unterschiedlichen Stellgrößen ab. *Heim* gibt einen ausführlichen Überblick über diese Größen[95]. Die drei wichtigsten sollen an dieser Stelle beschrieben werden:

Immersion

Der Verlust der Wahrnehmung der realen Umgebung und die Empfindung, in eine virtuelle Umgebung einzutauchen, wird mit dem Begriff Immersion umschrieben. Der Immersionsgrad hängt wiederum von der grafischen und akustischen Qualität der Simulation der virtuellen Umgebung ab. Neben dem optischen und dem akustischen Kanal können mit Hilfe geeigneter VR-Systemkomponenten zur Simulation von Form, Kraft, Geruch und sogar Geschmack (vgl. Abschnitt 1.3.3.1) weitere Empfindungskanäle des menschlichen Benutzers angesprochen und damit der Immersionsgrad weiter erhöht werden.

Interaktion

Ebenfalls von entscheidender Bedeutung für die Qualität der Mensch-Maschine-Schnittstelle, die mit Hilfe eines VR-Systems realisiert wird, und damit auch für dessen Immersionsgrad sind die Möglichkeiten zur Navigation innerhalb der virtuellen Umgebung und zur Interaktion mit den in dieser Umgebung befindlichen virtuellen Objekten. Sowohl Navigation als auch Interaktion müssen in Echtzeit möglich sein. Die Interaktionsmöglichkeiten innerhalb einer virtuellen Umgebung stehen in direktem Zusammenhang mit den eingesetzten VR-Eingabegeräten (vgl. Abschnitt 1.3.3.2).

Vorstellungskraft

Burdea/Coiffet stellen fest, daß neben den angesprochenen technischen Voraussetzungen die menschliche Vorstellungskraft eine entscheidende Rolle spielt, wenn es darum geht, die reale Umgebung zu verlassen, um eine virtuelle Welt zu betreten und als neue Umgebung zu erleben.[96]

---

[93] Vgl. z.B. Aukstakalnis/Blatner, Silicon Mirage 1992, S. 7-10 und Spring, Informating with Virtual Reality 1991, S. 7f.

[94] Vgl. Steuer, Defining Virtual Reality 1992, S. 74-79.

[95] Vgl. Heim, The Metaphysics of Virtual Reality 1993, S. 110-116.

[96] Vgl. Burdea/Coiffet, Virtual Reality Technology 1994, S. 4f.

Im Mittelpunkt der bisherigen Ausführungen standen die Begriffe *Virtual Reality (VR)* und virtuelle Umgebung. Die obige Definition von VR durch *Steuer* benutzte darüber hinaus den Begriff *Telepresence* sowohl im Zusammenhang mit virtuellen als auch mit realen Umgebungen. Zur besseren Einordnung der Vielzahl unterschiedlicher Begriffe auf dem Gebiet VR soll die folgende Klassifikation von VR-Systemen dienen: Während *Kalawsky* bereits eine Einteilung in *Virtual Environment-* und *Teleoperation-Systeme* vornimmt,[97] verfeinern *Durlach/Mavor* diese Einteilung weiter durch sogenannte *Augmented Reality-Systeme* und führen als gemeinsamen Oberbegriff *Synthetic Environment-Systeme* ein (vgl. Abb. 1.3.2)[98]. *Steuers* Telepresence läßt sich wohl am besten auf der Ebene des Oberbegriffs Synthetic Environment einordnen, da beide Begriffe sowohl die Schnittstelle zwischen dem menschlichen Benutzer und der computergenerierten virtuellen Umgebung als auch die Schnittstelle zwischen Benutzer und realer Umwelt umfassen.

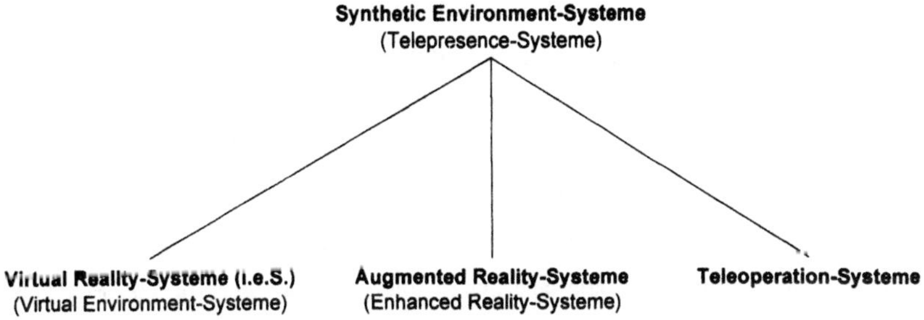

Abb. 1.3.2: Klassifikation von Virtual Reality-Systemen

Virtual Environment- bzw. Virtual Reality-Systeme im engeren Sinne versetzen den menschlichen Benutzer mit Hilfe geeigneter Ein- und Ausgabegeräte als Teil der Mensch-Maschine-Schnittstelle in eine computergenerierte virtuelle Umgebung (vgl. Abb. 1.3.3).

Teleoperation-Systeme dagegen versetzen den menschlichen Benutzer in eine reale, möglicherweise weit entfernte oder gefährliche Umgebung. Dies geschieht eventuell mit Hilfe derselben Ein- und Ausgabegeräte wie bei VR-Systemen, aber mit Sicherheit unter Einsatz eines Teleroboters innerhalb der realen Umwelt (vgl. Abb. 1.3.3).

---

97 Vgl. Kalawsky, The Science of Virtual Reality 1993, S. 2-4.

98 Vgl. Durlach/Mavor, Virtual Reality 1995, S. 17-21.

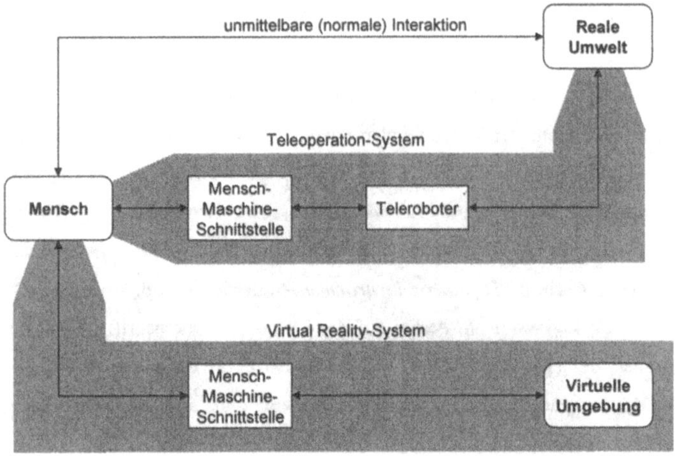

Abb. 1.3.3: Virtual Reality- und Teleoperation-Systeme[99]

Systeme, die sowohl in realen als auch in virtuellen Umgebungen operieren, werden als Augmented- oder Enhanced Reality-Systeme bezeichnet. Abb. 1.3.4 zeigt die unterschiedlichen Möglichkeiten der Ausgestaltung eines Augmented Reality-Systems. Mit Hilfe halbdurchsichtiger Displays beispielsweise können Zusatzinformationen aus einer virtuellen Umgebung über den betrachteten Ausschnitt der realen Umwelt eingeblendet werden. In der Automobil- oder Luftfahrtindustrie unterstützen solche Systeme und Displays Mechaniker durch Einblendung virtueller Konstruktions- oder Instandhaltungspläne, ohne den Blick auf den realen Bearbeitungsgegenstand zu versperren.

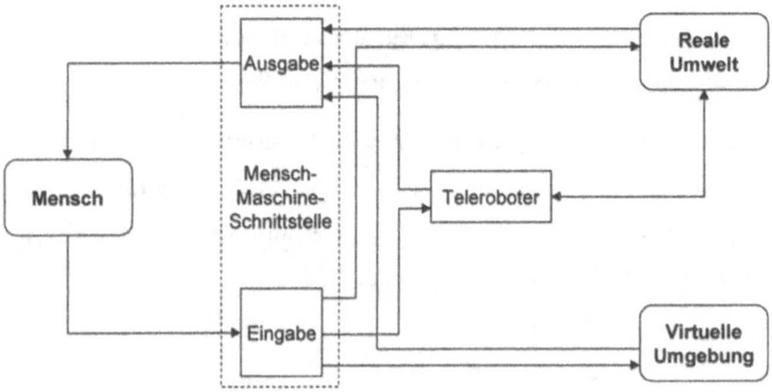

Abb. 1.3.4: Augmented Reality-Systeme[100]

[99] In Anlehnung an Durlach/Mavor, Virtual Reality 1995, S. 19.
[100] In Anlehnung an Durlach/Mavor, Virtual Reality 1995, S. 20.

In einem anderen Anwendungsszenario eines Augmented Reality-Systems können Informationen über die reale Umwelt, die um computergenerierte Informationen ergänzt werden sollen, auch von einer an einem Teleroboter befestigten Kamera stammen.

Abb. 1.3.5 faßt die Konfigurationsmöglichkeiten eines Synthetic Environment-Systems als Oberbegriff für Virtual Reality-, Teleoperation- und Augmented Reality-Systeme zusammen: In der Grundkonfiguration sind zwei Computer über eine Kommunikationsleitung miteinander verbunden. Werden alle Komponenten auf der linken Seite der Kommunikationsverbindung entfernt und beschränkt sich der Einsatz des Computers auf der rechten Seite auf die Kontrolle des Teleroboters, reduziert sich das Gesamtsystem zu einem autonomen Roboter.

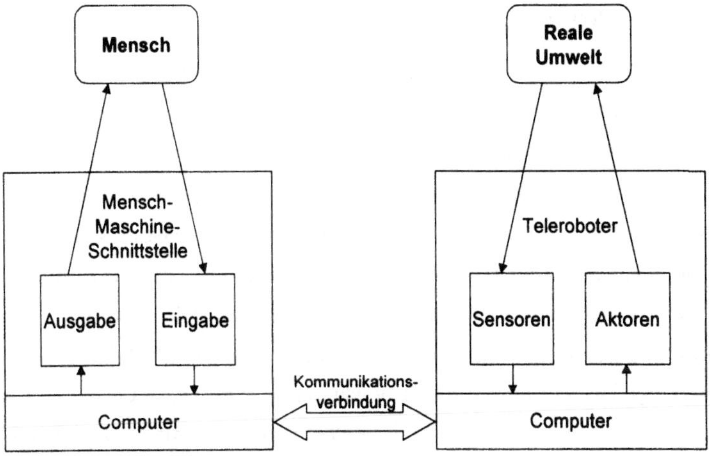

Abb. 1.3.5: Konfiguration von Synthetic Environment-Systemen[101]

Entfernt man alle Komponenten auf der rechten Seite der Kommunikationsverbindung und nutzt den Computer auf der linken Seite zur Generierung einer virtuellen Umgebung, reduziert sich das System zu einem Virtual Reality-System.

Werden keine Komponenten entfernt und der Computer auf der linken Seite nicht zur Generierung einer virtuellen Welt eingesetzt, bietet das Gesamtsystem die Funktionalität eines Teleoperation-Systems.

Wird der linke Computer dennoch, unter Beibehaltung aller weiteren Komponenten, zur Generierung einer virtuellen Welt genutzt, so spezialisiert sich das allgemeine Synthetic Environment-System zu einem Augmented Reality-System.

[101] In Anlehnung an Durlach/Mavor, Virtual Reality 1995, S. 21.

Um Virtual Reality-Systeme von alternativen Technologien abgrenzen zu können, sollen an dieser Stelle die wichtigsten Unterschiede zu solchen Systemen aufgeführt werden:[102] Im Gegensatz zu Systemen, die durch computergestützte *grafische Animation* ebenfalls Reisen durch dreidimensionale virtuelle Welten ermöglichen, unterstützen VR-Systeme die Navigation durch diese Welten in Echtzeit und vermitteln dem Betrachter im Falle voll-immersiver Systeme das Gefühl, in die virtuelle Umgebung einzutauchen. Auch die Echtzeit-Interaktion mit Objekten innerhalb der dreidimensionalen Darstellung wird im Rahmen einer grafischen Animation nicht unterstützt. Echtzeit-Navigation und –Interaktion und die daraus resultierenden Möglichkeiten zur Schaffung eines Immersionsgefühls beim Benutzer sind auch die wesentlichen Unterschiede zwischen VR-Sytemen und *CAD*- und *Multimedia-Systemen*, selbst wenn diese zunehmend über dreidimensionale grafische Benutzungsoberflächen verfügen.

Zum Schluß dieses Abschnitts soll auch noch eine Abgrenzung zu den von *Gibson* und *Krueger* geprägten und im Zusammenhang mit VR häufig gebrauchten Begriffen *Cyberspace* und *Artificial Reality* vorgenommen werden. In *Gibsons* Science-Fiction-Roman „Neuromancer“[103] wird mit dem Begriff Cyberspace ein globales Informations- und Unterhaltungsnetzwerk bezeichnet. Aus diesem Grund trifft die Bezeichnung Cyberspace auch eher auf das weltumspannende Internet als auf VR zu. Kruegers Begriffskomposition Artificial Reality und die in Abschnitt 1.3.1 beschriebene Anwendung „Videoplace“ versetzen den Benutzer ebenso wie VR-Anwendungen in eine computergenerierte künstliche Umgebung, erlauben diesem aber „nur“ die Interaktion mit zweidimensional projizierten Computergrafiken und erzeugen unter keinen Umständen ein echtes Immersionsgefühl.[104] Aus diesem Grund wird Artificial Reality auch nicht mit den Begriffen Virtual Reality, Teleoperation und Augmented Reality unter dem Oberbegriff Synthetic Environment zusammengeführt (vgl. Abb. 1.3.2), sondern eher losgelöst von diesen betrachtet.

1.3.3 Virtual Reality-Technologie

Abb. 1.3.5 im vorangegangenen Abschnitt zeigt die wichtigsten Komponenten eines Synthetic Environment-Systems im Allgemeinen bzw. eines VR-Systems im Speziellen, nämlich einen zentralen Computer sowie Ein- und Ausgabegeräte zur Realisierung der Mensch-Maschine-Schnittstelle. Abb. 1.3.6 detailliert diese sehr allgemeine Aufbaubeschreibung eines VR-Systems anhand der möglichen Ein- und Ausgabegeräte.

---

[102] Vgl. Leston/Ring/Kyral, Virtual Reality 1996, S. 42-45.
[103] Vgl. Gibson, Neuromancer 1998.
[104] Vgl. Krueger, Artificial Reality II 1991, S. 34-64 und Krueger, Videoplace 1990.

Biocca formuliert als allgemeine Zielstellung bei Entwurf und Implementierung eines VR-Systems die möglichst optimale Verbindung der menschlichen Sinnesorgane mit den Ausgabegeräten der Mensch-Maschine-Schnittstelle.[105] Gleiches muß natürlich auch für die Verbindung der menschlichen (Re-) Aktionen mit den Eingabegeräten des VR-Systems gelten.

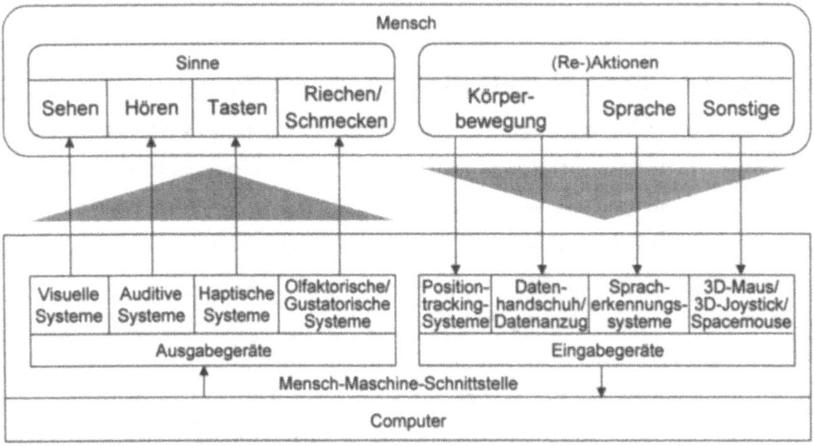

Abb. 1.3.6: Virtual Reality-Technologie

In den folgenden Abschnitten werden zunächst unterschiedliche Ein- und Ausgabegeräte der Mensch-Maschine-Schnittstelle vorgestellt. Anschließend werden die zentralen Hard- und Software-Komponenten eines VR-Systems betrachtet.

Zunächst sollen aber die technischen Minimalanforderungen an die Leistungsfähigkeit eines VR-Systems beschrieben werden. *Durlach* beispielsweise fordert von einem akzeptablen VR-System eine minimale Bildgenerierungsrate von 10 Bildern pro Sekunde und eine maximale Verzögerungszeit zwischen Benutzereingabe und Systemreaktion von 0,1 Sekunden. Seinen Schätzungen zufolge besteht ein photorealistisches Bild einer realen Umgebung aus ca. 80 Millionen Polygonen. Dann müßte ein leistungsfähiges VR-System 800 Millionen Polygone pro Sekunde berechnen können, um zu einer Bildgenerierungsrate von 10 Bildern pro Sekunde zu gelangen.[106] Selbst Grafik-Workstations im Hochleistungsbereich bewegen sich heute erst im unteren zweistelligen Millionenbereich. Aus diesem Grund wird deutlich, daß zumindest beim derzeitigen Stand der Technik an photorealistische virtuelle Umgebungen noch (!) nicht zu denken ist.

105 Vgl. Biocca, Virtual Reality Technology 1992, S. 27.
106 Vgl. Durlach/Mavor, Virtual Reality 1995, S. 250-252.

1.3.3.1 Ausgabegeräte der Mensch-Maschine-Schnittstelle

Die Vielzahl der verfügbaren Ausgabegeräte innerhalb der Mensch-Maschine-Schnittstelle eines VR-Systems lassen sich in Abhängigkeit von den angesprochenen menschlichen Sinnesorganen in die fünf Kategorien visuelle, auditive, haptische, olfaktorische und gustatorische Systeme einordnen (vgl. Abb. 1.3.6).

Visuelle Systeme

Einen ausführlichen Überblick über mögliche visuelle Ausgabegeräte geben *Bormann*[107], *Steed*[108] und *Falter/Rötting/Springer*[109]. In hoch-immersiven Systemen kommen in der Regel sogenannte Head-Mounted-Displays (HMD) zum Einsatz. Diese, auch als Datenhelm bezeichnete, Geräte stellen für beide Augen des Benutzers je einen kleinen Bildschirm und eine spezielle Weitwinkeloptik zur Verfügung, um so den Blick des Betrachters vollkommen auf die stereoskopisch dargestellte virtuelle Umgebung zu lenken. Eine Alternative zu dem am Kopf des Benutzers zu befestigenden HMD stellt der Binocular Omni-Orientation Monitor (BOOM) dar. Dieser besteht im Wesentlichen aus einem HMD-vergleichbaren Sichtsystem, das sehr leistungsfähig und daher in der Regel sehr schwer ist. Deshalb wird es an einer galgenähnlichen Vorrichtung aufgehängt und kann vom Benutzer leicht und präzise bewegt werden.

Eine weitere Klasse visueller Ausgabegeräte präsentiert computergenerierte virtuelle Umgebungen nicht unmittelbar vor den Augen des Betrachters, wie HMD oder BOOM, sondern entweder auf einem Computermonitor oder auf großflächigen Videowänden. In beiden Fällen synchronisieren verschlußgesteuerte Shutter-Brillen das abwechselnd für das linke und rechte Auge dargestellte Computerbild und erzeugen damit ebenfalls einen stereoskopischen Effekt. In einem speziellen Anwendungsszenario bilden sechs zu einem Würfel angeordnete Videowände, welche die von sechs getrennten Grafikrechnern berechneten Bilder anzeigen, einen (realen) Raum, der mehreren mit Shutter-Brillen ausgerüsteten Personen das Erlebnis einer virtuellen Umgebung ermöglicht. Ein solcher Raum wird als Computer-Automated Virtual Environment (CAVE) bezeichnet.[110]

Neuere Forschungsaktivitäten auf dem Gebiet der visuellen Ausgabegeräte, insbesondere am Human Interface Technology Laboratory (HITL) der Universität Washington, zielen auf die Entwicklung von Systemen, welche die einzelnen Computerbilder mit Hilfe eines Lasers

---

107 Vgl. Bormann, Virtuelle Realität, 1994, S. 73-84.
108 Vgl. Steed, A Survey of Virtual Reality Literature 1993, S. 4-6.
109 Vgl. Falter/Rötting/Springer, Zur Problematik der Verwendung von Displays 1993, S. 200f.
110 Vgl. Wloka, CAVE 1996.

direkt auf die Netzhaut des Betrachters projizieren.[111] Weitere Versuche betreffen holografische Bildprojektionen. In allen Fällen zielen die Bemühungen auf die gleichzeitige Verbesserung der Leistungsfähigkeit und des Tragekomforts der aktuellen Visualisierungssysteme.

Auditive Systeme

Neben den angesprochenen visuellen Ausgabegeräten nehmen auditive Systeme eine wichtige Rolle bei der Implementierung immersiver VR-Anwendungen ein. Ziel dieser Systeme ist die Schaffung einer 3D-Sound-Umgebung, in der insbesondere Töne, die mit virtuellen Objekten verknüpft sind, räumlich wahrgenommen werden können und ihren Ursprung auch bei Bewegung durch den virtuellen Raum beibehalten. Die meisten kommerziell verfügbaren Systemen basieren auf Kopfhörern, die häufig in ein HMD integriert sind, oder auf einer Menge im realen Raum angeordneter Lautsprecher.[112]

Haptische Systeme

Immersive VR-Systeme zeichnen sich nicht alleine dadurch aus, daß die realisierte virtuelle Umgebung durchwandert und mit Hilfe der oben beschriebenen visuellen und auditiven Systeme beobachtet werden kann, sondern auch durch vielfältige Möglichkeiten zur Interaktion mit den virtuellen Objekten. Neben den im nächsten Abschnitt beschriebenen Eingabegeräten vermitteln insbesondere haptische Ausgabegeräte das Gefühl beim Benutzer, einen Gegenstand der virtuellen Welt tatsächlich zu berühren und seine Oberflächeneigenschaften sowie die von ihm ausgehenden Kräfte zu spüren. Taktile Systeme sprechen die in der menschlichen Haut befindlichen Rezeptoren an, die Reize wie konstanter Druck, Druckveränderung, Vibration oder Temperatur wahrnehmen. Kraftrückkopplungssysteme dagegen sprechen die in den Muskeln und Gelenken liegenden kinästhetischen Sensoren an und dienen zur Ermittlung der Lage, Bewegung und Drehung einzelner Körperpartien und der auf sie einwirkenden Kräfte.[113]

Einen Überblick über haptische Systeme geben *Burdea/Coiffet*. Die Spanne möglicher Geräte reicht von pneumatischen oder vibrationsauslösenden taktilen Systemen, die häufig in Datenhandschuhe (vgl. Abschnitt 1.3.3.2) integriert sind, über Kraftrückkopplungssysteme auf Basis eines Joysticks, der Kräfte auf die Hand seines Benutzers ausübt, bis hin zu mechanischen Systemen, die den ganzen menschlichen Arm ansprechen.[114]

---

111 Vgl. Boman, Virtual-Environment Research 1995, S. 58.
112 Vgl. Boman, Virtual-Environment Research 1995, S. 58-60.
113 Vgl. Bormann, Virtuelle Realität 1994, S. 87-90.
114 Vgl. Burdea/Coiffet, Virtual Reality Technology 1994, S. 81-113.

Olfaktorische und Gustatorische Systeme

Um die Simulation einer virtuellen Umgebung zu perfektionieren, wird auch mit Ausgabegeräten experimentiert, welche die chemischen Sinne des Menschen reizen, nämlich den Geruchs- und Geschmackssinn. Während über die Realisierbarkeit und Sinnhaftigkeit olfaktorischer Systeme zur Stimulation des Geruchssinn mit Sicherheit diskutiert werden kann,[115] erscheint insbesondere die Realisierbarkeit gustatorischer Systeme zum Ansprechen des Geschmackssinns spätestens dann mehr als fragwürdig, wenn über den Einsatz von Apparaturen zum Auftragen und Entfernen der benötigten Geschmacksstoffe auf die Zunge des Benutzers nachgedacht wird.[116]

1.3.3.2 Eingabegeräte der Mensch-Maschine-Schnittstelle

Eingabegeräte der Mensch-Maschine-Schnittstelle eines VR-Systems dienen der Navigation durch die virtuelle Umgebung und der Interaktion mit den darin befindlichen virtuellen Objekten. Sie werden in der Regel durch Körperbewegungen oder Sprache des menschlichen Benutzers angesprochen. Die Dateneingabe über herkömmliche Tastaturen ist insbesondere in voll-immersiven Systemen nicht möglich, da hier HMD oder andere Sichtgeräte den Blick auf die Tastatur im realen Raum versperren.

Position Tracking-Systeme

Anstatt die ganzheitlichen Körperbewegungen des Benutzers aufzuzeichnen, werten Position Tracking-Systeme die Position und Orientierung einzelner Körperteile im Zeitverlauf aus, um daraus den Bewegungsablauf innerhalb der virtuellen Welt ableiten zu können. Am Häufigsten werden Position und Orientierung des Kopfes und einer Hand des Benutzers ausgewertet. Zu den wichtigsten technischen Verfahren des Position Tracking zählen elektromagnetische, mechanische, akustische und optische Verfahren.[117] Die entsprechenden Systeme sind im Fall des Kopf- und Hand-Tracking in das HMD bzw. den im Folgenden beschriebenen Datenhandschuh integriert. Augen-Tracking-Systeme messen dagegen die Bewegungen der Augen des Benutzers, um daraus die grafische Repräsentation der virtuellen Umgebung für diejenige Blickrichtung zu berechnen, die der gemessenen Augenposition entspricht. Eine weitere Klasse von Tracking-Systemen erlaubt Benutzereingaben, die der menschlichen Fortbewegung im realen Raum ähneln und deshalb intuitiver sind als Gesten der Hand, die mittels Datenhandschuh oder anderer Eingabegeräte die Navigation im virtuellen Raum steuern.

---

115 Vgl. Barfield/Danas, Comments on the Use of Olfactory Displays 1996.

116 Vgl. Bormann, Virtuelle Realität 1994, S. 91-93.

117 Vgl. Steed, A Survey of Virtual Reality Literature 1993, S. 7-9.

Zu dieser Klasse von Systemen zählen beispielsweise Laufbänder, die ein realitätsnahes Gehen oder Laufen durch virtuelle Umgebungen ermöglichen sollen, aber auch Video- und Bilderkennungssysteme, die ohne Körperkontakt Benutzerbewegungen aufzeichnen und interpretieren können.[118]

Datenhandschuh/Datenanzug

Neben den Position Tracking-Systemen zählen Datenhandschuh und Datenanzug zu den wichtigsten Eingabegeräten der Mensch-Maschine-Schnittstelle eines immersiven VR-Systems. Während Datenhandschuhe lediglich die Fingerkrümmungen des menschlichen Trägers messen und dadurch Gesten zur Fortbewegung innerhalb der virtuellen Umgebung oder zur Interaktion mit virtuellen Objekten erkennen können, tun Datenanzüge dies für den ganzen Körper. Beide Systeme integrieren in aller Regel Position Tracking-Komponenten, um neben Bewegungsinformationen auch Daten über Position und Orientierung der Hand oder anderer Körperteile des Benutzers an den zentralen Steuerrechner (vgl. Abschnitt 1.3.3.3) des VR-Systems übermitteln zu können. Einen Überblick über die wichtigsten Systeme geben *Burdea/Coiffet*[119], *Bormann*[120] und *Aukstakalnis/Blatner*[121].

Spracherkennungssysteme

Zu einer völlig neuen und intuitiven Form der Dateneingabe nicht nur innerhalb immersiver VR-Anwendungen dürfte die Weiterentwicklung existierender Spracherkennungssysteme führen. Zu den wichtigsten Schwierigkeiten auf diesem Entwicklungsweg zählen das Erkennen ganzer Sätze statt einzelner Wörter, eine akzeptable Mindestgröße des verfügbaren Vokabulars sowie die Unabhängigkeit des Systems vom Sprecher. Das System muß also in der Lage sein, gleiche Spracheingaben unterschiedlicher Benutzer mit unterschiedlichen Stimmklängen identifizieren zu können.[122]

---

118 Vgl. Bormann, Virtuelle Realität 1994, S. 57-71.

119 Vgl. Burdea/Coiffet, Virtual Reality Technology 1994, S. 32-45.

120 Vgl. Bormann, Virtuelle Realität 1994, S. 51-57.

121 Vgl. Aukstakalnis/Blatner, Silicon Mirage 1992, S. 159-168 und S. 173f.

122 Vgl. Biocca, Virtual Reality Technology 1992, S. 56f; Boman, Virtual-Environment Research 1995, S. 61f und Aukstakalnis/Blatner, Silicon Mirage 1992, S. 175-179.

Sonstige Eingabegeräte

Datenhandschuh und HMD sind die „typischen" Ein- und Ausgabegeräte innerhalb immersiver VR-Systeme. In nicht-immersiven VR-Systemen, sogenannten Desktop- oder Fishtank-Systemen, besteht prinzipiell die Möglichkeit zur Dateneingabe über Tastatur, da weder der Blick auf die Tastatur noch deren Erreichbarkeit durch HMD oder Datenhandschuh gestört werden. Dennoch sollten auch in solchen Systemen intuitivere Formen der Dateneingabe zur Navigation und Interaktion innerhalb der dreidimensionalen Umgebung unterstützt werden. Zu den wichtigsten Eingabegeräten für nicht-immersive VR-Anwendungen zählen Kugeln, Joysticks oder herkömmliche PC-Mäuse, die mit Position Tracking-Komponenten aufgerüstet werden. Daneben reagieren zwei Eingabegeräte mit Namen Spaceball und Spacemouse auf Druck-, Zug- und Drehbewegungen des Benutzers und ermöglichen so eine sehr präzise Navigation durch virtuelle Räume. Die Interaktion mit virtuellen Objekten wird in der Regel durch Funktionstasten ausgelöst, die in diese Eingabegeräte integriert sind.[123]

1.3.3.3 Computer-Hardware

Im Zentrum eines VR-Systems, wenn auch nicht im Vordergrund, wie die oben beschriebenen Ein- und Ausgabegeräte der Mensch-Maschine-Schnittstelle, stehen ein oder mehrere zentrale Computer. Deren Aufgabe ist die Verarbeitung der über die angeschlossenen Eingabegeräte eingehenden Daten und die Steuerung der Ausgabegeräte in Abhängigkeit von diesen Eingabedaten. Darüber hinaus speichern sie das Modell der virtuellen Umgebung.[124]

Die Spannweite möglicher Computersysteme reicht von PC-basierten Systemen im unteren Preis- und Leistungssegment über Grafik-Workstations bis hin zu massiv-parallelen Hochleistungsgrafik-Workstations im oberen Preis- und Leistungsbereich.[125] Während PC-basierte Systeme mit immer leistungsfähigeren Grafikbeschleunigerkarten ausgestattet werden und in Zukunft die Leistungsstufe heutiger Grafik-Workstations erreichen werden, entwickeln diese Workstations der mittleren und oberen Leistungsstufe ihre eigenen Grafiksysteme weiter, um die geforderten Leistungsmerkmale bezüglich Bildgenerierungsrate und Verzögerungszeit für voll-immersive und photorealistische virtuelle Umgebungen zu erfüllen.[126] Zu den wichtigsten kommerziellen Computerherstellern im High-End-Bereich der VR-Systeme zählen die Fa. Silicon Graphics mit ihrer Onyx-Workstation und der Reality Engine als eigenem Grafik-

---

[123] Vgl. Aukstakalnis/Blatner, Silicon Mirage 1992, S. 168-172 und Bormann, Virtuelle Realität 1994, S. 63-65.

[124] Vgl. Bormann, Virtuelle Realität 1994, S. 93.

[125] Vgl. Burdea/Coiffet, Virtual Reality Technology 1994, S. 115-143.

[126] Vgl. zu den technischen Minimalanforderungen an ein „akzeptables" VR-System die Ausführungen auf S. 34f.

system sowie im nicht-kommerziellen, wissenschaftlichen Bereich die Universität North Carolina, Chapel Hill, mit ihren Grafiksystemen der Serien Pixel-Planes und Pixel-Flow[127]. Im mittleren Leistungssegment spielen neben leistungsschwächeren Silicon Graphics-Computern die Workstations der Firmen Division, Hewlett Packard, IBM, Intergraph und Evans & Sutherland die wichtigste Rolle. Deren eigene Grafiksysteme sind in zunehmendem Maße auch für Workstations auf Basis des Betriebssystems Windows NT verfügbar.[128]

Abb. 1.3.7 beschreibt den Aufbau des Grafiksystems Pixel-Planes 5 als Vertreter im High-End-Bereich massiv-paralleler Systeme. Es besteht aus drei Hauptkomponenten, den Grafikprozessoren, den Renderern und einem Breitband-Netzwerk, das den Datenaustausch zwischen den einzelnen Komponenten übernimmt. Über ein Host-Interface ist das Grafiksystem mit einer Workstation verbunden, die die Eingabedaten liefert. Zu diesen Eingabedaten gehören das Modell der zu visualisierenden virtuellen Umgebung und Daten aus den angeschlossenen Eingabegeräten der Mensch-Maschine-Schnittstelle. Aufgabe der Grafikprozessoren ist der grafische Aufbau und die Berechnung der Geometrien der virtuellen Umgebung, unabhängig von einem spezifischen Benutzerblick auf diese Umgebung. Im Gegensatz dazu zeichnen die Renderer das Bild, das dem aktuellen Blick des menschlichen Betrachters entspricht. Jeder Renderer ist für einen bestimmten Bildausschnitt verantwortlich und berechnet für diesen Farbverläufe und Beleuchtungsverhältnisse. Input für die Renderer sind die Berechnungen der Grafikprozessoren. Die gefärbten und beleuchteten Bildausschnitte werden zum Framebuffer übertragen, der sie zu einem Gesamtbild zusammenfügt, um dieses anschließend an das angeschlossene Ausgabegerät der Mensch-Maschine-Schnittstelle zu senden.[129]

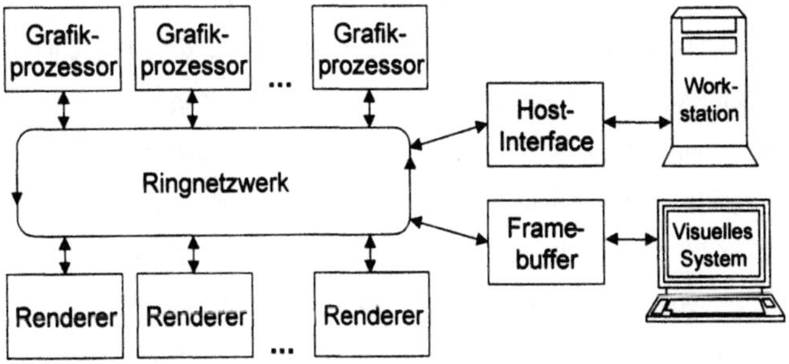

Abb. 1.3.7: Aufbau des Grafiksystems Pixel-Planes 5[130]

[127] Vgl. Eyles u.a., PixelFlow: The Realization 1997.

[128] Vgl. Durlach/Mavor, Virtual Reality 1995, S. 296-303 und Leston/Ring/Kyral, Virtual Reality 1996, S. 91-93.

[129] Vgl. Biocca, Virtual Reality Technology 1992, S. 61f.

[130] In Anlehnung an Biocca, Virtual Reality Technology 1992, S. 62.

1.3.3.4 Software

Bezüglich der benötigten Software zur Realisierung einer VR-Anwendung unterscheiden *Leston/Ring/Kyral* zwischen Software-Systemen zur Gestaltung der virtuellen Welt innerhalb der Build-Time-Phase der VR-Anwendung, unterschiedlichen Run-Time-Umgebungen sowie integrierten VR-Entwicklungsumgebungen.[131]

Die Gestaltung der virtuellen Welt bedeutet im Wesentlichen die Modellierung der im virtuellen Raum befindlichen dreidimensionalen Objekte. Hierzu gehören neben der Festlegung der Geometrie der Objekte, die entweder aus VR-Objektbibliotheken stammen oder mit Hilfe von CAD-Werkzeugen oder 3D-Scannern[132] generiert werden, auch die Bestimmung der Oberflächengestalt sowie die Definition weiterer statischer und dynamischer Objekteigenschaften. Die Oberflächengestalt kann insbesondere durch sogenanntes Texture-Mapping sehr realitätsnah wiedergegeben werden. Bei diesem Verfahren werden zweidimensionale Grafiken auf die einzelnen Flächen des Objektes projiziert. Zu den einzustellenden statischen und dynamischen Objekteigenschaften gehören beispielsweise die Position, das Gewicht und die Geschwindigkeit eines Objektes. Von besonderer Bedeutung für die Performance, d.h. für eine fließende (Echtzeit-)Navigation innerhalb der virtuellen Umgebungen zur Laufzeit der VR-Anwendung und damit auch für den erreichten Immersionsgrad, sind eine sinnvolle Segmentierung der virtuellen Welt und der Einsatz sogenannter Level-of-Detail (LoD)-Verfahren. Eine sinnvolle Modellsegmentierung ist Voraussetzung dafür, daß in einer bestimmten Laufzeitphase der VR-Anwendung, in der sich beispielsweise ein Benutzer in einem abgeschlossenen Raum eines virtuellen Gebäudes befindet, nur solche Teile der virtuellen Welt berechnet und angezeigt werden, die vom derzeitigen Standpunkt des Benutzers innerhalb der virtuellen Welt überhaupt betrachtet werden können. Im Beispiel wären das nur die Objekte innerhalb des aktuell betretenen Raums. LoD-Verfahren lassen insbesondere komplexe Objekte in Abhängigkeit ihrer Entfernung zum Betrachter mehr oder weniger detailliert erscheinen. Im Falle einer entfernten Objektbetrachtung kann dadurch die Anzahl der zur Laufzeit zu berechnenden Polygone, aus denen letztendlich jedes 3D-Objekt besteht, erheblich reduziert werden.[133] Neben dem Einsatz von CAD-Werkzeugen und 3D-Scannern erlauben auch Grafikbibliotheken wie die Graphics Library (GL) von Silicon Graphics die manuelle Programmie-

---

131 Vgl. Leston/Ring/Kyral, Virtual Reality 1996, S. 101f.

132 Vgl. Fisher u.a., A Hand-held Optical Surface Scanner 1996.

133 Vgl. Burdea/Coiffet, Virtual Reality Technology 1994, S. 157-187.

rung dreidimensionaler Objekte. Daneben ermöglichen aber auch existierende VR-Systeme die Erzeugung neuer virtueller Objekte, ohne daß es einer Programmierung bedarf.[134]

Die VR-Run-Time-Umgebung stellt den Kern des Gesamtsystems dar. Sie steuert die Simulation innerhalb der virtuellen Umgebung auf Basis der während der Build-Time-Phase definierten Modell- und Objekteigenschaften und in Abhängigkeit von den zur Laufzeit durchgeführten Interaktionen des Benutzers mit den virtuellen Objekten. Die Steuerung der Simulation bedeutet hierbei insbesondere die Berechnung der Einzelgrafiken in Abhängigkeit vom aktuellen Standpunkt und Blickwinkel des Betrachters in Echtzeit und das Übermitteln dieser Bilder an die entsprechenden Ausgabegeräte.[135] *Bormann* gibt einen Überblick über die wichtigsten Verfahren zur Bildberechnung, den sogenannten Rendering-Verfahren. Die Möglichkeiten reichen vom *Flat-Shading-Verfahren* (jeder Polygonfläche eines Objektes wird lediglich eine Farbe zugeordnet) über das *Gouraud-Shading-Verfahren* (Einbeziehung von Farbverläufen aufgrund unterschiedlicher Beleuchtungssituationen) und das *Phong-Shading-Verfahren* (zusätzliche Einbeziehung von einfachen Reflexionen) bis hin zum *Radiosity-Verfahren* (zusätzliche Visualisierung diffuser Reflexionen).[136]

Bei den integrierten VR-Entwicklungsumgebungen muß zwischen grafischen Entwicklungsumgebungen und solchen Systemen unterschieden werden, die im Wesentlichen auf der Bereitstellung von Funktions- oder Klassenbibliotheken zur Verwendung innerhalb herkömmlicher Software-Entwicklungsumgebungen basieren. Die wichtigsten Anbieter haben sowohl grafische Systeme zur Realisierung einfacher VR-Anwendungen in ihrem Produkt-Portfolio, als auch Programmierschnittstellen zur Erweiterung der meist einfachen Konfigurationsmöglichkeiten innerhalb der grafischen Entwicklungsumgebungen. Einen ausführlichen Überblick über integrierte VR-Entwicklungsumgebungen geben *Bauer*[137], *Kalawsky*[138], *Leston/Ring/Kyral*[139] und *Vince*[140].

Zu den wichtigsten kommerziellen Anbietern zählen die Fa. Division mit der grafischen VR-Entwicklungsumgebung dVISE, der Laufzeitumgebung dVS (distributed Virtual Environment System) sowie einer C-Programmierschnittstelle, die Fa. Sense8 mit ihrem grafischen Entwicklungswerkzeug WorldUp und der C-Programmierschnittstelle WorldToolKit sowie

---

[134] Vgl. Deering, HoloSketch 1996 und Green/Halliday, A Geometrical Modeling and Animation System for Virtual Reality 1996.
[135] Vgl. Leston/Ring/Kyral, Virtual Reality 1996, S. 101.
[136] Vgl. Bormann, Virtuelle Realität 1994, S. 99-102.
[137] Vgl. Bauer, Nutzenorientierter Einsatz von Virtual Reality 1996, S. 34f.
[138] Vgl. Kalawsky, The Science of Virtual Reality 1993, S. 206-250.
[139] Vgl. Leston/Ring/Kyral, Virtual Reality 1996, S. 193-293.
[140] Vgl. Vince, Virtual Reality Systems 1995, S. 306-317.

die Fa. Superscape mit ihren Produkten VRT (Virtual Reality Toolkit) und SDK (Software Development Kit) insbesondere für PC-basierte VR-Anwendungen. Aus deutscher Sicht trägt lediglich die Fa. REALAX Software AG mit ihrer integrierten VR-Entwicklungs- und Laufzeitumgebung etwas zu diesem ansonsten von US-amerikanischen und britischen Unternehmungen beherrschten Markt bei.

Einen vielversprechenden Ansatz insbesondere im Hinblick auf eine Standardisierung im Umfeld von VR-Systemen stellt die von *Pesce* maßgeblich beeinflußte Programmiersprache Virtual Reality Modeling Language (VRML) zur Realisierung verteilter VR-Anwendungen im Internet dar.[141] Als Laufzeitumgebung VRML-basierter VR-Anwendungen kommen hierbei herkömmliche World Wide Web (WWW)-Browser zum Einsatz, welche die Skriptsprache VRML interpretieren und ausführen können. Eine ausführliche Beschreibung der aktuellen VRML-Version VRML97[142], die mittlerweile offizieller ISO-Standard ist, geben *Kloss u.a.*[143] sowie *Schlüter*[144]. Ebenfalls zur Standardisierung verteilter VR-Anwendungen dürften der Einsatz der plattformunabhängigen Internet-Programmiersprache Java[145] im Zusammenhang mit einer funktionalen Erweiterung VRML-basierter virtueller Welten und die Nutzung der Kommunikationsdienste für verteilte Systeme beitragen, die im Rahmen der Common Object Request Broker Architecture (CORBA)[146] durch die Object Management Group (OMG) spezifiziert sind.[147]

1.3.4 Anwendungsgebiete

1.3.4.1 Überblick

Abb. 1.3.8 vermittelt einen Überblick über die wichtigsten Anwendungsgebiete von VR. Die erste Dimension der abgebildeten Matrix wird durch die unterstützten Branchen definiert. Sie verteilt die einzelnen VR-Applikationen auf den *Industrie-*, *Dienstleistungs-* und *Militärsektor*. Die zweite Dimension der Matrix wird durch die branchenneutralen VR-Anwendungsfelder *Informationsvisualisierung*, *Computer-Supported Cooperative Work*, *Computer-Based Training and Education* sowie *Teleoperation* bestimmt.

---

141 Vgl. Pesce, VRML 1997.

142 Weiterführende Informationen zur VRML97-Sprachspezifikation unter: http://www.web3d.org/technicalinfo/specifications/vrml97/, Stand: 07.12.1999.

143 Vgl. Kloss u.a., VRML97 1998.

144 Vgl. Schlüter, VRML 1998.

145 Weiterführende Informationen zu Java und zur Java-Standardisierung unter: http://java.sun.com/aboutJava/standardization/, Stand: 07.12.1999.

146 Weiterführende Informationen zur CORBA-Spezifikation unter: http://www.omg.org/corba/c2indx.html, Stand: 07.12.1999.

147 Vgl. Diehl, Weltweit am Draht 1999.

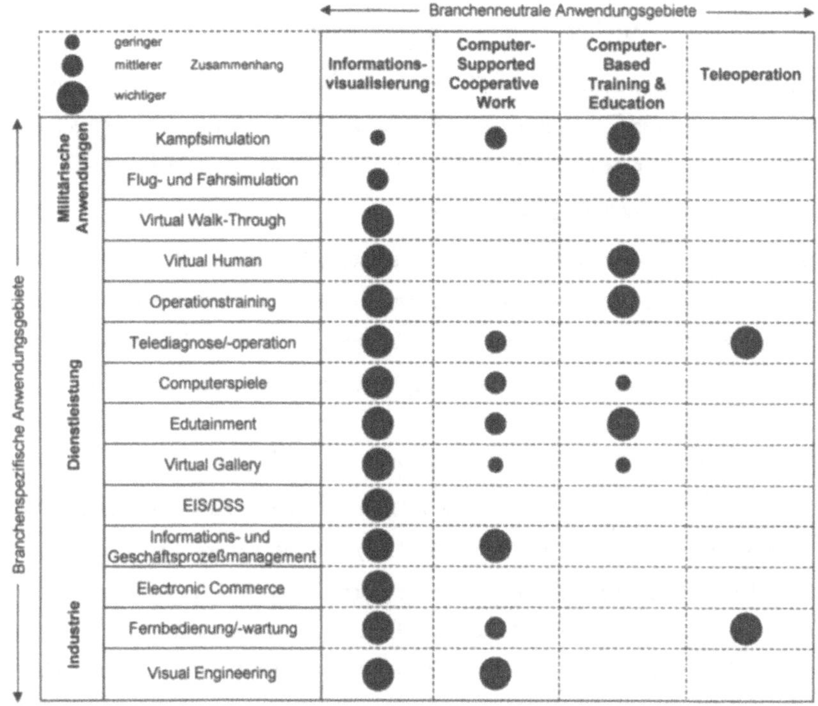

Abb. 1.3.8: Anwendungsgebiete von Virtual Reality

Die dreidimensionale und intuitive Visualisierung von Informationen ist mit Sicherheit der wichtigste Einsatzschwerpunkt von VR-Technologien und steht deshalb im Mittelpunkt fast jeder der im Folgenden beschriebenen Anwendungsgebiete. Die darzustellenden Informationen können sowohl konkrete als auch abstrakte Sachverhalte betreffen. Dreidimensionale und interaktiv begehbare Gebäudevisualisierungen sind ein Beispiel für die Darstellung konkreter Sachverhalte. Die intuitive Visualisierung komplexer numerischer Repräsentationen wissenschaftlicher Konzepte ist ein Beispiel für die Darstellung abstrakter Sachverhalte.[148]

Die Tatsache, daß mehrere Benutzer gleichzeitig innerhalb einer VR-gestützten Informationsvisualisierung navigieren, interagieren und miteinander kommunizieren können, macht virtuelle Umgebungen zu einem geeigneten Informations- und Kommunikationsmedium für Anwendungen im Umfeld der Computer-Supported Cooperative Work (CSCW).[149] Viele der

[148] Vgl. Bryson, Virtual Reality for Scientific Visualization 1996.
[149] Vgl. Wexelblat, The Reality of Cooperation 1993.

im Folgenden vorgestellten VR-Anwendungen nutzen die generelle Möglichkeit, virtuelle Welten als verteilte Arbeitsumgebungen zu gestalten und einzusetzen.

Das hohe Maß an Intuitivität in der VR-gestützten Informationsvisualisierung und die vielfältigen Interaktionsmöglichkeiten innerhalb dieser Darstellungen machen VR darüber hinaus zu einem geeigneten Medium für Trainings- und Ausbildungssysteme, die in unterschiedlichen Branchen zum Einsatz gelangen können.

Neben den erwähnten branchenneutralen Anwendungsgebieten von VR im engeren Sinne nehmen Teleoperation-Anwendungen als zweite Ausprägung der übergeordneten Synthetic Environment-Anwendungen (vgl. Abschnitt 1.3.2, Abb. 1.3.2) eher eine Randposition ein. Sie sollen aber aufgrund ihrer wichtigen Bedeutung in Abb. 1.3.8 explizit erwähnt werden.

1.3.4.2 Anwendungen in Militär und Raumfahrt

Insbesondere das US-amerikanische Militär hatte einen wichtigen Einfluß auf die frühe Entwicklungsgeschichte von VR (vgl. Abschnitt 1.3.1). Aus diesem Grund sollen die wesentlichen VR-Anwendungen auf diesem Gebiet, die gleichzeitig ein wichtiger Technologietreiber sind, kurz vorgestellt werden:[150] Zu den „klassischen" Anwendungsgebieten von VR zählen Flugsimulatoren, die aufgrund ihrer zivilen Verwendungsmöglichkeiten auch im nächsten Abschnitt beschrieben werden. Daneben gehören verteilte Manöver- und Kampfsimulationen auf virtuellen Schlachtfeldern, die auf Basis des eigens dafür aufgebauten weltweiten Datennetzes Simulation Network (SIMNET) durchgeführt werden, zu den bedeutendsten Anwendungen. Solche Simulationen sind im Vergleich zu realen Militärübungen sowohl billiger, sicherer, als auch umweltschonender.

Im Bereich der Raumfahrt werden VR-Technologien eingesetzt sowohl in der Design- und Konstruktionsphase im Verlauf der Entwicklung neuer Raumfahrzeuge, als auch im Verlauf der Astronautenausbildung, die sich mit der Steuerung und Bedienung dieser neuen Fahrzeuge befaßt.

Daneben nutzen sowohl militärische Einrichtungen als auch die zivile Raumfahrt Teleoperation-Systeme zur Steuerung von Telerobotern, die sich entweder auf fernen Planeten[151] oder in gefährlichen Umgebungen befinden können.

---

150 Einen Überblick über VR-Anwendungen in Militär und Raumfahrt geben Bauer, Nutzenorientierter Einsatz von Virtual Reality 1996, S. 46-58; Bormann, Virtuelle Realität 1994, S. 126-131 und Burdea/Coiffet, Virtual Reality Technology 1994, S. 303-315.

151 Vgl. McGreevy, Virtual Reality and Planetary Exploration 1993.

1.3.4.3 Flug- und Fahrsimulation

Trotz ihres erwähnten Ursprungs in den Forschungslabors des US-Militärs erfreuen sich VR-gestützte Flug- und Fahrsimulatoren auch im zivilen Bereich einer großen Popularität. Flugsimulatoren vermitteln insbesondere durch den Einsatz geeigneter Ausgabegeräte innerhalb der VR-gestützten Mensch-Maschine-Schnittstelle (vgl. Abschnitt 1.3.3.1) ein visuelles, auditives und haptisches Feedback auf die Steuerung eines simulierten Flugzeuges. Dadurch unterstützen sie in ganz besonderem Maße die Pilotenausbildung, die durch den Einsatz von Flugsimulatoren kostengünstiger, sicherer und umweltfreundlicher wird.[152]

Daneben gibt es zunehmend Beispiele für den Einsatz VR-gestützter Fahrsimulatoren zur virtuellen Steuerung von Schiffen, Schienenfahrzeugen und Automobilen.[153]

1.3.4.4 Virtual Walk-Through

Den Einsatz von VR in der Architektur könnte man ebenfalls beinahe als „klassisch“ bezeichnen. In diesem Anwendungszusammenhang können existierende, geplante oder in der Vergangenheit zerstörte Gebäude mit Hilfe von VR visualisiert und in Echtzeit begehbar gemacht werden. Anwendungen reichen in diesem Umfeld von der groben Darstellung der Gebäudearchitektur bis hin zur detaillierten Visualisierung der Innenarchitektur.[154]

Darüber hinaus können VR-Systeme Planungsprozesse in den Bereichen Stadt-, Landschafts- und Infrastrukturplanung unterstützen.[155] In allen Fällen erlaubt der Einsatz von VR die frühzeitige Bewertung von Design-Vorschlägen und hilft damit Fehlentscheidungen aufzudecken, noch bevor sie Kosten verursachen können.

Ein weiteres Szenario im Umfeld von Virtual Walk-Through-Anwendungen stellt *Bauer* vor:[156] Statt herkömmlicher Tourismusinformationen in Form zweidimensionaler Papierkataloge, sorgen virtuelle Begehungen ganzer Hotelanlagen oder gar kompletter Reiseziele für eine völlig neue Qualität der Tourismuswerbung.

---

152 Eine Einführung in die Thematik VR-gestützter Flugsimulatoren geben Vince, Flying in Virtual Worlds 1994 und Virtual Reality Techniques in Flight Simulation 1993 sowie Kalawsky, The Science of Virtual Reality 1993, S. 321-323.

153 Vgl. Bayarri/Fernandez/Perez, Virtual Reality for Driving Simulation 1996.

154 Vgl. Kieferle, Reflections about Relations of Virtual Reality and the Architects Work 1996 und Fritze/Riedel, Simulation of Complex Architectural Issues 1996.

155 Vgl. Astheimer u.a., Die virtuelle Umgebung 1994 (b), S. 364f und Bullinger/Bauer, Strategische Dimensionen der Virtual Reality 1994, S. 19.

156 Vgl. Bauer, Nutzenorientierter Einsatz von Virtual Reality 1996, S. 117-120.

1.3.4.5 Medizinische Anwendungen

Ein weiteres sehr wichtiges Anwendungsgebiet von VR stellt die Medizin dar. Anwendungen in diesem Umfeld betreffen vor allem die medizinische Ausbildung sowie die Vorbereitung und Durchführung von Operationen. Beispielsweise erlaubt ein mit VR-Technologien visualisierter virtueller Körper, im Gegensatz zu herkömmlichen zweidimensionalen Atlanten, ein intuitiveres Studium der menschlichen Anatomie und der vielzähligen Beziehungen zwischen den einzelnen Organen und Systemen. Darüber hinaus können auf Basis desselben VR-Systems auch chirurgische Eingriffe trainiert und vorbereitet werden. Schließlich unterstützen Teleoperation-Systeme die Diagnose oder gar die Operation eines Patienten durch einen entfernten Experten. Einen ausführlichen Überblick über Einsatzmöglichkeiten von VR in der Medizin geben *Bauer*[157] und *Durlach/Mavor*[158].

1.3.4.6 Kunst, Unterhaltung und Edutainment

Neben dem Militär ist heute die Unterhaltungsindustrie ein wichtiger Treiber in der Weiterentwicklung von VR-Technologien. Der Einsatz von VR verspricht für Computerspiele sowohl für den Heimbereich als auch für Spielhallen und Erlebnisparks eine deutliche Steigerung in Bezug auf die Qualität der grafischen Darstellung und die Möglichkeiten der Echtzeitinteraktion.[159]

Weniger spielerisch, aber immer noch einem Unterhaltungszweck dienend, sind VR-Anwendungen, die auf die Realisierung virtueller Museen im Internet zielen.[160] *Bormann* beschreibt ein multinationales Kunstmuseum, das von der Carnegie Mellon Universität in Pittsburgh ins Leben gerufen worden ist, und an das sich einzelne nationale Museen durch jeweils einen eigenen virtuellen Gebäudeflügel mit ebenfalls virtuellen nationalen Kunstobjekten anschließen können.[161] Ein solches Museum lädt jeden Internet-Nutzer zu jeder Zeit und von jedem beliebigen Ort aus zu einem virtuellen Rundgang ein.

Sogenannte Edutainment-Anwendungen dienen ebenfalls nicht ausschließlich der reinen Unterhaltung. Sie folgen klaren Lehr- und Lernzielen. Durch den Einsatz von VR-Techno-

---

[157] Vgl. Bauer, Nutzenorientierter Einsatz von Virtual Reality 1996, S. 85-108.
[158] Vgl. Durlach/Mavor, Virtual Reality 1995, S. 395-405.
[159] Vgl. Eber, Virtual Reality und der Spielemarkt 1996 und Bormann, Virtuelle Realität 1994, S. 164-174.
[160] Vgl. Burdea/Coiffet, Virtual Reality Technology 1994, S. 296-298.
[161] Vgl. Bormann, Virtuelle Realität 1994, S. 174-176.

logien sind sie aber in der Lage, den behandelten Lehrstoff auf anschauliche und häufig unterhaltsame Art und Weise zu vermitteln.[162]

1.3.4.7 Executive Information Systems/Decision Support Systems

Die dreidimensionale und intuitive Visualisierung abstrakter und häufig in massiver Anzahl vorhandener Daten ist eines der wichtigsten branchenneutralen Anwendungsgebiete von VR. Insbesondere Executive Information Systems (EIS) oder Decision Support Systems (DSS) sind mit dem Problem konfrontiert, eine oftmals unüberschaubare Menge von Unternehmungsdaten, die beispielsweise direkt aus operativen Anwendungssystemen oder einem angegliederten Data Warehouse stammen können, derart aufzubereiten, daß sie für Management und Entscheidungsträger kompakte Informationen darstellen, die für die strategische Geschäftsplanung oder einzelne Entscheidungsprozesse eine wichtige Hilfestellung bieten. Beispiele für solche entscheidungsunterstützende Systeme, welche die Visualisierungs- und Interaktionsmöglichkeiten von VR nutzen, gibt es im Bereich von Börseninformationssystemen. Diese Systeme visualisieren den weltweiten Finanzmarkt durch eine zunächst zweidimensionale Matrix im virtuellen Raum, deren Zeilen die internationalen Finanzbörsen und deren Spalten die unterschiedlichen Branchen repräsentieren. Innerhalb dieser Matrix werden die gehandelten Wertpapiere als Rechtecke dargestellt, die wiederum durch ihre Höhe oder Tiefe im dreidimensionalen Raum und weitere Größen- und Farbattribute den aktuellen Wert, die realisierte sowie die geschätzte Wertentwicklung grafisch repräsentieren. Die notwendigen Finanzdaten werden in Echtzeit über Nachrichtenagenturen und Online-Dienste in eine zentrale Datenbank eingestellt und durch geeignete Analysesysteme aufbereitet und damit für die Visualisierung durch das beschriebene VR-System vorbereitet.[163]

In einem weiteren Anwendungsbeispiel unterstützt ein VR-gestütztes Visualisierungssystem Fluglotsen dabei, zeitkritische Entscheidungen zu treffen. Die Vorteile eines solchen Systems liegen auf der Hand: Nur eine dreidimensionale Darstellung des zu überwachenden Luftraums und der sich darin befindlichen Flugzeuge, die sich in unterschiedlichen Flughöhen befinden können, ermöglicht auf intuitive Art und Weise das frühzeitige Erkennen möglicher Kollisionskurse, die innerhalb einer zweidimensionalen Radardarstellung sehr viel schwerer zu erkennen sind.[164]

---

[162] Vgl. Brown/Cobb/Eastgate, Learning in Virtual Environments 1995; Dede/Salzman/Loftin, The Development of a Virtual World for Learning Newton Mechanics 1994 und Bricken/Byrne, Summer Students in Virtual Reality 1993.

[163] Vgl. Ludwig/Cas, Virtual Reality 1995, S. 16 und Burdea/Coiffet, Virtual Reality Technology 1994, S. 316-318.

[164] Vgl. Watkins/Marenka, Virtual Reality Excursions 1994, S. 11f.

1.3.4.8 Electronic Commerce

Die Einsatzmöglichkeiten von VR im Bereich des Electronic Commerce sind sehr vielfältig. Sie reichen von Marktforschungssystemen über verkaufsfördernde Promotion-Veranstaltungen und elektronische Produktkataloge bis hin zu Teleshopping-Systemen. Im Rahmen von Maßnahmen zur Marktforschung können beispielsweise Kaufsimulationen in virtuellen Geschäftsräumen durchgeführt werden, um die Wirkung neuer Produkte oder neuer Vermarktungskonzepte auf Testkunden frühzeitig messen und bewerten zu können. Für unterschiedliche Produktgruppen durchgeführte Tests konnten belegen, daß die Umsätze im virtuellen Laden nahezu dem tatsächlichen Kaufverhalten in realen Geschäften entsprechen.[165]

Alleine die Anziehungskraft und der hohe Innovationsgehalt der neuen Technologie rechtfertigen für *Weber* und *Bauer* den Einsatz von VR im Rahmen verkaufsfördernder Promotion-Aktionen. Dabei wird aber nicht nur die Innovationskraft der werbenden Unternehmung demonstriert, sondern gleichzeitig neue Kundenpotentiale geschaffen, die im Verlauf einer solchen Promotion-Veranstaltung über die beworbenen Produkte informiert werden und mit diesen interaktive Erfahrungen sammeln können.[166]

Schließlich stellen VR-gestützte elektronische Produktkataloge ein sehr anschauliches Kommunikationsmedium dar und bedeuten sowohl gegenüber papierbasierten als auch multimedialen Präsentationsformen eine weitere Qualitätssteigerung. Insbesondere die Interaktionsmöglichkeiten mit dem virtuellen Produkt unterstützen den potentiellen Kunden bei Konfiguration, Test und Bewertung des physikalisch eventuell noch gar nicht verfügbaren Produktes und stellen dem Hersteller damit wichtige Informationen für die weitere Produktspezifikation zur Verfügung.[167]

Die Einsatzmöglichkeiten von VR müssen aber nicht bei der oben beschriebenen Gestaltung virtueller Testläden oder der interaktiven Präsentation stark individualisierbarer Produkte enden. Mit Hilfe von VR können auch „echte“ dreidimensionale Teleshops im World Wide Web (WWW) entwickelt werden, in denen der Kunde seine Einkäufe nicht nur simuliert, sondern tatsächlich erledigt, da er im Anschluß an seine virtuelle Einkaufs-Tour die ausgesuchten Waren auch erhält. Zusammen mit der Gewährleistung eines sicheren Geldverkehrs im Internet werden solche Systeme den elektronischen Handel weiter beleben.[168]

---

165 Vgl. Burke, Der virtuelle Laden 1996.

166 Vgl. Weber, Virtual Reality as a marketing-tool 1996 und Bauer, Nutzenorientierter Einsatz von Virtual Reality 1996, S. 113-115.

167 Vgl. Ludwig/Cas, Virtual Reality 1995, S. 14-16 und Burdea/Coiffet, Virtual Reality Technology 1994, S. 319f.

168 Vgl. Bauer, Nutzenorientierter Einsatz von Virtual Reality 1996, S. 112f.

1.3.4.9 Visual Engineering

Einen ausführlichen Überblick über die Einsatzmöglichkeiten der Visualisierungstechnologie VR speziell im Ingenieurbereich geben *Gausemeier/Brandt/Grafe*. Die Möglichkeiten erstrecken sich von der Entwicklung virtueller Prototypen innerhalb der Produktentwicklungsphase über die Simulation von Produktionsprozessen innerhalb virtueller Fertigungsanlagen bis hin zu Ausbildungs- und Trainingsmaßnahmen bezüglich der entwickelten Fertigungs- und Wartungsverfahren.[169]

Der Einsatz von VR-Systemen in der Phase der Produktentwicklung ermöglicht neben der dreidimensionalen Visualisierung existierender Computer-Aided Design (CAD)-Modelle auch die Interaktion mit diesen und die Simulation unterschiedlicher Funktionalitäten. Damit veredeln VR-Systeme CAD-Modelle zu virtuellen Prototypen, die schneller und billiger zu entwickeln sind als ihr reales Pendant. Wenn diese virtuellen Prototypen auch reale Prototypen nicht vollständig ersetzen können, so können sie doch deren Anzahl zumindest verringern und damit die Dauer und Kosten der gesamten Produktentwicklung reduzieren. Neben der Generierung virtueller Prototypen zur frühzeitigen Bewertung der äußeren Gestalt der in Entwicklung befindlichen Fahrzeuge werden in der Automobilindustrie Ergonomiestudien im Fahrzeuginnenraum mit Hilfe von VR durchgeführt.[170] Voraussetzung für den geschilderten effizienten Einsatz von VR ist die Möglichkeit zur Übernahme existierender CAD-Daten in die eingesetzten VR-Systeme.[171]

Ein während der Produktentwicklung erzeugtes Produktmodell, gleich welcher Qualität, ist noch kein Garant für eine problemlose, schnelle und kostengünstige Fertigung. Vor diesem Hintergrund erlaubt der Einsatz von VR sowohl interaktive Tests manueller Fertigungs- und Montageprozesse[172] als auch die Planung und Simulation automatisierter Produktionsanlagen[173].

---

169 Vgl. Gausemeier/Brandt/Grafe, Nutzenpotentiale von Virtual Reality für Industrieunternehmen 1996.

170 Vgl. Purschke u.a., Virtual Reality – New Methods for Improving and Accelerating Vehicle Development 1998 und Dai u.a., Virtual Prototyping Examples for Automotive Industries 1996.

171 Vgl. Knöpfle/Schieferle, Data Preparation on Polygonal Basis 1998 und Hagemann, SIMPLIFY – Application Specific Data Preparation 1998.

172 Vgl. Gomes de Sa/Baacke, Experiences with Virtual Reality Techniques in the Prototyping Process at BMW 1998.

173 Vgl. Drews/Weyrich, Produktionsplanung und Anlagensimulation mit Methoden der Virtual Reality 1997 und Spath/Osmers/Guinand, Virtual Engineering 1997.

Ausbildungs- und Trainingsmaßnahmen für die entwickelten Fertigungs- und Wartungsverfahren können insbesondere durch Augmented Reality-Systeme (vgl. Abschnitt 1.3.2, Abb. 1.3.4) unterstützt werden. Ein solches System blendet beispielsweise mit Hilfe eines halbdurchsichtigen Displays eine computergenerierte Wartungs- oder Instandhaltungsanleitung vor die Augen des verantwortlichen Technikers ein, ohne diesem jedoch die Sicht auf den realen Bearbeitungsgegenstand zu versperren.[174]

Zur Reduzierung der Produktentwicklungszeiten und –kosten sowie zur Verbesserung der Produktqualität wird das sowohl organisatorische als auch technologische Konzept des Concurrent Engineering (CE) diskutiert, das die simultane Produktentwicklung durch Mitarbeiter ermöglicht, die normalerweise unterschiedlichen Entwicklungsphasen und -bereichen zuzuordnen sind. Zur Unterstützung dieses Konzeptes kann eine verteilte virtuelle Umgebung dienen, die neben dem zu beurteilenden Produktdesign alle benötigten Informationen auf intuitive Art und Weise visualisiert und darüber hinaus die Online-Kommunikation zwischen den in der Regel geographisch verteilten Mitgliedern des CE-Teams ermöglicht.[175]

1.3.4.10 Fernbedienung und Fernwartung

Der Einsatz von Teleoperation-Systemen wurde bereits im Zusammenhang mit VR-Anwendungen in Medizin, Militär und Raumfahrt angesprochen. Ein weiterer Einsatzschwerpunkt dieser Systeme liegt im industriellen Umfeld in der Bedienung und Wartung einzelner Maschinen oder komplexer Systeme, die sich entweder in einer für den menschlichen Benutzer gefährlichen, entfernten oder unzugänglichen Umgebung befinden. Mögliche Anwendungsbeispiele sind gefährliche Versuche oder Transporte von Gefahrstoffen innerhalb der chemische Industrie oder die Reinigung nuklear verseuchter Behälter im Rahmen der Kernreaktortechnik.[176] Ein weiteres Anwendungsfeld ist die robotergestützte Bedienung von Versuchlabors im Weltraum.[177] In all diesen Anwendungsfällen ist dem menschlichen Benutzer die Bedienung oder Wartung des betrachteten Systems aus sicherer Entfernung möglich.

Die beschriebenen Teleoperation-Anwendungen, die im Gegensatz zu VR-Anwendungen im engeren Sinne den Benutzer bei der Interaktion mit Objekten der realen Welt unterstützen (vgl. Abschnitt 1.3.2, Abb. 1.3.3), können darüber hinaus um computergenerierte grafische Informationen ergänzt werden. Beispielsweise kann ein VR-gestütztes Modell, das auf Basis der durch den Teleroboter aufgezeichneten realen Szene generiert wird, dem menschlichen

174 Vgl. Burdea/Coiffet, Virtual Reality Technology 1994, S. 332.
175 Vgl. Dai, Beyond Walkthrougs 1998, S. 4f.
176 Vgl. Bormann, Virtuelle Realität 1994, S. 159-161.
177 Vgl. Classen, Virtual Reality in Telerobotics Applications 1998.

Benutzer bessere Beleuchtungsverhältnisse und Einblickmöglichkeiten bieten, als es die realen Kameras aufgrund der tatsächlichen Beleuchtungssituation und ihrer beschränkten Positionierungs- und Bewegungsmöglichkeiten erlauben. Darüber hinaus können Zusatzinformationen in das Kamerabild des Teleroboters eingeblendet werden, um dem menschlichen Benutzer die Bedienung oder Wartung des entfernten Systems zu erleichtern.[178]

1.3.4.11 Informations- und Geschäftsprozeßmanagement

Die intuitive Visualisierung von Informationen steht im Mittelpunkt der meisten VR-Anwendungen. Der Einsatz von VR im Umfeld eines umfassenden Informationsmanagements zielt auf die Entwicklung eines universellen Werkzeuges, das für jede beliebige Menge abstrakter Informationen eine virtuelle Umgebung zur intuitiven Visualisierung dieser Informationen automatisch erzeugt. Innerhalb dieser virtuellen Umgebung sollen ein oder mehrere Benutzer navigieren können, um einzelne Informationsobjekte oder ganze Objektmengen auf unterschiedlichen Detaillierungsstufen untersuchen zu können. Zwei Probleme sind auf dem Entwicklungsweg dieser universellen Visualisierungsmaschine zu lösen: Erstens, wie sollen einzelne Informationsobjekte visualisiert werden, d.h. welche Metaphern sind zu verwenden? Zweitens, wenn die richtigen Metaphern für die einzelnen Informationsobjekte gefunden sind, wie sollen dann große Mengen dieser Objekte visualisiert werden und wie kann sich der Benutzer die gewünschten Teilmengen auf intuitive Art und Weise erschließen?[179] *Fairchild* stellt unterschiedliche Ansätze VR-gestützter Informationsmanagementsysteme vor. Die wichtigsten Systeme basieren entweder auf dreidimensionalen Graphen oder Hierarchiebäumen, sogenannten Cone Trees, auf perspektivischen Informationswänden, auf dreidimensionalen Informationslandkarten oder Informationskugeln. Im Falle der dreidimensionalen Graphen repräsentieren die Knoten einzelne Informationsobjekte oder ganze Objektgruppen, während die Kanten die logischen Beziehungen zwischen diesen Informationen veranschaulichen.[180] Einen ähnlichen Ansatz verfolgt *Nilan* mit dem Begriff Cognitive Space.[181]

---

[178] Vgl. Burdea/Coiffet, Virtual Reality Technology 1994, S. 329f.
[179] Vgl. Smith/Wilson, Navigation in hypertext through virtual environments 1993.
[180] Vgl. Fairchild, Information Management Using Virtual Reality-based Visualizations 1993.
[181] Vgl. Nilan, Cognitive Space 1992.

Auf dem Gebiet des Geschäftsprozeßmanagements (vgl. Unterkapitel 1.1) konzentrieren sich aktuelle Forschungsprojekte auf die intuitive Visualisierung der betrachteten betrieblichen Abläufe innerhalb einer virtuellen Umgebung.[182] Ein Ansatz beispielsweise favorisiert die Prozeßvisualisierung anhand einer virtuellen Modellunternehmung. Innerhalb dieser dreidimensionalen realitätsnahen Unternehmungsdarstellung kann der Betrachter neben dem Kontrollfluß des Geschäftsprozesses auch dessen Informationsflüsse anschaulich beobachten, sowie die einzelnen Anwendungssysteme entlang des Prozesses starten und einsetzen. Durch unterschiedliche Informationstransformationen mit Hilfe dieser Systeme hat der Benutzer Einflußmöglichkeiten auf die Fortsetzung des Geschäftsprozesses. Dadurch kann er unterschiedliche Handlungsalternativen simulieren, bewerten und damit letztendlich zu einer Verbesserung der visualisierten Abläufe gelangen.[183] Zwei weitere Ansätze verlagern die bislang auf zwei Dimensionen begrenzte graphbasierte Visualisierung von Geschäftsprozessen in den dreidimensionalen virtuellen Raum, ergänzen die Darstellung um anschaulichere Metaphern und animieren Kontroll- und Informationsflüsse innerhalb der dargestellten Abläufe.[184] Die in Abschnitt 2.4.5.3 und Unterkapitel 3.4 dieser Arbeit vorgestellte Methoden- und Werkzeugunterstützung der VR-gestützten Geschäftsprozeßvisualisierung unterscheidet sich im Wesentlichen von diesen Ansätzen durch die Tatsache, daß die neue und intuitive Form der Prozeßvisualisierung auf Basis existierender semi-formaler Geschäftsprozeßmodelle automatisch generiert wird und nicht manuell erstellt werden muß.

Den Hauptteil dieser Arbeit macht aber die in den Kapiteln 2 und 3.3 vorgestellte Methoden- und Werkzeugunterstützung der VR-gestützten Geschäftsprozeßmodellierung aus, die sowohl die Phase der Wissenserhebung als auch die Phase der Wissensformalisierung durch die automatische Generierung semi-formaler Modelle unterstützt.

Damit beschränken sich die Einsatzmöglichkeiten von VR im Rahmen des Geschäftsprozeßmanagements gegenwärtig auf die Ebene Prozeßgestaltung (vgl. Abschnitt 1.1.3, Abb. 1.1.2). Einen Ausblick auf Möglichkeiten zur VR-gestützten Steuerung laufender Geschäftsprozesse geben *Astheimer u.a.* Deren Anwendungsszenario sieht vor, innerhalb einer VR-gestützten und intuitiven Darstellung des betrachteten Ablaufes auch dessen Parameter zu visualisieren,

182 Vgl. Leinenbach/Scheer, Geschäftsprozeßvisualisierung 1996.

183 Vgl. Gausemeier/Bohuszewicz/Grafe, Simulation und Visualisierung von Prozessen 1998; Bohuszewicz, Die Cyberbikes AG 1998; Gausemeier u.a., Gestaltung industrieller Leistungserstellungsprozesse mit Virtual Reality 1997 und Gausemeier u.a., Das Virtuelle Modellunternehmen 1996.

184 Vgl. Krallmann/Gu/Mitritz, ProVision^{3D} 1999 und Grantham, Visualization of Information Flows 1993.

um dem Benutzer die Möglichkeit zur interaktiven Parametereinstellung zu geben, um dadurch wiederum den realen Prozeß zu steuern.[185]

1.3.5 Betrachtung aus ergonomischer Sicht

Im Mittelpunkt dieses Unterkapitels standen die Definition von VR als neue und intuitive Form der Mensch-Maschine-Schnittstelle, die Beschreibung der zugrunde liegenden Technologie und die Vorstellung der wichtigsten Anwendungsgebiete. Den aufgezeigten prinzipiellen Nutzenpotentialen von VR ist aber auch die konkrete praktische Einsetzbarkeit gegenüberzustellen. Zur Beurteilung der praktischen Einsetzbarkeit ist insbesondere eine Betrachtung aus ergonomischer Sicht erforderlich. Als interdisziplinäres Fachgebiet, in das technische, physiologische und psychologische Betrachtungsweisen einfließen, befaßt sich die Ergonomie mit den Wechselwirkungen zwischen dem Menschen und seinem Arbeitsumfeld.[186] Im Falle eines mit VR-Technologien ausgestatteten Arbeitsumfeldes beschränkt sich diese Betrachtung auf die eingesetzten Hardware-Komponenten innerhalb der Mensch-Maschine-Schnittstelle des VR-Systems (Hardware-Ergonomie) und die neue Form der Informationsverarbeitung innerhalb dreidimensionaler virtueller Umgebungen (Software-Ergonomie).

1.3.5.1 Hardware-Ergonomie

Ergonomische Untersuchungen im Umfeld von VR konzentrieren sich zumeist auf vollimmersive Systeme und deren Auswirkungen auf die Physis und Psyche des Benutzers.[187] Im Mittelpunkt dieser Untersuchungen stehen daher Ein- und Ausgabegeräte wie beispielsweise Datenhandschuh und HMD.[188] Die im Rahmen dieser Arbeit vorgestellte Methoden- und Werkzeuguntersützung für die interaktive Geschäftsprozeßmodellierung stützt sich dagegen auf ein nicht-immersives Desktop-VR-System, das neben den klassischen Ein- und Ausgabegeräten wie Tastatur, Maus und Monitor lediglich einen Spaceball oder eine Spacemouse (vgl. Abschnitt 1.3.3.2) als zusätzliches Eingabegerät zur Navigation innerhalb der VR-gestützten Unternehmungsvisualisierung unterstützt. Aus diesem Grund wird die für andere VR-Anwendungsszenarien sehr wichtige Betrachtung aus Hardware-ergonomischer Sicht nicht weiter vertieft.

---

185 Vgl. Astheimer u.a., Die Virtuelle Umgebung 1994 (b), S. 365.
186 Vgl. Hackl/Gruber, Ergonomie 1995, S. 4.
187 Vgl. Durlach/Mavor, Virtual Reality 1995, S. 215-220.
188 Vgl. Bauer/Deisinger/Riedel, Ergonomic Issues of Virtual Reality Systems 1996.

1.3.5.2 Software-Ergonomie

Unter dem Einfluß verschiedener Wissenschaften wie Informatik, Arbeitswissenschaft und Psychologie hat sich die Software-Ergonomie als ein Forschungsgebiet etabliert, in dessen Mittelpunkt die Erforschung der Merkmale benutzer- und aufgabengerechter Software sowie die Entwicklung von Methoden und Werkzeugen zur Gestaltung von Benutzungsschnittstellen steht. Zentrales Anliegen dabei ist die Verbesserung des Zusammenspiels aller Komponenten der Arbeitssituation von Computerbenutzern. Diese Komponenten sind der Mensch, die zu lösende Aufgabe, die eingesetzte Technik und der organisatorische Rahmen.[189]

Ergebnisse der Software-Ergonomie spiegeln sich in zahlreichen Richtliniensammlungen, Normen und Regeln wieder, die zunehmend auch als Testwerkzeug zur Beurteilung der Software-ergonomischen Qualität eines Informationssystems herangezogen werden.[190] Die mittlerweile internationale Norm DIN EN ISO 9241 beschreibt beispielsweise in den Teilen 10 bis 12 die prinzipiellen und in den Teilen 13 bis 17 die speziellen Anforderungen an Software aus ergonomischer Sicht.[191] Nach Teil 11 der ISO-Norm ist die Gebrauchstauglichkeit als Oberbegriff für Software-ergonomische Qualität als das Ausmaß definiert, in dem ein Produkt durch bestimmte Benutzer in einem bestimmten Nutzungskontext genutzt werden kann, um bestimmte Ziele *effektiv*, *effizient* und mit *Zufriedenheit* zu erreichen.[192]

Teil 10 der Norm definiert als Grundsätze der Dialoggestaltung die *Aufgabenangemessenheit*, *Selbstbeschreibungsfähigkeit*, *Steuerbarkeit*, *Erwartungskonformität*, *Fehlertoleranz*, *Individualisierbarkeit* und *Lernförderlichkeit*.[193]

Teil 12 schließlich nennt als einzuhaltende Prinzipien bei der Darstellung von Informationen die *Lesbarkeit*, *Verstehbarkeit*, *Konsistenz*, *Unterscheidbarkeit*, *Erkennbarkeit*, *Prägnanz* und *Klarheit*.[194] *Smith/Mosier* geben zusätzlich Richtlinien für die Eingabe von Informationen an. Hierzu gehören die Konsistenz der Eingabetransaktionen, die Beschränkung der notwendigen Benutzerinteraktionen auf ein Minimum, Einfachheit, Kompatibilität von Informationseingabe und –darstellung sowie die flexible Steuerbarkeit der Dateneingabe.[195]

---

189 Vgl. Maaß, Software-Ergonomie 1993, S. 191.
190 Vgl. Prümper, Der Benutzungsfragebogen ISONORM 9241/10 1997.
191 Vgl. Dzida, Qualitätssicherung durch software-ergonomische Normen 1994, S. 379-381.
192 Vgl. DIN, Bildschirmarbeitsplätze 1998, S. 220-244 und Prümper/Frese, Software-Ergonomie und Neue Techniken 1996, S. 90f.
193 Vgl. DIN, Bildschirmarbeitsplätze 1998, S. 211-219; Ansorge/Haupt, Software-Ergonomie 1997, S. 45-61 und Herczeg, Software-Ergonomie 1994, S. 103-113.
194 Vgl. Dzida, Qualitätssicherung durch software-ergonomische Normen 1994, S. 379 und Shneiderman, Designing the User Interace 1998, S. 79-82.
195 Vgl. Smith/Mosier, Guidelines for Designing User Interface Software 1986.

Shneiderman formuliert „acht goldene Regeln", die bei der Entwicklung der Mensch-Maschine-Schnittstelle innerhalb eines interaktiven Informationssystems anzuwenden sind. Sie finden sich weitgehend auch in der oben beschriebenen ISO-Norm 9241 wieder, sind aber weniger abstrakt formuliert und sollen deshalb an dieser Stelle zusammenfassend aufgezählt werden:[196]

1. Versuche Konsistenz zu erreichen.
2. Biete erfahrenen Benutzern Abkürzungen an.
3. Biete informatives Feedback.
4. Dialoge sollten abgeschlossen sein.
5. Biete einfache Fehlerbehandlung.
6. Biete einfache Rücksetzmöglichkeiten.
7. Unterstütze benutzergesteuerte Dialoge.
8. Reduziere die Belastung des Kurzzeitgedächtnisses.

Die geforderte Umsetzung der aufgeführten Richtlinien in nationales Recht hat bis heute höchstens in unzureichendem Maße stattgefunden. Die Ursache hierfür liegt wegen der bekannten Software-ergonomischen Defizite in den zu erwartenden hohen Kosten für entsprechende Anpassungen auf der einen Seite und in dem nur schwer zu quantifizierenden Nutzen ergonomischer Software auf der anderen Seite.[197]

Ein weiteres Problem besteht darin, daß die beschriebenen Richtlinien der schnellen technologischen Weiterentwicklung moderner Informationssysteme kaum folgen können. Insbesondere auf multimediale oder VR-gestützte Anwendungen lassen sich die Richtlinien nur schwer übertragen. Das Hauptproblem hierbei liegt in der fehlenden Definition geeigneter Bewertungskriterien und –maßstäbe für die neuen Informationssysteme.[198] Ein erster Ansatz, allerdings beschränkt auf Multimedia-Anwendungen, ist der Kriterienkatalog des Deutschen Multimedia-Verbandes zur Bewertung der Qualität von Multimedia-Produkten.[199] Aktuell diskutiert werden auch zunehmend Fragen zur Gestaltung VR-gestützter Informationssysteme aus Sicht der Software-Ergonomie. Im Zentrum dieser Fragen steht die menschliche Wahr-

196 Vgl. Shneiderman, Designing the User Interace 1998, S. 74-76.
197 Vgl. Viereck, Kosten und Nutzen ergonomischer Anwendungssysteme 1995.
198 Vgl. Riegel, Beurteilung multimedialer Anwendungen und Systeme 1997.
199 Vgl. Deutscher Multimedia-Verband, Multimedia Annual 1996.

nehmung innerhalb der entsprechenden multisensorischen virtuellen Umgebungen.[200] *Stary* beispielsweise versucht die oben erwähnten Grundsätze der Dialoggestaltung *Aufgabenangemessenheit* und *Erwartungskonformität* auf virtuelle Welten zu übertragen: Direkte Interaktion innerhalb virtueller Umgebungen kann nur durch die *Aufgabenangemessenheit* der visualisierten Objekte und der mit ihnen ausführbaren Operationen erreicht werden. Dabei müssen die Umgebung der zu manipulierenden virtuellen Objekte, die Objekte selbst und die ausführbaren Operationen der Arbeitsumgebung des Benutzers in ihrer Granularität und ihrem Verhalten den Benutzervorstellungen grundsätzlich entsprechen (*Erwartungskonformität*).[201]

Für verteilte virtuelle Welten, in denen mehrere Benutzer interagieren können, schlägt *Benedikt* zwei neue Grundsätze vor:[202] Der Grundsatz der *individuellen Sichtbarkeit* fordert, daß jeder einzelne Benutzer für alle anderen in der virtuellen Welt anwesenden Benutzer prinzipiell sichtbar sein muß. Er selbst kann aber entscheiden, welche der anderen Benutzer für ihn sichtbar sind. Der Grundsatz der *Gemeinsamkeit* schlägt eine Ausstattung der virtuellen Welt mit Objekten vor, die allen Benutzern gleichermaßen bekannt und von einem Referenzpunkt aus gleich sichtbar sind. Dadurch könne in Mehrbenutzerwelten Informationsgleichstand hergestellt werden.

200 Vgl. Bruns/Robben/Rügge, Gestaltung von virtuellen und beGreifbaren Mensch-Computer-Schnittstellen 1999.
201 Vgl. Stary, Interaktive Systeme 1996, S. 171-173.
202 Vgl. Benedikt, Cyberspace 1994.

2 Methode der interaktiven Geschäftsprozeßmodellierung

Die Beschreibung der Methode der interaktiven Geschäftsprozeßmodellierung gliedert sich im Wesentlichen in die Darstellung der Beschreibungssprachen, die in den unterschiedlichen Phasen eines Reorganisationsprojektes zum Einsatz kommen, und in die Vorstellung dieser Phasen in Form eines detaillierten Vorgehensmodells. Beide Dimensionen der neuen Modellierungsmethode, Beschreibungssprachen und Vorgehensmodell, werden zunächst durch das Rahmenkonzept der interaktiven Prozeßmodellierung in Unterkapitel 2.2 integriert betrachtet, bevor sie in den Unterkapiteln 2.4 und 2.5 einzeln dargestellt werden. Die mit der Entwicklung der neuen Methode verfolgten Ziele und die vor ihrem Einsatz zu überprüfenden Anwendungskriterien sind Gegenstand der Unterkapitel 2.3 bzw. 2.6.

2.1 Motivation und Impulse

Die Entscheidung zum Einsatz der Visualisierungs- und Interaktionstechnologie Virtual Reality (VR) beim Entwurf der neuen Methode zur Geschäftsprozeßmodellierung wurde von zwei Entwicklungen in unterschiedlichen wissenschaftlichen Disziplinen mitgeprägt. Auf dem Gebiet der Robotik waren dies Entwicklungen im Bereich der Programmierung von Industrierobotern, innerhalb der Informatik die unter dem Stichwort „Ubiquitous Computing“ zusammengefaßten Bemühungen um die Schaffung neuer Mensch-Maschine-Schnittstellen. Beide Gebiete und ihr Einfluß auf die Entwicklung der Methode der interaktiven Geschäftsprozeßmodellierung werden im Folgenden vorgestellt.

2.1.1 Roboterprogrammierung

2.1.1.1 Motivation: Analogien zur Geschäftsprozeßmodellierung

Sowohl das Deutsche Institut für Normung (DIN) als auch der Verein deutscher Ingenieure (VDI) definieren einen Industrieroboter wie folgt:[203]

Industrieroboter sind universell einsetzbare Bewegungsautomaten mit mehreren Achsen, deren Bewegungen hinsichtlich Bewegungsfolgen und –wegen bzw. –winkeln frei programmierbar und gegebenenfals sensorgeführt sind. Sie sind mit Greifern, Werkzeugen oder anderen Fertigungsmitteln (allgemein einem Effektor) ausrüstbar und können Handhabungs- und/oder Fertigungsaufgaben ausführen.

---

203 Vgl. Reitzle, Industrieroboter 1984, S. 12 und Siegert/Bocionek, Robotik 1996, S. 6.

Die Definition der Robotics Industries Association (RIA) lautet etwas kürzer:[204]

Ein Industrieroboter ist ein programmierbares, multifunktionales Handhabungsgerät, welches zum Bewegen von Material, Teilen, Werkzeugen oder besonderen Vorrichtungen mittels frei programmierbarer Bewegungen dient, um eine Vielzahl von Aufgaben erfüllen zu können.

Beide Definitionen grenzen Industrieroboter von herkömmlichen Handhabungsautomaten durch die freie Programmierbarkeit der Steuerungseinheit als zentrale Baugruppe innerhalb des gerätetechnischen Aufbaus eines Roboters ab.[205] Somit bestimmen die Roboterprogramme über die Steuerungseinheit die logische Ablaufreihenfolge der Roboterbewegungen sowie der einzelnen Handhabungs- und Fertigungsaufgaben durch die Effektoren.

Auf analoge Art und Weise können Geschäftsprozeßmodelle zur Konfiguration von Workflow-Management-Systemen eingesetzt werden. Sie dienen in diesem Zusammenhang zur Steuerung des Kontrollflusses, d.h. der logischen Bearbeitungsreihenfolge der einzelnen Funktionen innerhalb eines betrieblichen Ablaufs, und zur Steuerung der Informationsflüsse zwischen den einzelnen Bearbeitungsstationen.[206]

Der nachfolgende Abschnitt wird die gängigen Methoden der Roboterprogrammierung nach dem Ort der Programmierung in Online- (auch: prozeßnahe) und Offline- (auch: prozeßferne) Verfahren unterscheiden. Prozeßnahe Verfahren finden direkt am zu programmierenden Roboter statt, sind deshalb sehr intuitiv, bedeuten aber einen Kostennachteil aufgrund der für die Programmierung notwendigen Stillstandzeiten des Roboters.

Prozeßferne Programmierverfahren werden dagegen an einem entfernten Computer durchgeführt und könnten wegen der damit verbundenen Vermeidung längerer Stillstandzeiten zu einem Kostenvorteil beitragen. Sie tun es aber nicht wegen des für die Programmierung benötigten hohen Abstraktionsvermögens und der daraus resultierenden Notwendigkeit zum Einsatz (teurer) Programmierungsexperten.[207]

Die Modellierung von Geschäftsprozessen sieht sich mit Problemen konfrontiert, die analog zum Dilemma prozeßferner Roboterprogrammiersprachen beschrieben werden können. Wie in Abschnitt 1.2.2 dieser Arbeit ausgeführt, erfordert der hohe Abstraktionsgrad gängiger Prozeßbeschreibungssprachen ebenfalls den Einsatz (teurer) Modellierungsexperten, seien es externe oder, durch Methoden- und Werkzeugschulungen befähigte, interne Mitarbeiter.

---

204 Vgl. Güsmann, Einführung in die Roboterprogrammierung 1992, S. 1f.
205 Vgl. Reitzle, Industrieroboter 1984, S. 43.
206 Vgl. die Ausführungen in Abschnitt 1.1.3.
207 Vgl. Lauffs, Bediengeräte zur 3D-Bewegungsführung 1991, S. 17f.

Abschnitt 2.1.1.3 stellt die wichtigsten prozeßnahen Programmierverfahren mit den oben bereits angedeuteten Vor- und Nachteilen vor. Abschnitt 2.1.1.4 beschreibt eine Programmiertechnik, welche die Vorteile sowohl prozeßnaher als auch prozeßferner Verfahren in sich vereint und als Ideengeber für die Entwicklung der Methode der interaktiven Geschäftsprozeßmodellierung diente.

2.1.1.2 Überblick über die Methoden der Roboterprogrammierung

Zwei sehr ähnliche Unterteilungen möglicher Programmiermethoden für Industrieroboter geben *Lauffs* und *Spur/Krause* an (vgl. Abb. 2.1.1).

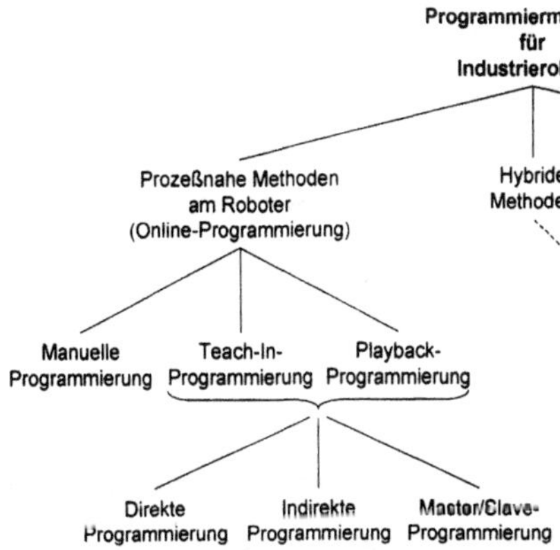

Abb. 2.1.1: Überblick über die Methoden der Roboterprogrammierung[208]

Wie im letzten Abschnitt bereits angedeutet, wird bei der Programmierung von Industrierobotern generell zwischen Online-Programmierverfahren direkt am Roboter, Offline-Verfahren im Rahmen der Arbeitsvorbereitung und sogenannten hybriden Programmiermethoden unterschieden. Neben dem Teach-In- und Playback-Verfahren, die im folgenden Abschnitt beschrieben werden, zählt die manuelle Programmierung zu den wichtigsten *Online*-Verfahren. Sie wird realisiert durch elektrische und mechanische Einstellungen sowohl auf dem Programmierfeld als Teil der Steuerungseinheit, als auch am Roboter selbst. Die manuelle Programmierung ist daher die inflexibelste Methode zur Roboterprogrammierung.

[208] In Anlehnung an Lauffs, Bediengeräte zur 3D-Bewegungsführung 1991, S. 12-18 und Spur/Krause, CAD-Technik 1984, S. 580.

Zu den *Offline*-Methoden, die sich höherer Programmiersprachen bedienen, gehören die explizite (roboterorientierte) und die implizite (aufgabenorientierte) Programmierung. Im Falle der roboterorientierten Programmierung erfolgt die Steuerung des Roboters mit expliziten Bewegungsbefehlen, d.h. es wird exakt angegeben, WIE eine Handhabungsaufgabe zu lösen ist. Bei der aufgabenorientierten Programmierung erfolgt die Robotersteuerung implizit durch eine exakte Beschreibung der Handhabungsaufgabe, nicht durch eine Lösungsbeschreibung. In diesem Fall wird lediglich angegeben, WAS der Roboter tun soll. Zur Laufzeit des Roboterprogrammes entwickelt dieses dann analog zu Programmen, die mit Hilfe logischer Programmiersprachen implementiert werden, die Lösung unter Zuhilfenahme einer entsprechenden Wissensbasis.[209] Die Vor- und Nachteile der prozeßfernen Programmiermethoden sollen an dieser Stelle noch einmal betont werden. Ein wesentlicher Vorteil ist die Tatsache, daß der betroffene Roboter zur Programmierung nicht aus dem produktiven Einsatz genommen werden muß und somit Stillstandzeiten reduziert werden können. Aufgrund der räumlichen Entfernung zu dem zu programmierenden Roboter und wegen des Einsatzes höherer Programmiersprachen bedeutet die prozeßferne Programmierung aber eine sehr viel geringere Anschaulichkeit als prozeßnahe, direkt am Roboter durchzuführende, Verfahren. Aus diesem Grund muß die prozeßferne Programmierung in der Regel durch Experten vorgenommen werden. Darüber hinaus erfordern bei diesem Verfahren auftretende Ungenauigkeiten, die wegen der Abweichungen zwischen den idealisierten Roboter- bzw. Umweltbeschreibungen und der Realität unvermeidbar sind, eine prozeßnahe Nachbearbeitung der Programme am Roboter. Insgesamt scheinen diese Nachteile der prozeßfernen Programmierung, den ursprünglichen (Kosten-)Vorteil wieder aufzuheben.

Auch im Zusammenhang mit der Erstellung von Geschäftsprozeßmodellen oder der Implementierung neuer Unternehmungsabläufe sind Ungenauigkeiten oder Fehler unvermeidbar. Diese resultieren in beiden Fällen aus den ebenfalls unvermeidbaren Differenzen zwischen den abstrakten Prozeßmodellen und der betrieblichen Realität.

Hybride Programmiermethoden als Mischform versuchen die Vorteile der prozeßnahen und prozeßfernen Programmierung in sich zu vereinen. Beispielsweise kann das im nächsten Abschnitt vorgestellte Teach-In-Verfahren dazu genutzt werden, ausschließlich die exakten Roboterbewegungen auf intuitive Art und Weise zu programmieren. Die einzelnen Handlungsanweisungen an den relevanten Roboterpositionen entlang der online bestimmten Bewegungskurve werden dagegen immer noch unter Verwendung höherer Programmiersprachen, die ein stärkeres Abstraktionsvermögen erfordern, offline definiert.

---

[209] Vgl. Siegert/Bocionek, Robotik 1996, S. 96f.

Folglich müssen die Bemühungen um eine positive methodische Weiterentwicklung der Roboterprogrammierung in Richtung einer Verbesserung prozeßferner Verfahren hinsichtlich Anschaulichkeit, Intuitivität und Exaktheit gehen. Damit könnnen diese, eigentlich kostengünstigen, Verfahren auch einfach und effektiv eingesetzt werden. Ergebnisse dieser Bemühungen sind die Methoden Virtual Teach-In und Robotersimulation, die in Abschnitt 2.1.1.4 vorgestellt werden.

2.1.1.3 Teach-In- und Playback-Verfahren: Programmieren durch Vormachen

Teach-In- und Playback-Programmierverfahren finden ebenso wie die manuelle Programmierung direkt am Roboter statt und zählen zu den in der industriellen Praxis wichtigsten Online-Verfahren. Beide Methoden haben das gemeinsame Charakteristikum, daß sie die Bewegungsbahnen des Roboters durch Führung des Roboters selbst oder seiner Arme definieren. Bei der Teach-In-Programmierung bewegt der Programmierer den Roboter und bestimmt in gewissen Abständen die einzelnen abzuspeichernden Roboterpositionen. Im Gegensatz dazu werden bei der Playback-Programmierung die Positionen von der Steuerungseinheit selbständig und in kurzen Zeitabständen abgetastet. Dies ist beispielsweise für die kontinuierliche Bewegung eines Spritzlackierroboters notwendig.

Freund/Mehner und *Güsmann* unterscheiden bei den Möglichkeiten des Vormachens durch Führung des Roboters zwischen der direkten, der indirekten und der sog. Master/Slave-Programmierung (vgl. Abb. 2.1.1). Im ersten Fall wird der Roboter manuell durch den Programmierer bewegt. Im zweiten Fall wird er über ein angeschlossenes Bedienfeld geführt. Dies ist insbesondere bei sehr schweren Robotern oder Roboterarmen notwendig. Bei der Master/Slave-Programmierung dient ein in der Regel leichteres und handlicheres Modell (Master) des realen Industrieroboters (Slave) zum Vormachen und damit zur Programmierung der einzelnen Roboterbewegungen.[210]

---

[210] Vgl. Freund/Mehner, Roboterprogrammierung 1991, S. 4-7 und Güsmann, Einführung in die Roboterprogrammierung 1992, S. 13.

Eine positive Weiterentwicklung der Teach-In-Methode versprechen die Bemühungen um eine flexible Roboterprogrammierung durch Training. Hierbei erfolgt der „Wissenserwerb" des Roboters nicht durch ein Roboterprogramm, das wiederum durch Vormachen eingegeben wird, sondern durch wiederholtes Beobachten eines menschlichen Experten, der verschiedene Aufgaben in Form geeigneter Handlungssequenzen am Roboter vorführt. Voraussetzung für die Durchführung dieser Methode ist allerdings der Einsatz leistungsfähiger Bildverarbeitungssysteme zur Beobachtung und fallbasierter Expertensysteme zur Interpretation der Handlungen des Experten.[211]

Alle Varianten der Teach-In- und Playback-Programmierung haben den Vorteil, daß sie sehr anschaulich und damit leicht zu erlernen sind. Der einzige, aber dennoch entscheidende, Nachteil liegt in den hohen Kosten, verursacht durch den Stillstand des Roboters während der Programmierung und die damit verbundene Unterbrechung des produktiven Betriebes.

2.1.1.4 Robotersimulation und Virtual Teach-In-Programmierung

Die Vorteile der prozeßnahen und prozeßfernen Roboterprogrammierung, nämlich Intuitivität im ersten Fall und Vermeidung von Roboterstillstandzeiten im zweiten Fall, könnten die grafische Robotersimulation bzw. Virtual Teach-In-Programmierung[212] miteinander verknüpfen. Beide Verfahren folgen dem Prinzip des Programmierens durch Vormachen. Diese Form der Programmierung erfolgt aber nicht am realen Industrieroboter, sondern mit Hilfe einer computergenerierten grafischen Repräsentation des Roboters.[213] Aus diesem Grund zählen beiden Methoden eigentlich zur Klasse der prozeßfernen Programmierverfahren, könnten aber auch der Klasse der hybriden Programmiermethoden zugeordnet werden, da sie gleichzeitig die für prozeßnahe Methoden charakteristische intuitive Programmierung durch Vormachen erlauben (vgl. Abb. 2.1.1, gestrichelte Linie). Außerdem kann die Anwendung dieser Methode durchaus in einem hybriden Programmierszenario erfolgen, welches im ersten Schritt die Offline-Programmierung anhand eines grafischen Robotermodells und im zweiten Schritt den Online-Test am realen Roboter vorsieht.[214]

Die Robotersimulation kann nun mit Hilfe einer dreidimensionalen Visualisierung des Roboters und seiner Arbeitsumgebung, in der analog zur realen Umgebung interagiert werden kann, erfolgen. Im Fall der Virtual Teach-In-Programmierung verspricht der Einsatz von VR-Technologien den höchsten Immersionsgrad, d.h. die beste Illusion des Bedieners, sich tat-

---

211 Vgl. Nicolaou, Roboterprogrammierung durch Training 1995, S. 4-8.
212 Vgl. Randow, Roboter 1997, S. 303.
213 Vgl. Burdea/Coiffet, Virtual Reality Technology 1994, S. 327-329.
214 Vgl. Siegert/Bocionek, Robotik 1996, S. 97-101.

sächlich in der realen Arbeitsumgebung des Roboters zu befinden, und damit die beste Möglichkeit zur intuitiven Bedienung und Programmierung des Roboters.

Übertragen auf die Zielstellung, betriebliche Abläufe auf intuitive Art und Weise korrekt beschreiben zu können, lautet daher die Grundidee der Methode der interaktiven Geschäftsprozeßmodellierung, die Prozesse innerhalb einer virtuellen Umgebung durch Vormachen zu beschreiben. Im Falle von Ist-Abläufen bedeutet dies ein Nachspielen der aktuellen Prozesse, im Falle von Soll-Abläufen ein Vorspielen der neu entwickelten Prozesse. Der Einsatz von VR-Technologien verspricht auch hier ein Höchstmaß an Realitätsnähe in Bezug auf die computergestützte Visualisierung der realen Arbeitsumgebung und damit die geforderte Anschaulichkeit bei der Beschreibung der Unternehmungsabläufe in dieser Umgebung.

2.1.2 Ubiquitous Computing

Einen weiteren wichtigen Impuls insbesondere für die technische Werkzeugunterstützung der Methode der interaktiven Geschäftsprozeßmodellierung haben die Entwicklungen auf dem Gebiet des Ubiquitous Computing (kurz: Ubicomp) gegeben.

2.1.2.1 Definition

Den Begriff Ubicomp prägte *Weiser* mit seinen Bemühungen um die perfekte Integration der Computer vor allem in die Arbeitswelt des 21. Jahrhunderts.[215] Perfekte Integration bedeutet in diesem Zusammenhang das Vorhandensein einer Vielzahl quasi unsichtbarer Computer innerhalb der realen Arbeits- und Freizeitumgebung des Menschen. Solche Ubicomp-Umgebungen stellen somit die intuitivste, weil unbemerkte, Form der Mensch-Maschine-Schnittstelle dar. Der Mensch benutzt diese unsichtbaren Computer an jedem beliebigen Ort ähnlich wie andere Werkzeuge des täglichen Lebens, z.B. das Telefon, ohne sich des Einsatzes der zugrunde liegenden Technologie überhaupt bewußt zu sein. Nach Mainframe-Computern, die potentiell einer Vielzahl von Benutzern zur Verfügung stehen, und PC-basierten Workstations, die einzelne Benutzer unterstützen, stellen Ubicomp-Umgebungen die nächste Computergeneration dar. Hierbei ändert sich das Verhältnis der Anzahl der Benutzer zur Anzahl der Computer jetzt dahingehend, daß nun jeden einzelnen Benutzer eine Vielzahl in die reale Welt integrierter Computer umgibt.

Weiser grenzt Ubicomp deutlich von anderen Ansätzen zur Verbesserung der Benutzungsschnittstellen ab.[216] Beispielsweise seien multimediale Systemoberflächen aufgrund ihres

[215] Vgl. Weiser, The Computer for the 21st Century 1991.
[216] Vgl. Weiser, The World is not a Desktop 1994.

ständigen Strebens nach Attraktivität das genaue Gegenteil einer unsichtbaren und damit intuitiven Benutzungsschnittstelle. Das gleiche gelte für VR-gestützte Systemoberflächen, die mit hohem technischem Aufwand versuchen, den Benutzer in eine virtuelle Welt hineinzuversetzen, anstatt umgekehrt die Technik in die reale Welt zu integrieren.

2.1.2.2 Technologie

Wie sehen die „unsichtbaren" Computer aus, die in großer Zahl in das tägliche Arbeits- und Freizeitumfeld eines jeden Menschen integriert werden sollen, und was sind weitere technische Voraussetzungen für den Aufbau einer Ubicomp-Umgebung? *Demers* und *Weiser* geben einen Überblick:[217] Die wichtigsten Ubicomp-Geräte, die sich in drei physikalische Größenklassen einordnen lassen, sind das handflächengroße *Tab*, das papiergroße *Pad* sowie das leinwandgroße *Board.* Eine Ubicomp-Umgebung nach den Vorstellungen von *Weiser* sollte für jeden Mitarbeiter in einem Büro hunderte von Tabs, dutzende von Pads und ein bis zwei Boards beinhalten.

Ein Tab als kleinster Vertreter der Ubicomp-Geräte beinhaltet einen Touchscreen-Bildschirm zur Informationsvisualisierung und –eingabe, drei Funktionstasten sowie Mikrofon und Lautsprecher zur Audio-Ein- und Ausgabe. Ein weiterer Bestandteil aller Ubicomp-Geräte und gleichzeitig wichtigster Ansatzpunkt der Ubicomp-Kritiker ist ein Signalgeber, der den Aufenthaltsort eines jeden Gerätes und damit seines Benutzers in das Ubicomp-Netzwerk überträgt.[218] Pads und Boards unterscheiden sich von Tabs im Wesentlichen durch ihre Größe und damit durch bessere Ein- und Ausgabemöglichkeiten.

Weitere technische Vorausetzungen für den Betrieb einer Ubicomp-Umgebung, die im Verlauf der aktuellen Ubicomp-Forschung erst geschaffen werden müssen, sind eine kontinuierliche und drahtlose Stromversorgung der vorgestellten Endgeräte sowie völlig neuartige Betriebssystem- und Netzwerkarchitekturen, die den ebenfalls drahtlosen Zugriff auf Informationen durch im Zeitverlauf wechselnde Geräte verschiedener Benutzer an unterschiedlichen Standorten unterstützen.

[217] Vgl. Demers, Research Issues in Ubiquitous Computing 1994, S. 3-7 und Weiser, Some Computer Science Issues in Ubiquitous Computing 1993, S. 77-80.

[218] Vgl. Spreitzer/Theimer, Providing Location Information in a Ubiquitous Computing Environment 1993.

2.1.2.3 Geschäftsprozeßmodellierung in Ubiquitous Computing-Umgebungen?

Die prinzipiellen Möglichkeiten zur Geschäftsprozeßmodellierung in Ubicomp-Umgebungen liegen auf der Hand und erinnern an die in Abschnitt 2.1.1 aus der Roboterprogrammierung abgeleiteten Möglichkeiten zur Prozeßbeschreibung. Das Prinzip lautet auch im Fall des Ubiquitous Computing: Prozesse durch Vormachen beschreiben. Der wesentliche und gleichzeitig kritische Unterschied besteht aber darin, daß dieses Vormachen nicht in einer computergenerierten virtuellen Welt stattfindet, sondern in der, unbemerkt mit Computern durchdrungenen, realen Arbeitsumgebung der Mitarbeiter.

Eine Beispielanwendung einer Ubicomp-Umgebung zur Aufzeichnung von Prozessen einer anderen Art beschreiben die Untersuchungen von *Abowd u.a.* im Verlauf ihres Classroom 2000-Projektes.[219] Im Rahmen dieses Projektes wird ein Hörsaal mit Hilfe audiovisueller Aufzeichnungsgeräte und eines Ubicomp-Boards, das die klassische Leinwand bzw. den Overhead-Projektor ersetzt, in eine Ubiquitous Computing-Umgebung verwandelt. Die zeitgleiche audio-visuelle Aufzeichnung der Vorlesung zusammen mit den über das Board aufgezeichneten Notizen und Folien werden in einer Nachbearbeitungsphase in multimediale Lerneinheiten überführt, die im Anschluß an die Vorlesung den Studenten über das World Wide Web (WWW) zur Verfügung gestellt werden.

Auf ähnliche Art und Weise könnte die reale Umgebung der zu betrachtenden Geschäftsprozesse einschließlich der agierenden Mitarbeiter, der bearbeiteten Sach- und Informationsobjekte sowie der eingesetzten Bearbeitungswerkzeuge mit Hilfe einer Vielzahl von Ubicomp-Geräten und einer entsprechenden Vernetzung in eine Ubicomp-Umgebung verwandelt werden. In dieser Umgebung könnten die Unternehmungsabläufe aufgezeichnet und im Rahmen einer anschließenden Nachbearbeitungsphase in eine geeignete Modelldarstellung überführt werden. Der Hauptkritikpunkt an dieser „ultimativen Big Brother-Implementierung“[220] besteht in dem potentiellen Mißbrauch der Überwachungsmöglichkeiten, die aus den in die Ubicomp-Endgeräte integrierten Signalgebern zur Übermittlung der aktuellen Position des jeweiligen Gerätes und damit seines Benutzers resultieren. Dennoch soll der durch die Theorie des Ubiquitous Computing ausgehende Impuls für die Entwicklung der in dieser Arbeit vorgestellten Methode der interaktiven Geschäftsprozeßmodellierung betont werden. Ein möglicher Kompromiß, der den Einsatz einer Ubicomp-Umgebung vielleicht doch für die Modellierung von Geschäftsprozessen ermöglichen könnte, wäre beispielsweise eine eindeu-

219 Vgl. Abowd u.a., Investigating the Capture, Integration and Access Problem of Ubiquitous Computing in an Educational Setting 1998.

220 Vgl. Porush, Ubiquitous Computing vs. Radical Privacy 1995.

tige zeitliche Begrenzung des Aufbaus und des Einsatzes einer Ubicomp-Umgebung im Verlauf einer bestimmten Projektphase.

Zwei Gründe sprechen aber für die Entscheidung im Rahmen dieser Arbeit, Geschäftsabläufe innerhalb einer virtuellen und nicht innerhalb der realen Welt durch Vormachen zu beschreiben: Zum einen die mit Sicherheit auftretenden Akzeptanzprobleme aufgrund der angesprochenen Mißbrauchsmöglichkeiten im Hinblick auf eine unkontrollierte Überwachung der Mitarbeiter und zum anderen die (noch) nicht existierende Verfügbarkeit der tatsächlich benötigten Ubicomp-Geräte.

2.2 Methodisches Rahmenkonzept

2.2.1 Leitgedanke

Die grundlegende Idee der interaktiven Geschäftsprozeßmodellierung wird in Abb. 2.2.1 illustriert. Im Zentrum der neuen Modellierungsmethode steht eine realitätsnahe Visualisierung des betrieblichen Umfeldes, in dem die zu betrachtenden Geschäftsprozesse ablaufen. Diese Unternehmungsvisualisierung muß neben der grafischen Repräsentation der relevanten Gebäude- und Innenarchitektur vor allem eine intuitive Darstellung der im Verlauf der betrieblichen Prozesse einzusetzenden Bearbeitungswerkzeuge und der durch sie transformierten Sach- und Informationsobjekte beinhalten. Darüber hinaus müssen auch die verantwortlichen Organisationseinheiten beispielsweise durch die sie vertretenden Mitarbeiter anschaulich visualisiert werden. Realisiert wird die beschriebene Unternehmungsvisualisierung unter Einsatz von Virtual Reality (VR)-Technologien. Diese ermöglichen sowohl eine realitätsnahe dreidimensionale Unternehmungsdarstellung, als auch die Interaktion mit den einzelnen Visualisierungsbausteinen, welche Organisationseinheiten, Bearbeitungswerkzeuge, Sach- und Informationsobjekte repräsentieren.

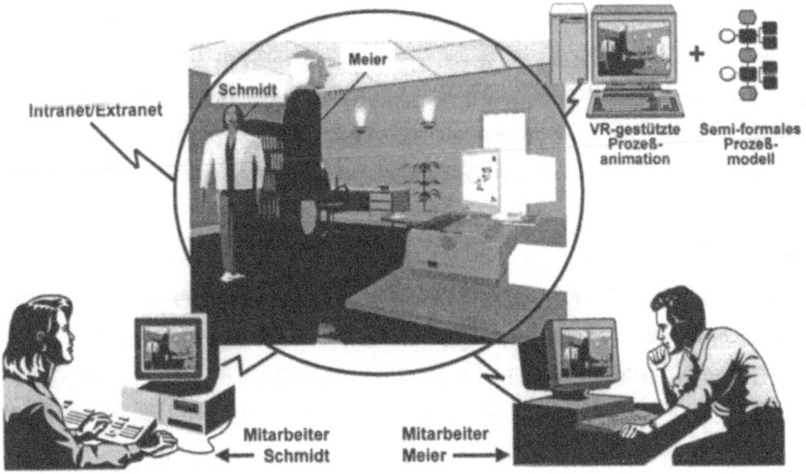

Abb. 2.2.1: Leitgedanke der interaktiven Geschäftsprozeßmodellierung

Da die Methode der interaktiven Geschäftsprozeßmodellierung auch die räumlich verteilte Erhebung des abzubildenden Prozeßwissens unterstützen soll, muß das in Unterkapitel 3.3 vorgestellte Modellierungswerkzeug im Allgemeinen und die oben beschriebene VR-gestützte Unternehmungsvisualisierung im Speziellen sämtlichen am Modellierungsprojekt beteiligten

Mitarbeitern zugänglich sein. Dies wird unterstützt durch den Einsatz von Internet-Technologien im Rahmen eines Intranets, wenn es sich ausschließlich um unternehmungsinterne Geschäftsprozesse handelt, oder im Rahmen eines Extranets, wenn auch Abläufe über Unternehmungsgrenzen hinweg betrachtet werden sollen.

Die für einen realen Prozeß verantwortlichen oder an ihm beteiligten Mitarbeiter können diesen nun auf intuitive Art und Weise beschreiben, indem sie ihn innerhalb der verteilten virtuellen Unternehmungsumgebung quasi nachspielen. Dies tun sie dadurch, daß sie den Prozeß, analog zu Reihenfolge und Semantik der realen Bearbeitungsschritte, durch Interaktionen mit den innerhalb der VR-gestützten Visualisierung befindlichen virtuellen Objekten beschreiben. Die virtuellen Objekte wiederum repräsentieren reale Bearbeitungswerkzeuge, Sach- und Informationsobjekte sowie die ebenfalls an der Ausführung des Prozesses beteiligten Mitarbeiter. Abb. 2.2.1 demonstriert die interaktive Geschäftsprozeßmodellierung durch zwei räumlich voneinander getrennte Mitarbeiter, die innerhalb eines virtuellen Büros einen gemeinsamen Teilprozeß durch Kommunikation miteinander und Interaktion mit dem abgebildeten PC-Arbeitsplatz beschreiben.

Die Aufzeichnung dieser informalen Prozeßbeschreibung erfolgt durch das in Unterkapitel 3.3 vorgestellte Software-Werkzeug. Ergebnis dieser Aufzeichnung ist sowohl eine, ebenfalls informale, VR-gestützte Animation des dokumentierten Geschäftsprozesses, als auch eine semi-formale Repräsentation durch ein entsprechendes Prozeßmodell. Beide Formen der Prozeßdokumentation werden automatisch generiert. Dadurch können sich die Mitarbeiter auf die inhaltliche Beschreibung ihrer betrieblichen Abläufe konzentrieren.

2.2.2 Rahmenkonzept

Die im letzten Abschnitt grob skizzierte Idee der interaktiven Geschäftsprozeßmodellierung wird durch das im Folgenden vorgestellte methodische Rahmenkonzept (vgl. Abb. 2.2.2) konkretisiert:[221] Das Rahmenkonzept faßt die beiden Dimensionen der neuen Modellierungsmethode zusammen, nämlich das Vorgehensmodell, das die einzelnen Phasen und durchzuführenden Schritte im Verlauf der interaktiven Prozeßmodellierung definiert (vgl. Abb. 2.2.2, unterer Teil), und die Beschreibungssprachen, die innerhalb der unterschiedlichen Phasen zu verwenden sind (vgl. Abb. 2.2.2, oberer Teil).

[221] Vgl. Leinenbach/Seel/Scheer, Interaktive Prozeßmodellierung 1999, S. 13f.

Zur Darstellung des Rahmenkonzeptes werden im Folgenden die vier wichtigsten Phasen zusammen mit den einzusetzenden Beschreibungssprachen vorgestellt. Unterkapitel 2.4 und 2.5 erläutern im Anschluß Beschreibungssprachen und Vorgehensmodell im Detail.

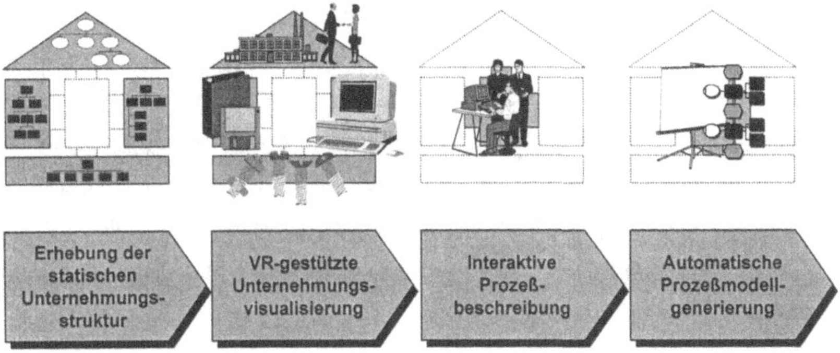

Abb. 2.2.2: Rahmenkonzept der interaktiven Geschäftsprozeßmodellierung[222]

Das Ergebnis der interaktiven Geschäftsprozeßmodellierung, d.h. die resultierende Prozeßdokumentation, wird im Rahmen der vierten und letzten Phase des Rahmenkonzeptes durch die in Kapitel 3 vorgestellten Software-Werkzeuge automatisch generiert. Die Beschreibungssprachen der erzeugten Prozeßmodelle werden in Abschnitt 2.4.5 dargestellt, das Prinzip der automatischen Modellgenerierung in Abschnitt 2.5.4.4 erläutert.

Im Mittelpunkt der neuen Modellierungsmethode steht die interaktive Prozeßbeschreibung durch die am betrieblichen Ablauf beteiligten Mitarbeiter. Die Ablaufbeschreibung geschieht innerhalb einer realitätsnahen Visualisierung der von den betrachteten Prozessen berührten Unternehmungsbereichen, und sie ist Input für die automatische Generierung der Prozeßmodelle im Verlauf der sich anschließenden vierten Phase. Eine Vorstellung der einzelnen Interaktionsmöglichkeiten erfolgt durch Spezifikation der Beschreibungssprache in Abschnitt 2.4.4 und Definition des Vorgehensmodells in Abschnitt 2.5.4.

Die für die interaktive Prozeßbeschreibung benötigte realitätsnahe Unternehmungsvisualisierung wird im Rahmen der zweiten Phase unter Einsatz von VR-Technologien implementiert. Sie beinhaltet die grafische Repräsentation sämtlicher Objekte, mit denen im Verlauf der folgenden interaktiven Ablaufbeschreibung interagiert werden kann. Die VR-Visualisierung selbst wird in Abschnitt 2.4.3 vorgestellt, eine Anleitung zu ihrer technischen Realisierung ist Gegenstand des Abschnitts 2.5.3.3.

222 Aus: Leinenbach/Seel/Scheer, Interaktive Prozeßmodellierung 1999, S. 13.

Bevor die VR-gestützte Unternehmungsvisualisierung erzeugt werden kann, müssen bestimmte Informationen über die darzustellenden Objekte zur Verfügung stehen. Dieser Notwendigkeit trägt die erste Phase zur Erhebung der statischen Unternehmungsstruktur Rechnung. Zu den benötigten Informationen gehören solche über die statische Aufbauorganisation der Unternehmung, die potentiell zu bearbeitenden Sach- und Informationsobjekte sowie die einsetzbaren Systeme zur Material- und Informationstransformation. Darüber hinaus sind Informationen über die Gebäude- und Innenarchitektur der relevanten Unternehmungsbereiche von Interesse, um eine möglichst realitätsnahe Visualisierung des Arbeitsumfeldes im Verlauf der zweiten Phase zu unterstützen. Die einzelnen Beschreibungssprachen zur Dokumentation der dargestellten Sachverhalte sind Inhalt des Abschnitts 2.4.2, das detaillierte Vorgehensmodell zur Informationserhebung ist Gegenstand des Abschnitts 2.5.3.2.

2.3 Ziele

Die Ziele der Methode der interaktiven Geschäftsprozeßmodellierung und der im nächsten Kapitel beschriebenen Werkzeugunterstützung wurden bereits im Zusammenhang mit der Vorstellung der Grundsätze ordnungsmäßiger Modellierung (GoM) in Abschnitt 1.2.5 zusammengefaßt. Die mit Hilfe dieser Grundsätze verfolgten Ziele sind zum einen die Verbesserung der Qualität der Modellierungsergebnisse und zum anderen die Verbesserung der Wirtschaftlichkeit des Modellierungsprozesses. In den folgenden Abschnitten wird der angestrebte Beitrag der interaktiven Geschäftsprozeßmodellierung für die Einhaltung der einzelnen Grundsätze und damit für das Erreichen der beschriebenen Gesamtziele aufgezeigt.

2.3.1 Qualität der Modellierungsergebnisse

Die Beachtung der folgenden fünf Grundsätze ordnungsmäßiger Modellierung hat positive Auswirkungen auf die Qualität der im Rahmen eines Modellierungsprojektes entwickelten Geschäftsprozeßmodelle.[223] Ihre Einhaltung soll durch die Methode und Werkzeugunterstützung der interaktiven Geschäftsprozeßmodellierung, wie im Folgenden beschrieben, unterstützt werden.

Richtigkeit

Die syntaktische Richtigkeit der entwickelten Prozeßmodelle drückt sich durch ihre Vollständigkeit und ihre Konsistenz gegenüber dem zugrunde liegenden Meta-Modell aus. Der Vollständigkeit der Modelle soll die Tatsache zugute kommen, daß die Beschreibung der abzubildenden Geschäftsprozesse analog zu ihrer Ausführung in der betrieblichen Realität erfolgt. Abschnitt 2.2.1 umschreibt die grundlegende Idee der interaktiven Geschäftsprozeßmodellierung deshalb auch als „Modellieren durch Vormachen“, wobei das Vormachen nicht innerhalb der realen Arbeitsumgebung, sondern innerhalb einer Virtual Reality (VR)-gestützen Unternehmungsvisualisierung stattfindet. Die beschriebene Realitätsnähe bei der Dokumentation von Geschäftsprozessen soll es dem Beschreibenden damit nahezu „unmöglich“ machen, wesentliche Aspekte des betrachteten Ablaufs wissentlich oder unwissentlich nicht zu berücksichtigen. Beispielsweise verlangt das in Abschnitt 2.5.4.3 dargestellte Vorgehensmodell bei jeder Beschreibung einer informations- oder materialtransformierenden Tätigkeit zwingend sowohl die Angabe des bearbeiteten Objektes, als auch die Angabe des eingesetzten Werkzeuges.

[223] Vgl. Becker/Rosemann/Schütte, Grundsätze ordnungsmäßiger Modellierung 1995, S. 439-441 und die zusammenfassenden Ausführungen in Abschnitt 1.2.5.

Mögliche Inkonsistenzen der resultierenden Prozeßmodelle gegenüber dem Meta-Modell der eingesetzten Beschreibungssprache sollen durch die Tatsache vermieden werden, daß die Modelle durch das in Unterkapitel 3.3 beschriebene Software-Werkzeug IMPROVE im Anschluß an die interaktive Prozeßbeschreibung automatisch generiert werden.

Die semantische Richtigkeit der erstellten Geschäftsprozeßmodelle wird anhand ihrer Struktur- und Verhaltenstreue gegenüber dem abzubildenden Diskursbereich gemessen. Das beschriebene geringe Abstraktionsniveau bei der interaktiven Prozeßbeschreibung soll einen sehr hohen Abdeckungsgrad der abzubildenden betrieblichen Realität durch die generierten Prozeßmodelle ermöglichen und damit der geforderten Struktur- und Verhaltenstreue entgegen kommen.

Relevanz

Die Beachtung des Grundsatzes der Relevanz hat Einfluß auf den inhaltlichen Umfang und das Abstraktionsniveau der zu entwickelnden Prozeßmodelle. Die Methode und Werkzeugunterstützung der interaktiven Geschäftsprozeßmodellierung unterstützt durch die beschriebene Realitätsnähe bei der Ablaufbeschreibung explizit die Erstellung von Detailmodellen sehr geringer Granularität. Eine Prozeßerhebung und -modellierung auf sehr hohem Abstraktionsniveau wird durch die neue Methode nicht direkt unterstützt.

Das in Unterkapitel 3.4 vorgestellte Visualisierungswerkzeug VISIER soll aber eine intuitive Darstellung insbesondere von Prozeßmodellen hoher Granularität ermöglichen, die mit herkömmlichen Methoden erzeugt worden sind.

Klarheit

Sowohl die Methode der interaktiven Prozeßmodellierung als auch die Methode der VR-gestützten Prozeßvisualisierung (vgl. Abschnitt 2.4.5.3) zusammen mit der in Kapitel 3 vorgestellten Werkzeugunterstützung durch die Systeme IMPROVE und VISIER sollen den Forderungen nach Strukturiertheit, Übersichtlichkeit, Lesbarkeit und Transparenz von Geschäftsprozeßmodellen, die sich hinter dem Grundsatz der Klarheit verbergen, entgegen kommen. Beispielsweise zeichnet sich die weiter oben bereits als „Modellieren durch Vormachen" bezeichnete interaktive Beschreibungssprache durch große Anschaulichkeit aus. Daneben sollen standardisierte Mechanismen während der im Anschluß stattfindenden automatischen Formalisierung des intuitiv beschriebenen Prozeßwissens die Generierung einheitlich strukturierter Prozeßmodelle unterstützen.

Die VR-gestützte Prozeßvisualisierung mit Hilfe des Systems VISIER soll darüber hinaus die Transparenz und Lesbarkeit insbesondere komplexer Geschäftsprozeßmodelle durch eine übersichtliche Anordnung und intuitive Darstellung der einzelnen Modellobjekte innerhalb einer dreidimensionalen virtuellen Umgebung verbessern.

Vergleichbarkeit
Während die semantische Vergleichbarkeit von Prozeßmodellen die abgebildeten Inhalte betrifft, bezieht sich die syntaktische Vergleichbarkeit von Modellen auf die Integrierbarkeit der zugrunde liegenden Meta-Modelle. Beide Formen der Modellvergleichbarkeit sollen durch den Einsatz der Methode der interaktiven Geschäftsprozeßmodellierung erhöht werden. Aus semantischer Sicht werden Modelle, die auf Basis einer interaktiven Prozeßbeschreibung generiert worden sind, besser vergleichbar, da die möglichen Handlungsalternativen zur Dokumentation unterschiedlicher Teilaktivitäten innerhalb eines Prozesses durch bestimmte standardisierte Benutzerinteraktionen innerhalb der virtuellen Unternehmungswelt vorgegeben sind. Hierzu gehören beispielsweise die Interaktionen zur Beschreibung informations- oder materialtransformierender Tätigkeiten oder Interaktionen zur Dokumentation kommunikativer Handlungen (vgl. Abschnitt 2.4.4).

Aus syntaktischer Sicht werden die auf die gleiche interaktive Art und Weise beschriebenen und automatisch generierten Prozeßmodelle besser vergleichbar, da analog zu den semantischen Beschreibungsmöglichkeiten durch standardisierte Benutzeraktionen auch im Hinblick auf die Modellstruktur standardisierte Prozeßmodellbausteine erzeugt werden.

Systematischer Aufbau
Im Zusammenhang mit der Modellierung von Geschäftprozessen in unterschiedlichen Sichten (vgl. Abschnitt 1.2.3) fordert der Grundsatz des systematischen Aufbaus unter anderem die konsistente Verwendung solcher Objekte, die in unterschiedlichen Modellen innerhalb der verschiedenen Prozeßsichten zum Einsatz kommen. Dieser Forderung wird durch den Einsatz eines computergestützten Modellierungswerkzeuges und dessen zugrunde liegenden Repository entsprochen. Die Einhaltung dieses Grundsatzes soll aber auch durch das in Unterkapitel 2.5 dargestellte Vorgehensmodell der interaktiven Geschäftsprozeßmodellierung, das im Vorfeld der eigentlichen Prozeßbeschreibung die Erhebung und Modellierung der statischen Unternehmungsstruktur verlangt, unterstützt werden. Diese Modelle beschreiben neben der statischen Aufbauorganisation der betrachteten Unternehmung im Rahmen der ARIS-Organisationssicht auch die vorhandenen Bearbeitungswerkzeuge zur Informations- oder Materialtransformation innerhalb der Funktionssicht sowie die potentiell zu bearbeitenden Informations- und Sachobjekte innerhalb der Daten- und Leistungssicht. Im Idealfall

sollen ausschließlich die Objekte dieser Strukturmodelle bei der anschließenden interaktiven Ablaufbeschreibung und der automatischen Prozeßmodellgenerierung Verwendung finden.

2.3.2 Wirtschaftlichkeit des Modellierungsprozesses

Der sechste Grundsatz ordnungsmäßiger Modellierung widmet sich explizit der Wirtschaftlichkeit von Modellierungsprojekten und fordert in diesem Zusammenhang den Einsatz computergestützter Modellierungswerkzeuge zur Beschleunigung insbesondere der Projektphase, welche die Formalisierung des im Vorfeld erhobenen Geschäftsprozeßwissens zur Aufgabe hat.[224] Dieser Forderung kommen sowohl die im Rahmen dieses Kapitels beschriebene Methode der interaktiven Prozeßmodellierung, als auch die in Unterkapitel 3.3 vorgestellte Werkzeugunterstützung entgegen. Methode und Werkzeug erheben den Anspruch, so intuitiv und einfach zu bedienen zu sein, daß mit ihrer Hilfe die an den Geschäftsabläufen beteiligten oder für sie verantwortlichen Mitarbeiter ohne größeren Schulungsaufwand in der Lage sind, die eigenen Prozesse selbständig, d.h. ohne Zuhilfenahme (teurer) Modellierungsexperten, zu beschreiben. Die Generierung semi-formaler Prozeßmodelle erfolgt im Anschluß an die interaktive Prozeßbeschreibung „auf Knopfdruck".

Die Verbesserung der Wirtschaftlichkeit des Modellierungsprozesses beschränkt sich aber nicht alleine auf den reduzierten Schulungs- und Berateraufwand. Sie schlägt sich vielmehr auch in der Tatsache positiv nieder, daß die Prozeßbeschreibung nicht zwingend zeitlich synchron an einem zentralen Ort stattfinden muß. Durch den Einsatz einer verteilten virtuellen Umgebung als Modellierungs- und Kommunikationsplattform kann die interaktive Prozeßbeschreibung von sämtlichen innerhalb eines geeigneten Datennetzes befindlichen PC-Arbeitsplätzen aus durchgeführt werden. Und das in Abschnitt 2.4.4.5 und Abschnitt 2.5.4.3 beschriebene Nachrichtenkonzept zur Telekommunikation und Steuerung des Modellierungsprozesses befreit von der Notwendigkeit der zeitlichen Synchronisation der Geschäftsprozeßmodellierung. Insgesamt lassen sich mit Hilfe der interaktiven Prozeßmodellierung die Ausfallzeiten der an der Modellierung zu beteiligenden Mitarbeiter bezüglich ihrer operativen Tätigkeiten reduzieren. Auf die dazu notwendigen Möglichkeiten zur Integration der Modellierungsaktivitäten in die operativen Abläufe geht Abschnitt 2.5.8 ein.

Indirekt zur Verbesserung der Wirtschaftlichkeit des Modellierungsprozesses tragen auch die erweiterten Möglichkeiten zur Weiterverwendung der im Verlauf der interaktiven Geschäftsprozeßmodellierung erzielten Modellierungsergebnisse bei. Insbesondere die neue und intui-

224 Vgl. Becker/Rosemann/Schütte, Grundsätze ordnungsmäßiger Modellierung 1995, S. 440 und die zusammenfassenden Ausführungen in Abschnitt 1.2.5.

tive Art der Visualisierung von Geschäftsabläufen unterstützt die intensive Weiterverwendung der Modellierungsergebnisse in den Phasen Ist-Analyse (vgl. Abschnitt 2.5.5), Soll-Konzeption (vgl. Abschnitt 2.5.6) und Mitarbeiterschulung (vgl. Abschnitt 2.5.7) im Rahmen eines umfassenden Reorganisationsprojektes.

Dem angestrebten Nutzen der interaktiven Modellierungsmethode, der im Rahmen dieses Unterkapitels aufgezeigt wurde, muß aber, insbesondere um die Wirtschaftlichkeit des Modellierungsprozesses in seiner Gesamtheit beurteilen zu können, auch der zur Methodenanwendung notwendige Aufwand gegenüber gestellt werden. Dieser Aufwand wird durch die beiden ersten Phasen des in Abb. 2.2.2 dargestellten Rahmenkonzeptes der interaktiven Prozeßmodellierung bestimmt. Sie betreffen die Erhebung der statischen Unternehmungsstruktur und die Realisierung der VR-gestützten Unternehmungsvisualisierung. Zur besseren Quantifizierung des für die Durchführung dieser Phasen notwendigen Aufwandes kann das Vorgehensmodell in Unterkapitel 2.5 herangezogen werden. Während die Erhebung der statischen Unternehmungsstruktur wohl auf ähnliche Art und Weise durchgeführt werden kann, wie in herkömmlichen Modellierungsprojekten, stellt die Bereitstellung einer realitätsnahen Unternehmungsvisualisierung für die anschließende interaktive Prozeßbeschreibung mit Sicherheit einen zusätzlichen implementierungstechnischen Aufwand dar. Das Vorgehensmodell in Abschnitt 2.5.3.3 und der Ausblick dieser Arbeit zeigen allerdings erste Ansätze zur Automatisierung dieser Phase und damit zur Aufwandsreduzierung auf.

2.4 Beschreibungssprachen

2.4.1 Überblick

Zur Dokumentation der Methode der interaktiven Geschäftsprozeßmodellierung werden in diesem Unterkapitel die in den folgenden Phasen einzusetzenden Beschreibungssprachen vorgestellt:[225]

- Erhebung der statischen Unternehmungsstruktur,
- Virtual Reality (VR)-gestützte Unternehmungsvisualisierung,
- Interaktive Prozeßbeschreibung und
- Automatische Prozeßmodellgenerierung.

Unterkapitel 2.5 beschreibt diese Phasen in Form eines detaillierten Vorgehensmodells.

Das Klassendiagramm in Abb. 2.4.1 ordnet die in den nachfolgenden Abschnitten spezifizierten Beschreibungssprachen und deren wichtigste Sprachelemente in ein Gesamtmodell ein. Es ist, wie alle Meta-Modelle dieser Arbeit, in der Unified Modeling Language (UML)-Notation[226] beschrieben. Die Nummern in eckigen Klammern verweisen auf die Abschnitte innerhalb dieses Unterkapitels, in denen die Beschreibungssprachen definiert sind.

Zur Dokumentation der statischen Unternehmungsstruktur dienen insgesamt vier Modelltypen, je einer zur Beschreibung der AUFBAUORGANISATION, der bearbeiteten INFORMATIONS- und SACHOBJEKTE und der eingesetzten BEARBEITUNGSWERKZEUGE (vgl. Abschnitt 2.4.2). Diese Modelltypen werden zur Klasse der STRUKTURMODELLE generalisiert.

Die Komposition unterschiedlicher VR-OBJEKTE zur VR-GESTÜTZTEN UNTERNEHMUNGSVISUALISIERUNG (vgl. Abschnitt 2.4.3) wird durch die Part-Of-Beziehung der gleichnamigen Klassen im Meta-Modell in Abb. 2.4.1 beschrieben.

Die Beschreibungssprache der interaktiven Geschäftsprozeßdokumentation innerhalb dieser VR-gestützten Unternehmungsvisualisierung kann nun wie folgt grob spezifiert werden (die exakte Definition folgt in Abschnitt 2.4.4): Die Mitarbeiter beschreiben ihren realen Geschäftsprozeß als Folge von Einzelaktivitäten, die sie wiederum durch Interaktion mit virtuellen Informations- oder Sachobjekten bzw. den benötigten Bearbeitungswerkzeugen

[225] Vgl. hierzu die Beschreibung des Rahmenkonzeptes der interaktiven Geschäftsprozeßmodellierung in Abschnitt 2.3.2 und Abbildung 2.3.2.

[226] Vgl. OMG, Unified Modeling Language Specification 1999.

dokumentieren. Für jede durchzuführende Tätigkeit aktiviert der jeweilige Bearbeiter, der selbst als MITARBEITER im MODELL „AUFBAUORGANISATION“ beschrieben ist, ein virtuelles Objekt, das den realen Bearbeitungsgegenstand oder das in der Realität einzusetzende Bearbeitungswerkzeug innerhalb der virtuellen Welt repräsentiert. Mit jedem dieser aktivierbaren VR-OBJEKTE ist ein DIALOGRAHMEN zur textuellen Beschreibung des repräsentierten Sachverhaltes assoziiert. Sowohl der DIALOGRAHMEN als auch das damit verbundene VR-OBJEKT sind einem oder zwei STRUKTURMODELLEN zugeordnet. Beispielsweise repräsentiert ein virtueller PC-Arbeitsplatz zusammen mit dem verknüpften DIALOGRAHMEN sowohl ein oder mehrere Informationssysteme, dokumentiert in einem MODELL „BEARBEITUNGSWERKZEUG“, als auch elektronische Dokumente, beschrieben in einem MODELL „INFORMATIONSOBJEKTE“. Die AKTIVIERUNG eines bestimmten VR-OBJEKTES durch einen MITARBEITER zu einer bestimmten ZEIT öffnet aber nicht einen „leeren“ DIALOGRAHMEN, sondern einen DIALOG, der mit Informationen gefüllt ist, die aus denjenigen STRUKTURMODELLEN stammen, die mit dem Rahmen assoziiert sind. Im Meta-Modell wird dieser DIALOG durch eine als eigenständige Klasse uminterpretierte Assoziation dargestellt. Die Bearbeitung des DIALOGS wird durch die ebenfalls als Klasse uminterpretierte Assoziation INTERAKTION beschrieben.

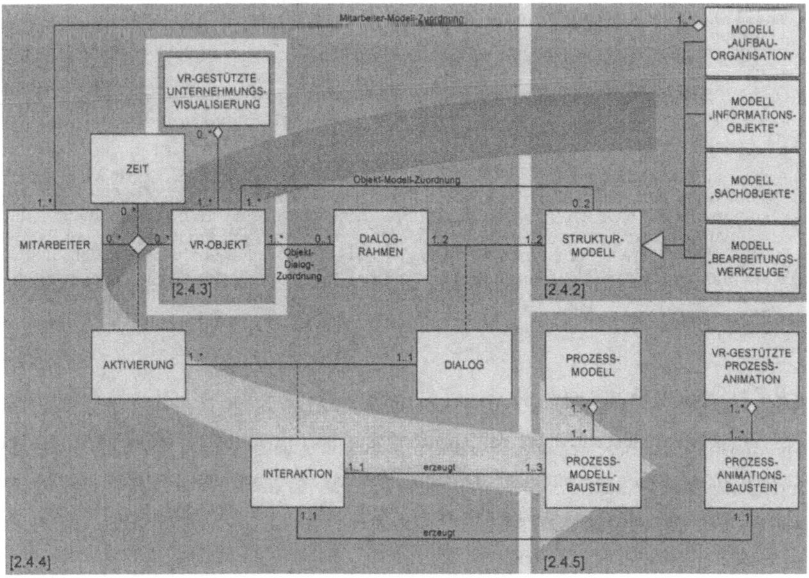

Abb. 2.4.1: Meta-Modell der interaktiven Geschäftsprozeßmodellierung

Für jede INTERAKTION werden bis zu drei PROZESSMODELLBAUSTEINE generiert. Die Gesamtheit aller erzeugten Bausteine bildt dann das resultierende Prozeßmodell in der Notation der erweiterten Ereignisgesteuerten Prozeßkette (eEPK). Darüber hinaus wird für jede INTERAKTION ein PROZESSANIMATIONSBAUSTEIN erzeugt, der wiederum in die VR-GESTÜTZTE PROZESSANIMATION einfließt. Neben der semi-formalen eEPK gehört auch die informale Prozeßanimation zu den Zielbeschreibungssprachen der interaktiven Geschäftsprozeßmodellierung. Beide Sprachen werden in Abschnitt 2.4.5 vorgestellt.

2.4.2 Beschreibungssprachen zur Dokumentation der statischen Unternehmungsstruktur

Die Einordnung der Beschreibungssprachen zur Dokumentation der statischen Unternehmungsstruktur in das Rahmenkonzept der interaktiven Geschäftsprozeßmodellierung zeigt Abb. 2.4.2.

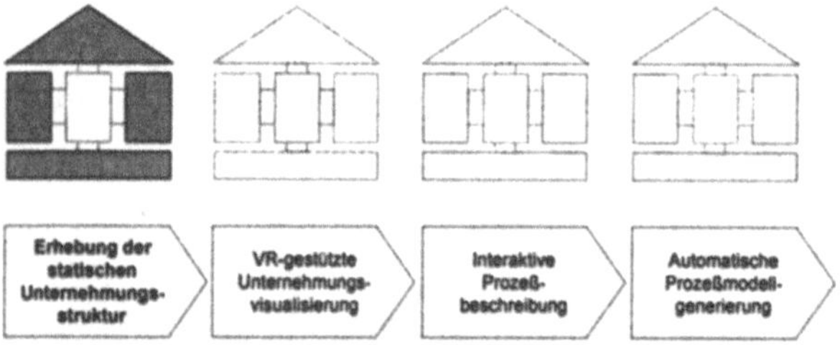

Abb. 2.4.2: Einordnung in das Rahmenkonzept der interaktiven Geschäftsprozeßmodellierung

Die Spezialisierung der in Abb. 2.4.1 dargestellten STRUKTURMODELLE in Modelle zur Beschreibung der AUFBAUORGANISATION, der bearbeiteten INFORMATIONS- und SACHOBJEKTE sowie der eingesetzten BEARBEITUNGSWERKZEUGE folgt den Sichten der Architektur integrierter Informationssysteme (ARIS)[227] und bestimmt die Gliederung dieses Abschnitts.

2.4.2.1 Organisationssicht

Als Modelltyp zur Beschreibung der statischen Aufbauorganisation der im Hinblick auf die durchzuführende Geschäftsprozeßmodellierung betrachteten Unternehmung dient ein Organigramm. Ein Beispiel zeigt Abb. 2.4.3.

---

[227] Vgl. Scheer, ARIS – Modellierungsmethoden, Metamodelle, Anwendungen 1998 und die zusammenfassenden Ausführungen in Abschnitt 1.2.3.

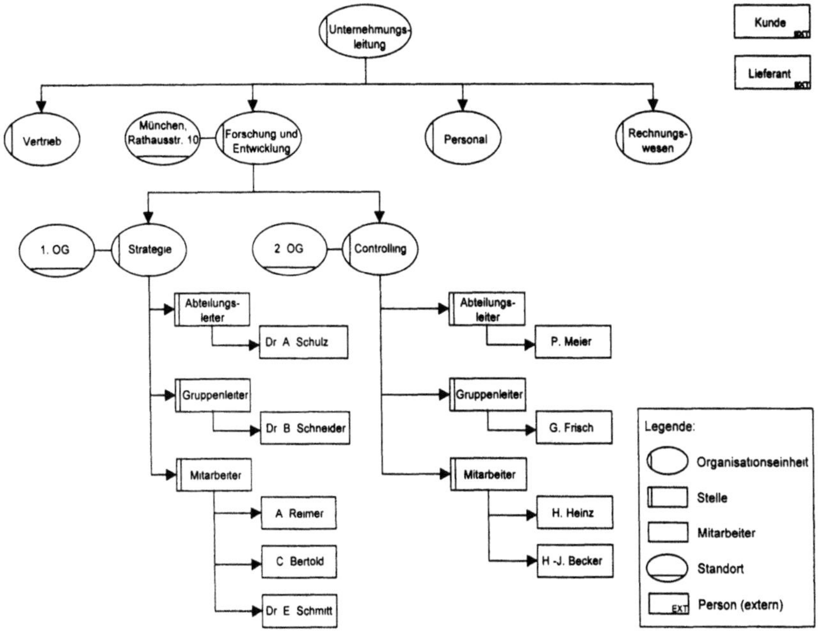

Abb. 2.4.3: Aufbauorganisation (Beispiel)

Das Meta-Modell der Aufbauorganisation in Abb. 2.4.4 beschreibt die generelle Struktur eines Organigramms und gibt Hinweise auf weitere Informationen, die mit den Standorten der einzelnen Organisationseinheiten assoziiert sind und für die VR-gestützte Unternehmungs-visualisierung benötigt werden. Im Mittelpunkt des Klassendiagramms steht die Klasse ORGANISATIONSEINHEIT, die eine Generalisierung der Subklassen EXTERNE und INTERNE ORGANISATIONSEINHEIT darstellt. Kleinstes Element innerhalb einer Organisationsstruktur ist die STELLE. Sie wird in der Regel durch einen MITARBEITER besetzt, kann aber auch temporär unbesetzt oder in Ausnahmefällen durch mehrere MITABEITER besetzt sein. Dieser Sachverhalt wird durch die Assoziation STELLENBESETZUNG ausgedrückt. Die geographische Zuordnung einer ORGANISATIONSEINHEIT zu einem STANDORT wird durch die Assoziation ANSIEDLUNG zum Ausdruck gebracht. Zu einem STANDORT wiederum gehört eine STANDORTBESCHREIBUNG, die für die VR-gestützte Unternehmungsvisualisierung benötigt wird (vgl. Abschnitt 2.4.3). Elemente einer solchen STANDORTBESCHREIBUNG können CAD-DATEN, ZEICHNUNGEN, SKIZZEN oder FOTOS sein (vgl. Abb. 2.4.5).

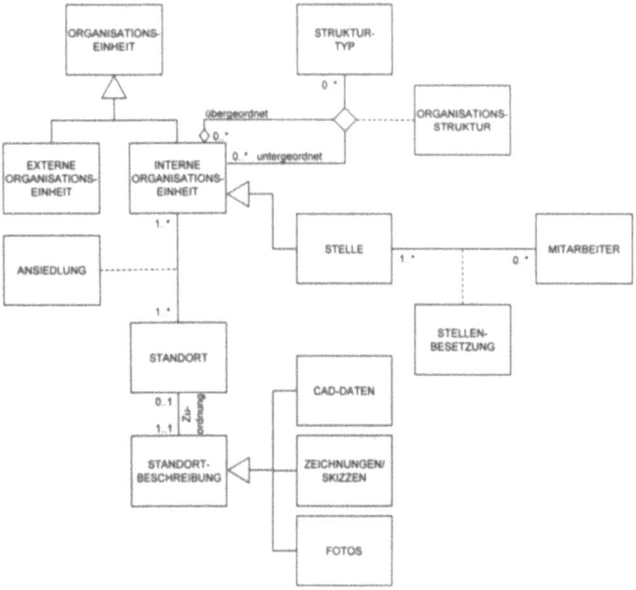

Abb. 2.4.4: Meta-Modell Aufbauorganisation[228]

Abb. 2.4.5: Standortbeschreibung mittels CAD-Daten, Zeichnungen und Fotos (Beispiel)

[228] In Anlehnung an Scheer, ARIS – Modellierungsmethoden, Metamodelle, Anwendungen 1998, S. 56.

Die eigentliche Struktur der Aufbauorganisation wird durch die Klasse ORGANISATIONS-STRUKTUR beschrieben. Sie stellt eine Uminterpretation der Assoziation der in Strukturbeziehung stehenden INTERNEN ORGANISATIONSEINHEITEN und der Klasse STRUKTURTYP dar. Die Klasse STRUKTURTYP unterscheidet beispielsweise zwischen einer fachlichen und einer disziplinarischen Unter- bzw. Überordnung zwischen den ORGANISATIONSEINHEITEN.

2.4.2.2 Datensicht

Die Datensicht im Verlauf der Dokumentation der statischen Unternehmungsstruktur betrifft die im Ablauf der zu modellierenden Geschäftsprozesse potentiell zu bearbeitenden Informationsobjekte. Hierbei wird zwischen elektronischen Dokumenten (Dateien) und Papierdokumenten unterschieden. Abb. 2.4.6 und Abb. 2.4.7 zeigen zwei Strukturmodelle, die ausschnitthaft die elektronischen und papierbasierten Datenbestände einer Unternehmung in Verzeichnisse bzw. Unterverzeichnisse einordnen und für einzelne Dokumente die interne Struktur beschreiben.

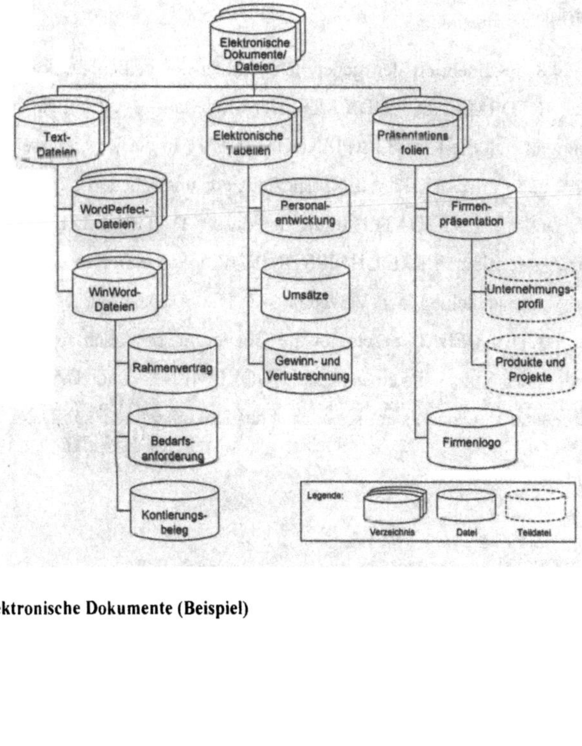

Abb. 2.4.6: Elektronische Dokumente (Beispiel)

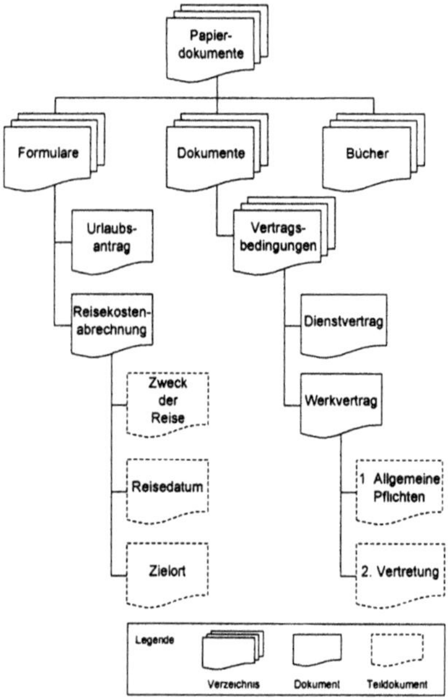

Abb. 2.4.7: Papierdokumente (Beispiel)

Das Meta-Modell in Abb. 2.4.8 dokumentiert den generellen Aufbau der beiden Strukturmodelle zur Beschreibung der INFORMATIONSOBJEKTE. Der Modellaufbau ist in beiden Fällen nahezu identisch. Während sich die Klasse PAPIERDOKUMENT in die Unterklassen DOKUMENTVERZEICHNIS und (TEIL-)DOKUMENT spezialisiert, untergliedert sich die Klasse ELEKTRONISCHES DOKUMENT (DATEI) in die Subklassen DATEIVERZEICHNIS und (TEIL-)DATEI. Die Assoziation VERZEICHNISSTRUKUR dokumentiert in beiden Fällen die Möglichkeit zur Verschachtelung der Verzeichnisse. Die Assoziation DOKUMENTGLIEDERUNG bzw. DATEIAUFBAU beschreibt die Gliederung bzw. den Aufbau eines einzelnen Dokumentes oder einer einzelnen Datei. DOKUMENT- und DATEIABLAGE geben das entsprechende Verzeichnis an, in welches das Dokument oder die Datei einsortiert ist.

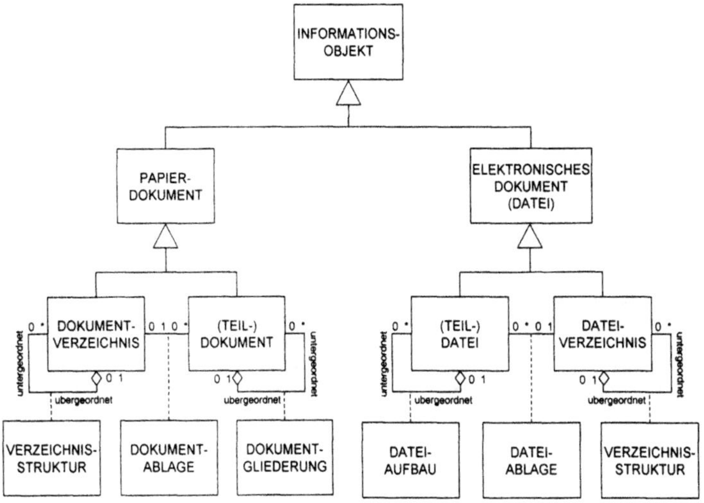

Abb. 2.4.8: Meta-Modell Informationsobjekte

2.4.2.3 Funktionssicht

Im Rahmen der ARIS-Funktionssicht werden diejenigen Bearbeitungswerkzeuge beschrieben, die im Verlauf der zu erhebenden Geschäftsprozesse prinzipiell zum Einsatz kommen können. Hierbei wird zwischen Systemen zur Informationsverarbeitung und zur Materialtransformation unterschieden. Abb. 2.4.9 zeigt ein Beispiel eines Strukturmodells, das die eingesetzten DV-Systeme in Form eines Hierarchiediagrammes einordnet. Diese Hierarchisierung bedeutet auf den oberen Ebenen eine Zusammenfassung unterschiedlicher Anwendungssysteme zu bestimmten Systemklassen. Auf den unteren Ebenen bedeutet sie eine Spezifizierung einzelner Informationssysteme durch Auflistung der relevanten Teilfunktionalitäten in Form von Modulen, Masken oder Transaktionen.

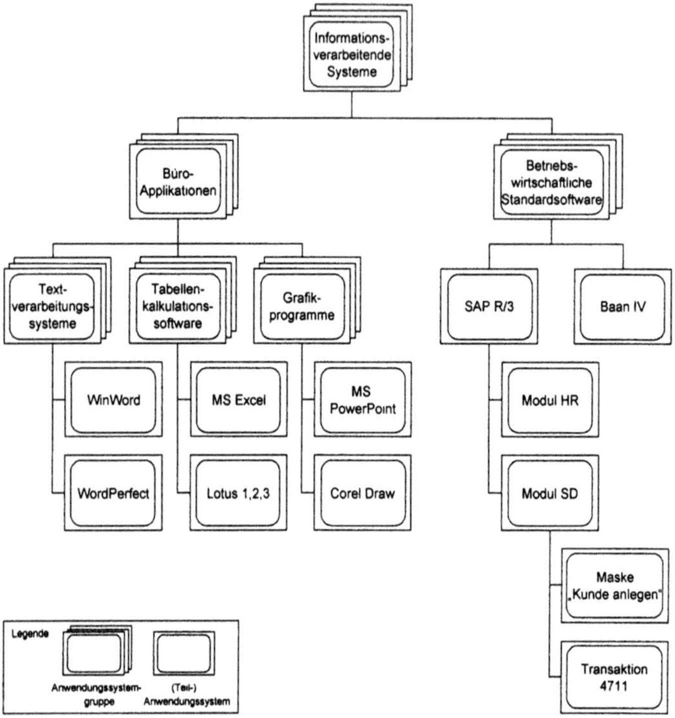

Abb. 2.4.9: Informationsverarbeitende Systeme (Beispiel)

Das Klassendiagramm in Abb. 2.4.10 beschreibt analog zum Meta-Modell in Abb. 2.4.8 den allgemeinen Aufbau der Strukturmodelle zur Dokumentation INFORMATIONSVERARBEITENDER und MATERIALTRANSFORMIERENDER SYSTEME. Die Klassen ANWENDUNGSSYSTEMGRUPPE bzw. MASCHINENGRUPPE repräsentieren mögliche Gliederungskriterien zur Klassifikation beider Systemarten. Die Assoziation GRUPPENSTRUKTUR ermöglicht in beiden Fällen eine Systemklassifikation über mehrere Ebenen. Die Möglichkeit zur Spezifizierung einzelner Systeme, ebenfalls auf mehreren Ebenen, wird durch die Assoziationen ANWENDUNGSSYSTEMSTRUKTUR und MASCHINENSTRUKTUR beschrieben. Diese hierarchisieren im Falle von (TEIL-)ANWENDUNGSSYSTEMEN bis auf die Ebene von Modulen, Masken oder Transaktionen, im Falle von (TEIL-)MASCHINEN bis auf die Ebene an der Maschine eingesetzter Werkzeuge.

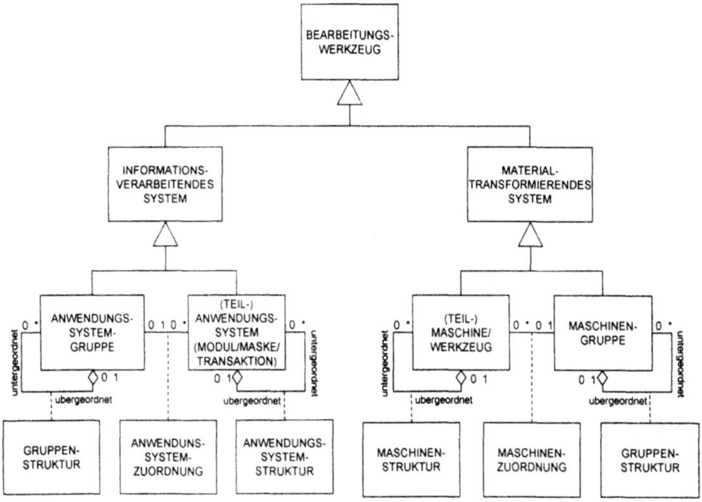

Abb. 2.4.10: Meta-Modell Bearbeitungswerkzeuge

2.4.2.4 Leistungssicht

Neben den im Rahmen der Datensicht beschriebenen Informationsobjekten, die im Verlauf einzelner Funktionen innerhalb der zu betrachtenden Geschäftsprozesse als Input- oder Outputfaktoren auftreten, vervollständigen die in der ARIS-Leistungssicht abgebildeten Sachobjekte die Menge der entlang der betrieblichen Abläufe bearbeiteten Objekte. Zur Beschreibung der Zusammensetzung einzelner Sachobjekte dienen Produktbäume. Abb. 2.4.11 zeigt, losgelöst von einem konkreten Anwendungsfall, die Zusammensetzung eines Endproduktes aus diversen Baugruppen, Einzelteilen und Materialien. Hierbei sollen Mengen oder Stückzahlen nicht explizit berücksichtigt werden. Von besonderer Bedeutung für die interaktive Geschäftsprozeßbeschreibung ist dagegen die Zuordnung der einzelnen Produktbausteine zu manuellen oder werkzeuggestützten Bearbeitungsformen und damit zu manuellen oder werkzeuggestützten Bearbeitungsstationen innerhalb der VR-gestützten Unternehmungsvisualisierung. Beispielsweise sollen bei Interaktion mit einer virtuellen Bearbeitungsmaschine nur diejenigen Produktbausteine innerhalb eines Dialoges zur Auswahl stehen, die auch maschinell bearbeitet werden können (vgl. Abschnitt 2.4.4.3). Innerhalb des Produktbaumes in Abb. 2.4.11 sind zu diesem Zweck diejenigen (Teil-)Objekte mit einem „m" gekennzeichnet, deren Bearbeitung ausschließlich manuell erfolgt. Objekte, die ausschließlich werkzeuggestützt bearbeitet werden, sind mit einem „w" gekennzeichnet und Objekte, die sowohl manuell als auch mit Hilfe von Werkzeugen bearbeitet werden, sind mit dem Kürzel „m/w" versehen.

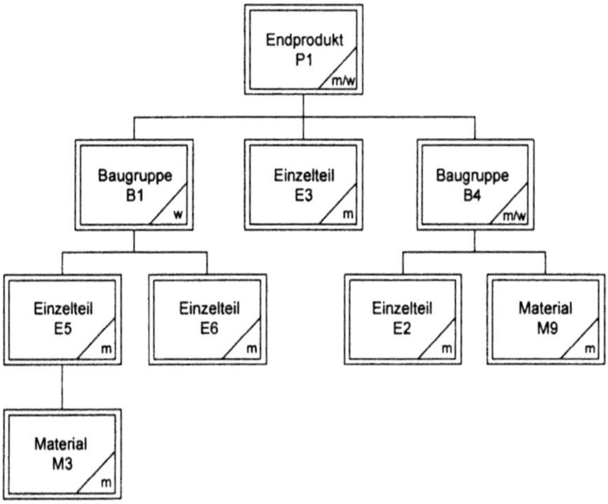

Abb. 2.4.11: Produktbaum (Beispiel)

Das Klassendiagramm in Abb. 2.4.12 beschreibt den allgemeinen Aufbau eines Produktbaumes zur Dokumentation der im Verlauf der betrachteten Geschäftsprozesse bearbeiteten SACHOBJEKTE. Die Klasse SACHOBJEKTGRUPPE repräsentiert mögliche Gliederungskriterien zur Klassifikation der SACHOBJEKTE. Die Assoziation GRUPPENSTRUKTUR ermöglicht eine Klassifikation über mehrere Ebenen. Mit Hilfe der Klasse (TEIL-)SACHOBJEKT und der Assoziation OBJEKTSTRUKTUR läßt sich die eigentliche Zusammensetzung des Sachobjektes beschreiben. Mit jeder Instanz der Klasse SACHOBJEKT wird schließlich die BEARBEITUNGSFORM assoziiert. Hierbei wird zwischen einer MANUELLEN und einer WERKZEUGGESTÜTZTEN Bearbeitung unterschieden, die sich für ein einzelnes Objekt nicht gegenseitig ausschließen müssen. Im Meta-Modell wird diese Unterscheidung durch die Spezialisierung der Klasse BEARBEITUNGSFORM kenntlich gemacht.

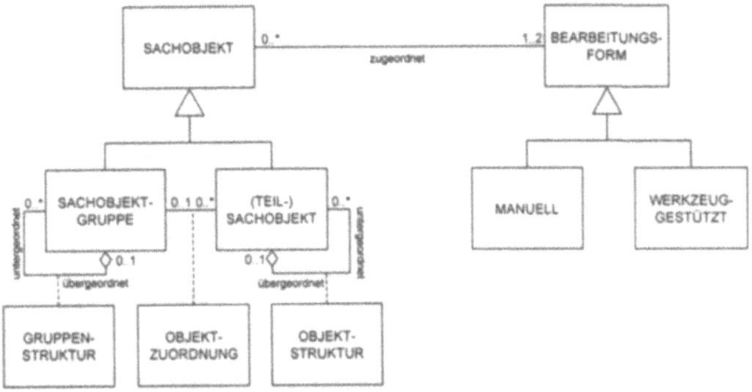

Abb. 2.4.12: Meta-Modell Sachobjekte

2.4.3 Virtual Reality-gestützte Unternehmungsvisualisierung

Die Einordnung der VR-gestützten Unternehmungsvisualisierung in das Rahmenkonzept der interaktiven Geschäftsprozeßmodellierung ist in Abb. 2.4.13 dargestellt.

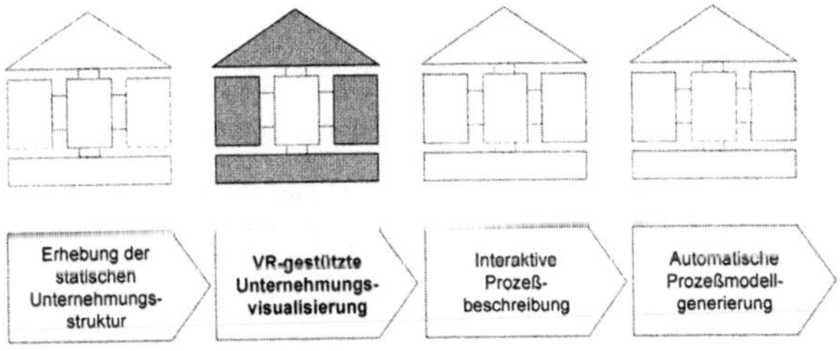

Abb. 2.4.13: Einordnung in das Rahmenkonzept der interaktiven Geschäftsprozeßmodellierung

Auf Basis der im Rahmen der Dokumentation der statischen Aufbauorganisation erhobenen Standortbeschreibungen wird die VR-gestützte Unternehmungsvisualisierung erzeugt. Dies geschieht mit Hilfe einer geeigneten VR-Entwicklungsumgebung entweder überwiegend manuell oder verstärkt automatisiert. Manuell wird die Unternehmungsvisualisierung erzeugt, wenn zum einen eine sehr realitätsnahe und damit sehr intuitive Visualisierung gefordert wird und zum anderen die benötigten CAD-Daten überhaupt nicht oder in nur sehr geringem Umfang zur Verfügung stehen. Verstärkt automatisiert wird sie generiert, wenn die notwendigen CAD-Daten vorliegen oder auf eine standardisierte, aber für die interaktive Prozeßbeschreibung ausreichende, Unternehmungsvisualisierung zurückgegriffen werden kann. Abb. 2.4.14 zeigt zwei Ausschnitte einer realitätsnahen VR-Visualisierung, für die die Standortbeschreibung in Abb. 2.4.5 als Vorlage diente.

Abb. 2.4.14: Virtual Reality-gestützte Unternehmungsvisualisierung (Beispiel)

Das Meta-Modell in Abb. 2.4.15 beschreibt im Wesentlichen die Zusammensetzung der VR-GESTÜTZTEN UNTERNEHMUNGSVISUALISIERUNG aus einzelnen dreidimensionalen VR-OBJEKTEN. Dieser Sachverhalt wird durch die Part-of-Beziehung der beiden Klassen zum Ausdruck gebracht. Die Klasse der VR-OBJEKTE wiederum spaltet sich in acht Objektklassen auf, die jeweils einen bestimmten Teil der Gesamtvisualisierung darstellen. Beispielsweise dienen VR-Objekte der Klasse ARCHITEKTURBAUSTEIN der Visualisierung der relevanten Unternehmungsgebäude einschließlich der notwendigen innenarchitektonischen Elemente (vgl. Abb. 2.4.14). Diese Informationen sind Inhalt der STANDORT-BESCHREIBUNGEN als Teil des MODELLS „AUFBAUORGANISATION". AVATARE (vgl. Abb. 2.4.21) repräsentieren während der interaktiven Geschäftsprozeßbeschreibung die agierenden MITARBEITER, die ihrerseits in einem Organigramm zur Dokumentation der statischen Aufbauorganisation beschrieben sind. Die dritte Gruppe im Rahmen der Visualisierung der ARIS-Organisationssicht wird durch dreidimensionale Objekte der Klasse METAPHER „TELEKOMMUNIKATION" gebildet. Diese Objekte, z.B. Telefon oder Telefax, visualisieren zum einen die entsprechenden Telekommunikationsgeräte (vgl. Abb. 2.4.24), ermöglichen aber gleichzeitig die reale Kommunikation zwischen den an der Ablaufbeschreibung beteiligen Mitarbeitern und dienen damit der Feinsteuerung der interaktiven Prozeßmodellierung.

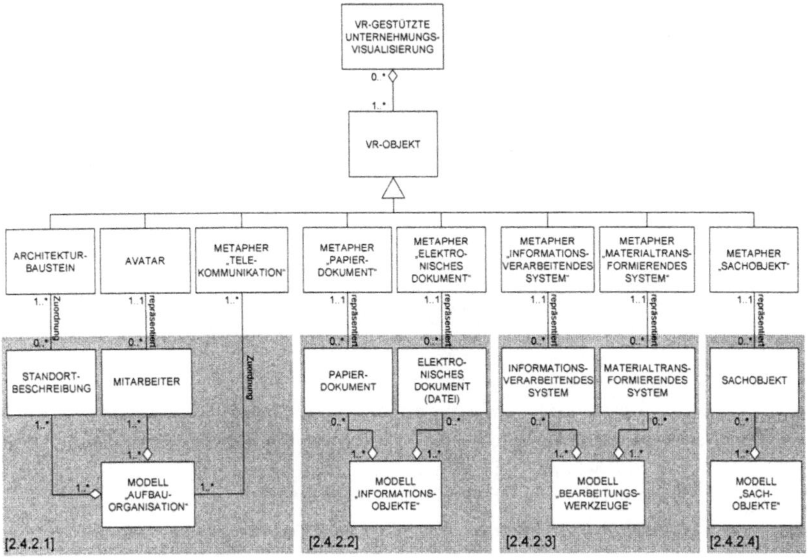

Abb. 2.4.15: Meta-Modell der Virtual Reality-gestützten Unternehmungsvisualisierung

Zur Repräsentation von PAPIERDOKUMENTEN und ELEKTRONISCHEN DOKUMENTEN (DATEIEN), die zusammen im MODELL „INFORMATIONSOBJEKTE“ beschrieben sind, dienen VR-Objekte der Klassen METAPHER „PAPIERDOKUMENT“ und METAPHER „ELEKTRONISCHES DOKUMENT“. Beispiele für diese Objekte, welche die Visualisierung der ARIS-Datensicht unterstützen, sind in den Abschnitten 2.4.4.1 und 2.4.4.2 dokumentiert (vgl. Abb. 2.4.17 und Abb. 2.4.19).

Die intuitive Visualisierung der zu bearbeitenden Objekte wird vervollständigt durch dreidimensionale Objekte der Klasse METAPHER „SACHOBJEKT“. Sie repräsentieren innerhalb der virtuellen Welt die Objekte der realen Welt, die wiederum im MODELL „SACHOBJEKTE“ innerhalb der ARIS-Leistungssicht dokumentiert sind.

Schließlich muß die VR-GESTÜTZTE UNTERNEHMUNGSVISUALISIERUNG auch solche Objekte integrieren, die Bearbeitungswerkzeuge repräsentieren. Diese sind im MODELL „BEARBEITUNGSWERKZEUGE“ beschrieben, das zwischen INFORMATIONSVERARBEITENDEN und MATERIALTRANSFORMIERENDEN SYSTEMEN unterscheidet. Für jedes Objekt dieser beiden Klassen gibt es genau eine Repräsentation innerhalb der VR-Unternehmungsdarstellung. Diese werden in den Klassen METAPHER „INFORMATIONS-

VERARBEITENDES SYSTEM“ und METAPHER „MATERIALTRANSFORMIERENDES SYSTEM“ zusammengefaßt.

2.4.4 Beschreibungssprache zur interaktiven Geschäftsprozeßerhebung

Abb. 2.4.16 ordnet die Beschreibungssprache der interaktiven Geschäftsprozeßerhebung in das methodische Rahmenkonzept ein.

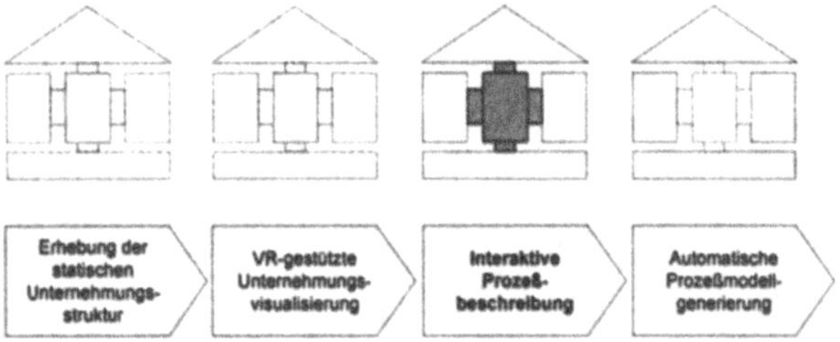

Abb. 2.4.16: Einordnung in das Rahmenkonzept der interaktiven Geschäftsprozeßmodellierung

Innerhalb der im vorangegangenen Abschnitt beschriebenen VR-gestützten Unternehmungsvisualisierung kann nun die interaktive Geschäftsprozeßbeschreibung durch die am betrachteten Ablauf beteiligten Mitarbeiter erfolgen. Dies geschieht dadurch, daß sich die Mitarbeiter entsprechend der Notwendigkeiten des darzustellenden Prozesses innerhalb der virtuellen Umgebung analog zu ihrer realen Arbeitsumgebung bewegen und mit den darin befindlichen virtuellen Objekten und Bearbeitungswerkzeugen interagieren. Darüber hinaus können sie mit den ebenfalls in der virtuellen Welt befindlichen Mitarbeitern, repräsentiert durch Avatare, kommunizieren. Eine Interaktion mit einem virtuellen Objekt, Werkzeug oder Avatar wird generell durch Mausklick auf die entsprechende Metapher ausgelöst und bedeutet das Ausfüllen eines sich öffnenden zweidimensionalen Dialogfensters. Mit Ausnahme der ARCHITEKTURBAUSTEINE für die Gebäude- und Innenarchitekturvisualisierung ermöglicht jede aus der Klasse der VR-OBJEKTE abgeleitete Unterklasse eine andere Form der Interaktion. Diese werden im Folgenden vorgestellt und bilden den Handlungsspielraum der interaktiven Geschäftsprozeßdokumentation. Eine Ausnahme stellen lediglich die Möglichkeiten zur Beschreibung alternativer Prozeßbearbeitungen dar (vgl. Abschnitt 2.4.4.6).

2.4.4.1 Systemgestützte Informationsverarbeitung

Abb. 2.4.17 zeigt ein Beispiel einer Benutzerinteraktion mit einem virtuellen PC-Arbeitsplatz zur Dokumentation einer DV-gestützten informationsverarbeitenden Tätigkeit. Das im Vordergrund befindliche zweidimensionale Dialogfenster ermöglicht dem Benutzer zum einen die Auswahl des einzusetzenden Anwendungssystems und zum anderen die Auswahl des zu bearbeitenden elektronischen Dokumentes. Zur Unterstützung dieser Selektionen dienen je eine hierarchische Baumdarstellung der zur Verfügung stehenden Systeme und Dokumente. Inhalt und Struktur der beiden Auswahlbäume entstammen zwei Modellen zur Dokumentation der statischen Unternehmungsstruktur, nämlich dem Modell „Informationsverarbeitende Systeme“ und dem Modell „Elektronische Dokumente“. In Abhängigkeit vom Detaillierungsgrad dieser beiden Modelle ermöglichen die beiden Auswahlbäume die Selektion einer Anwendungssystemklasse, eines einzelnen Anwendungssystems, des eingesetzten Moduls, der bearbeiteten Maske oder der durchgeführten Transaktion. Entsprechendes gilt für Dateien, die entweder zu größeren Einheiten gruppiert oder zu kleineren Einheiten bis auf die Ebene des abgespeicherten Inhalts segmentiert sein können. Sollte einer der beiden Auswahlbäume das benötigte Anwendungssystem oder elektronische Dokument nicht oder nur auf einer zu groben Detaillierungsstufe anbieten, bietet der Dialog dem Benutzer die Möglichkeit, einen entsprechenden Eintrag zu generieren und in den Baum einzuhängen.

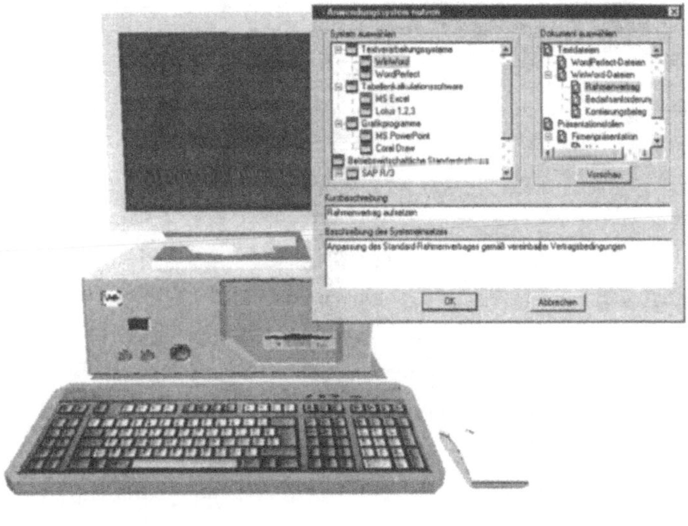

Abb. 2.4.17: Systemgestützte Informationsverarbeitung (Beispiel)

Neben der Angabe des einzusetzenden Informationssystems und des bearbeiteten Informationsobjektes rundet eine textuelle Beschreibung der durchzuführenden Tätigkeit die Dokumentation eines einzelnen Prozeßschrittes (Funktion) ab und ordnet ihr gleichzeitig eine semantische Bedeutung zu. Die Textbeschreibung sollte in einer Kurz- und einer Langfassung erfolgen.

Das Meta-Modell in Abb. 2.4.18 faßt die Interaktionsmöglichkeiten zur Beschreibung einer systemgestützten Informationsverarbeitung zusammen: Ein Mitarbeiter, beschrieben in einer Ausprägung der Klasse MODELL „AUFBAUORGANISATION", aktiviert zu einem bestimmten Zeitpunkt ein VR-OBJEKT, das beispielsweise ein Informationssystem innerhalb der VR-gestützten Unternehmungsvisualisierung repräsentiert. Eine solche Aktion wird beschrieben als eine Instanz der Klasse AKTIVIERUNG, welche die uminterpretierte Assoziation zwischen den Klassen MITARBEITER, METAPHER „INFORMATIONS-VERARBEITENDES SYSTEM" und ZEIT repräsentiert.

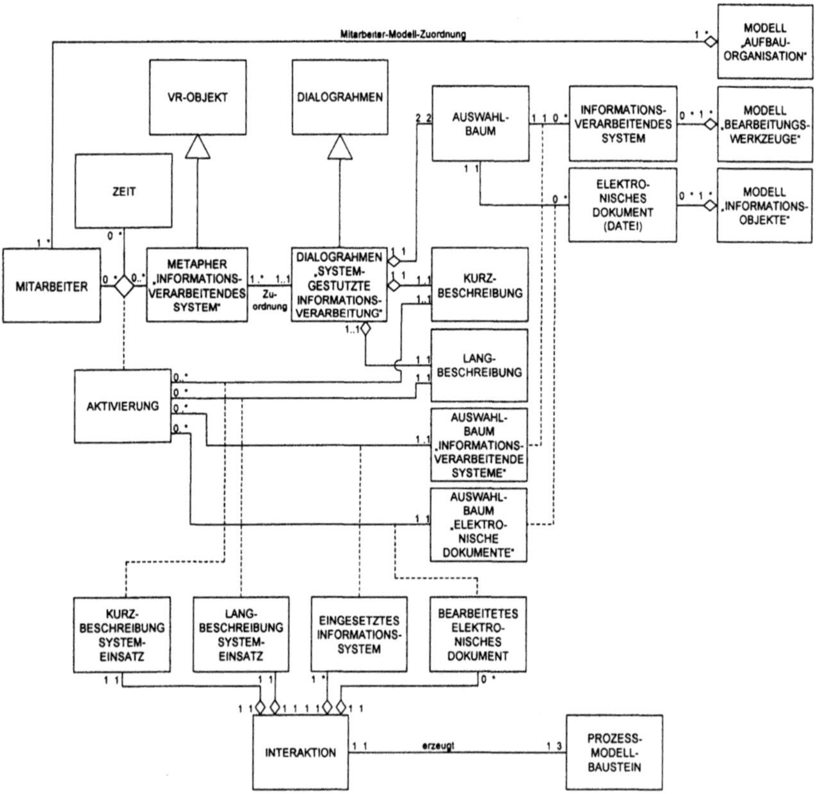

Abb. 2.4.18: Meta-Modell systemgestützte Informationsverarbeitung

Logisch verknüpft mit der aktivierten VR-Metapher ist der DIALOGRAHMEN „SYSTEM-GESTÜTZTE INFORMATIONSVERARBEITUNG", im Meta-Modell dargestellt als Spezialisierung der Klasse DIALOGRAHMEN. Dieser spezielle Dialograhmen setzt sich zusammen aus zwei AUSWAHLBÄUMEN sowie je einem Textfeld für eine KURZ- und eine

LANGBESCHREIBUNG der zu dokumentierenden Tätigkeit. Die beschriebene AKTIVIERUNG der VR-Metapher durch den Benutzer öffnet aber nicht einen leeren Dialograhmen, sondern ein Dialogfenster, dessen beide AUSWAHLBÄUME mit INFORMATIONSVERARBEITENDEN SYSTEMEN und ELEKTRONISCHEN DOKUMENTEN gefüllt sind, die wiederum im MODELL „BEARBEITUNGSWERKZEUGE“ und im MODELL „INFORMATIONSOBJEKTE“ beschrieben sind. Die eigentliche Benutzerinteraktion setzt sich schließlich zusammen aus dem Eintragen der KURZ- und LANGBESCHREIBUNG des SYSTEMEINSATZES in das Dialogfenster, der Selektion des EINGESETZTEN INFORMATIONSSYSTEMS und der Auswahl des BEARBEITETEN ELEKTRONISCHEN DOKUMENTES. Dieser Zusammenhang wird im Meta-Modell ausgedrückt durch die vier Part-of-Beziehungen der Klasse INTERAKTION zu den genannten Klassen.

Von besonderer Bedeutung für die Auswertung der interaktiven Geschäftsprozeßbeschreibung ist letztendlich die Tatsache, daß jede Ausprägung einer INTERAKTION mindestens einen, aber maximal drei PROZESSBAUSTEINE innerhalb der zu generierenden semi-formalen Prozeßdarstellung erzeugt (vgl. Abschnitt 2.4.5.1 und Abschnitt 2.5.4.4).

2.4.4.2 Manuelle Informationsverarbeitung

Die interaktive Dokumentation einer informationsverarbeitenden Funktion ohne DV-Unterstützung beschränkt sich auf die Auswahl des zu bearbeitenden Papierdokumentes sowie auf eine Kurz- und Langbeschreibung der durchzuführenden Tätigkeit. Abb. 2.4.19 zeigt eine mögliche VR-Metapher für Papierdokumente und ein geöffnetes Dialogfenster zur Selektion und Eingabe der beschriebenen Informationen.

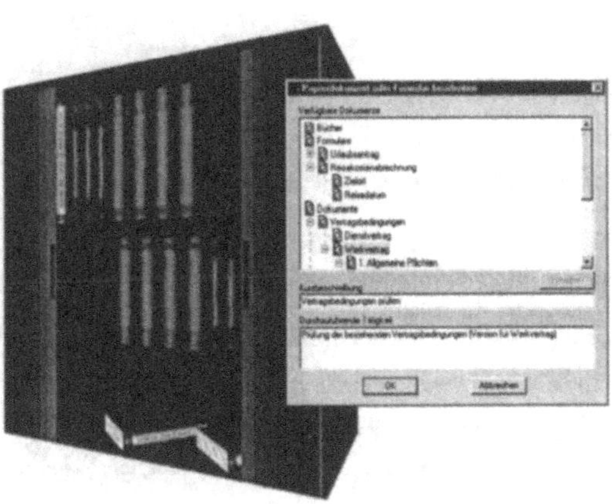

Abb. 2.4.19: Manuelle Informationsverarbeitung (Beispiel)

Der eingeblendete Auswahlbaum zur Selektion des bearbeiteten Dokumentes wird aus dem Teil des Strukturmodells „Informationsobjekte" gefüllt, der papierbasierte Dokumente beschreibt. Darüber hinaus bietet der Dialog dem Benutzer die Möglichkeit, nicht erfaßte Dokumente oder Dokumentteile nachträglich in die Baumdarstellung einzufügen. Abb. 2.4.20 zeigt das Meta-Modell zur formalen Beschreibung der Interaktionsmöglichkeiten zur Dokumentation manueller Informationsverarbeitung. Es kann leicht aus dem Klassendiagramm der Abb. 2.4.18 zur Beschreibung systemgestützter Informationsverarbeitung abgeleitet werden.

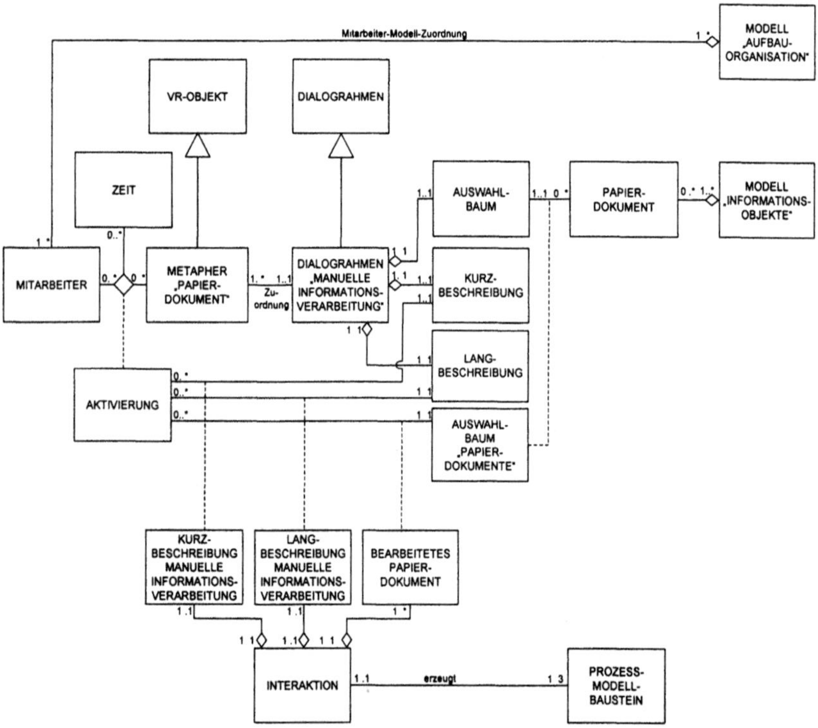

Abb. 2.4.20: Meta-Modell manuelle Informationsverarbeitung

2.4.4.3 Werkzeuggestützte und manuelle Materialverarbeitung

Tätigkeiten im Umfeld einer werkzeuggestützten oder manuellen Bearbeitung von Sachobjekten werden prinzipiell analog zu Aktivitäten im Umfeld der DV-gestützten oder manuellen Informationsverarbeitung beschrieben. Unterschiedlich sind natürlich die VR-Metaphern zur Aktivierung der entsprechenden Dialoge. Im Falle der werkzeuggestützten Materialbearbeitung müssen entsprechende Maschinen innerhalb einer virtuellen Fertigungsumgebung visualisiert werden, im Falle einer manuellen Bearbeitung die zu bearbeitenden Objekte, d.h. Materialien, Einzelteile oder Baugruppen.

Im ersten Fall ermöglicht das geöffnete Dialogfenster neben einer Beschreibung der durchzuführenden Tätigkeit die Selektion der eingesetzten Maschine oder des eingesetzten Werkzeuges sowie die Auswahl des zu bearbeitenden Objektes. Im zweiten Fall unterstützt der Dialog lediglich die Selektion des Bearbeitungsobjektes. In beiden Fällen stammen die Inhalte der Auswahlbäume zur Selektion des bearbeiteten Objektes aus dem Strukturmodell in Form eines Produktbaumes zur Beschreibung der Sachobjekte. Die Inhalte des Baumes zur Selektion des eingesetzten Bearbeitungswerkzeuges entstammen demjenigen Teil des Strukturmodells zur Dokumentation der verfügbaren Werkzeuge, das die materialtransformierenden Systeme enthält.

Die Struktur der entsprechenden Meta-Modelle zur detaillierten Spezifikation der grob beschriebenen Interaktionsmöglichkeiten im Rahmen der werkzeuggestützten und manuellen Materialverarbeitung ist vollkommen analog zur der der Klassendiagramme in Abb. 2.4.18 und Abb. 2.4.20. Aus diesem Grund soll auf die Abbildung dieser beiden Modelle an dieser Stelle verzichtet werden.

2.4.4.4 Face-to-face-Kommunikation

Nicht jede Tätigkeit im Verlauf eines betrieblichen Prozesses betrifft die Bearbeitung von Informations- oder Sachobjekten. Aus diesem Grund stellt die Beschreibungssprache der interaktiven Prozeßerhebung auch Sprachkonstrukte zur Dokumentation von Aktivitäten bereit, die nicht mit einem Bearbeitungsobjekt oder –werkzeug in Verbindung gebracht werden können. Zu diesen Aktivitäten gehören neben kognitiven Tätigkeiten auch die Kommunikation zwischen den am betrachteten Geschäftsprozeß beteiligten Mitarbeitern. Abb. 2.4.21 zeigt die Interaktionsmöglichkeiten zur Beschreibung einer Face-to-face-Kommunikation mit einem Mitarbeiter, der innerhalb der VR-gestützten Unternehmungsvisualisierung durch einen entsprechenden Avatar repräsentiert wird. Aufgrund der grafischen Unzulänglichkeiten in Bezug auf die Visualisierung von Menschen innerhalb einer computergenerierten künstlichen Welt müssen die Avatare um ein zweidimensionales Dialogfenster mit entsprechenden Bild- und Textinformationen ergänzt werden. Dadurch kann die eindeutige Identifikation des betrachteten Avatars mit dem durch ihn repräsentierten Mitarbeiter gewährleistet werden.

Gleichzeitig bietet das Dialogfenster die Möglichkeit zur Beschreibung der Kommunikation zwischen dem Akteur, der die Interaktion ausgelöst hat, und dem Mitarbeiter, der durch den

„angesprochenen“ Avatar repräsentiert wird. Hierzu stehen zwei Dialogfelder für eine Kurz- und eine Langbeschreibung des (unidirektionalen) „Gespräches“ bereit.

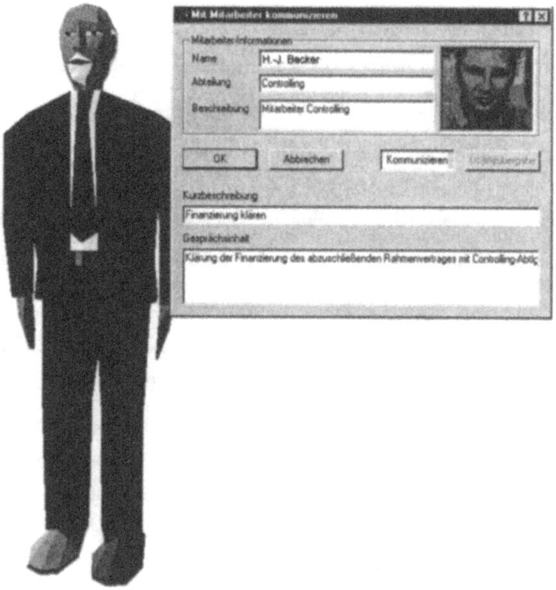

Abb. 2.4.21: Face-to-face-Kommunikation aus Sicht des Absenders (Beispiel)

Das im Unterkapitel 3.3 dieser Arbeit vorgestellte System IMPROVE sendet im Anschluß an diese Interaktion eine Nachricht mit dem beschriebenen Gesprächsinhalt an den ausgewählten Kommunikationspartner. Dieser kann seinerseits in Abhängigkeit von der empfangenen Nachricht und analog zum realen Geschäftsablauf mit eigenen Interaktionen innerhalb der virtuellen Welt reagieren. Abb. 2.4.22 zeigt die grafische Repräsentation einer solchen Nachricht auf der Seite des Empfängers. Aus einer zweidimensionalen Liste kann der Benutzer die gewünschte Nachricht auswählen, sich über den Inhalt informieren und entscheiden, ob die Nachricht ignoriert wird oder ob sie Auslöser eines mit den dargestellten Mitteln der interaktiven Prozeßbeschreibung zu dokumentierenden Teilprozesses ist.

Abb. 2.4.23 zeigt das Meta-Modell der Face-to-face-Kommunikation, das analog zu den bisherigen Meta-Modellen der interaktiven Geschäftsprozeßdokumentation aus der obigen Beschreibung abgeleitet werden kann.

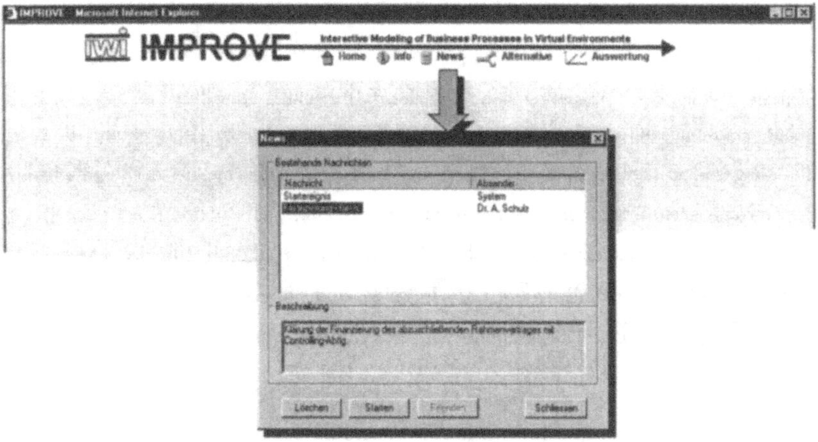

Abb. 2.4.22: Face-to-face-Kommunikation aus Sicht des Empfängers (Beispiel)

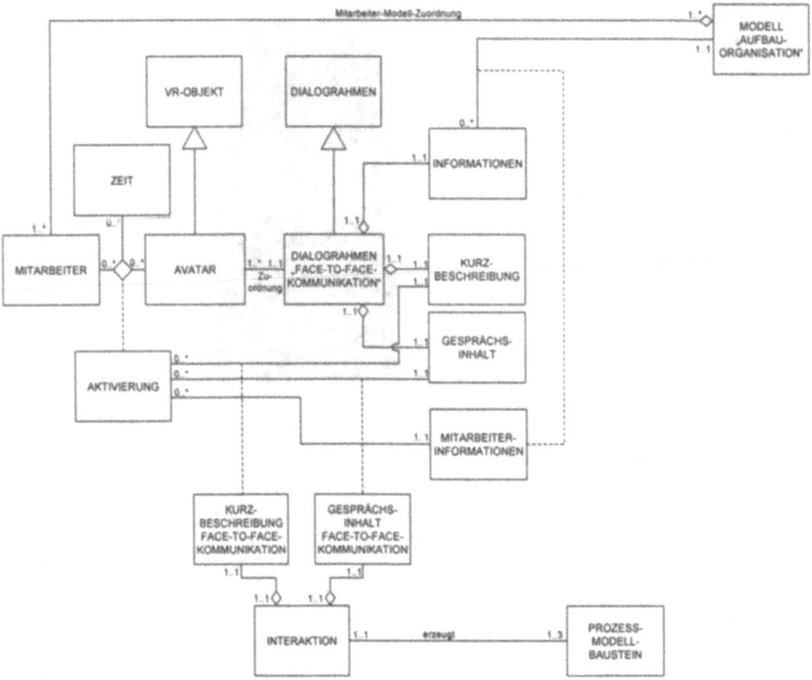

Abb. 2.4.23: Meta-Modell Face-to-face-Kommunikation

2.4.4.5 Telekommunikation

Neben der direkten Face-to-face-Kommunikation zwischen Mitarbeitern sind die verschiedensten Formen der Telekommunikation wichtiger Bestandteil aktueller Prozesse und mögliches Gestaltungsmittel verbesserter Geschäftsabläufe. Vor diesem Hintergrund beinhaltet die VR-gestützte Unternehmungsvisualisierung auch geeignete Objekte zur Repräsentation der verschiedenen Telekommunikationsgeräte, wie Telefon und Telefax. Die Beschreibung elektronischen Nachrichtenverkehrs durch E-Mail-Systeme erfolgt mit Hilfe der Interaktionsmöglichkeiten zur Dokumentation des Einsatzes von Informationssystemen (vgl. Abschnitt 2.4.4.1). Abb. 2.4.24 demonstriert die Nutzung eines virtuellen Telefons zur Beschreibung eines Telefonats im Verlauf eines zu dokumentierenden Geschäftsprozesses.

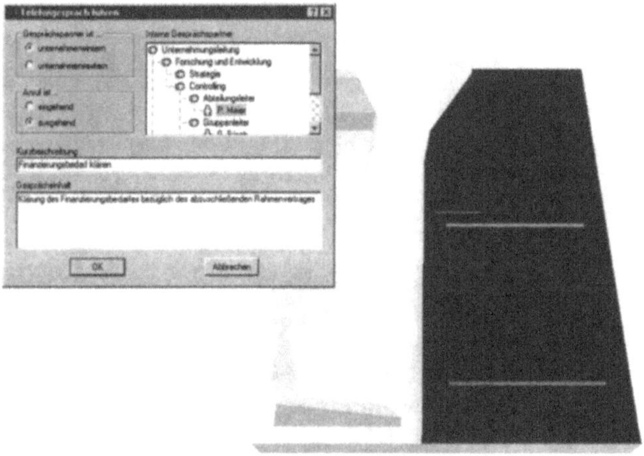

Abb. 2.4.24: Telekommunikation (Beispiel)

Das zweidimensionale Dialogfenster bietet die Möglichkeit zur Unterscheidung unternehmungsinterner und -externer sowie ein- und ausgehender Telefongespräche. Die eingebettete Darstellung des Organigramms als Teil des Strukturmodells zur Beschreibung der statischen Aufbauorganisation ermöglicht die Selektion des (Tele-)Kommunikationspartners auf der Ebene von Organisationseinheiten, Stellen oder konkreten Mitarbeitern. Zwei weitere Dialogfelder bieten schließlich die Möglichkeit zur textuellen Beschreibung des Telefongesprächs. Analog zur Face-to-face-Kommunikation löst die hier beschriebene Interaktion eine durch das System IMPROVE zu versendende Nachricht an den ausgewählten Mitarbeiter aus. Im Falle einer selektierten Stelle oder Organisationseinheit geht die Nachricht an all diejenigen Mitarbeiter, welche die selektierte Stelle besetzen oder zur ausgewählten Organisationseinheit gehören. Abb. 2.4.25 zeigt das Meta-Modell zur formalen Spezifikation der beschriebenen Interaktionsmöglichkeiten im Zusammenhang mit Arbeitsschritten, die einer Telekommunikation bedürfen. Es läßt sich leicht aus dem in Abb. 2.4.24 dargestellten Dialogfenster ableiten.

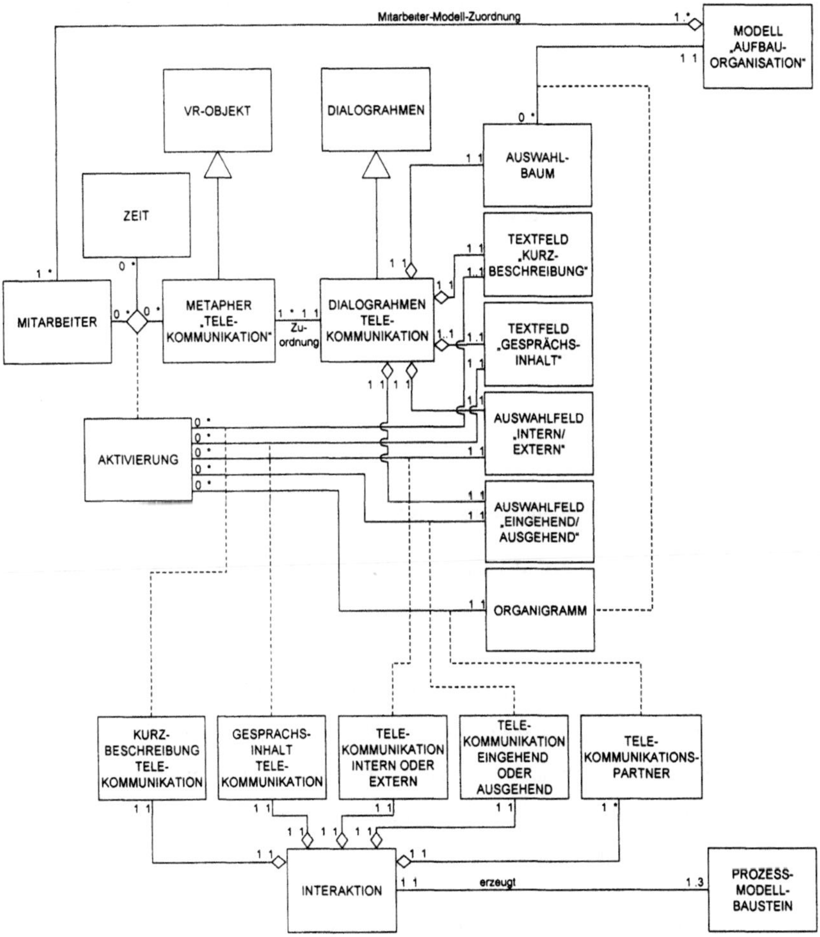

Abb. 2.4.25: Meta-Modell Telekommunikation

2.4.4.6 Alternative Geschäftsprozeßbearbeitung

Während eines betrieblichen Ablaufs können sich für die verantwortlichen Mitarbeiter zu bestimmten Zeitpunkten alternative Bearbeitungsmöglichkeiten ergeben. Welche der möglichen Alternativen letztendlich zum Einsatz kommt, hängt in der Regel vom aktuellen Status des betrachteten Geschäftsprozesses, d.h. vom Teilergebnis des vorangegangenen Teilprozesses, ab. Abb. 2.4.26 demonstriert die Schritte, die notwendig sind, um mit Hilfe des IMPROVE-Systems (vgl. Unterkapitel 3.3) die Beschreibung alternativer Teilprozesse anzustoßen.

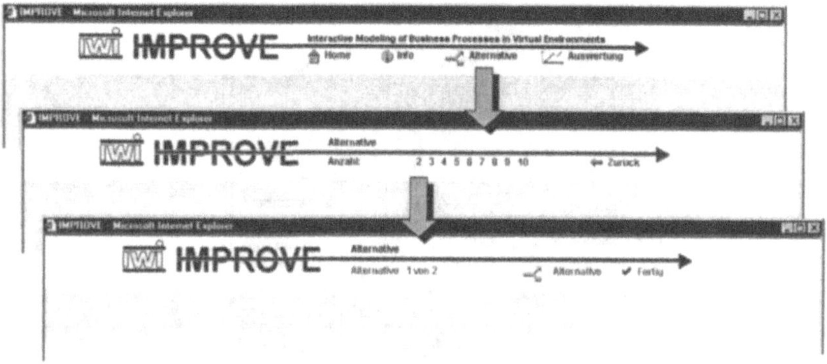

Abb. 2.4.26: Alternative Geschäftsprozeßbearbeitung (Beispiel)

Ausgelöst durch Auswahl des Menüpunktes „Alternative" wird in einem Untermenü die Anzahl der zu beschreibenden alternativen Prozeßbearbeitungen angegeben. Im Anschluß daran werden die einzelnen Prozeßalternativen sequenziell mit Hilfe der in den letzten Abschnitten vorgestellten Möglichkeiten der interaktiven Prozeßbeschreibung dokumentiert. Zur Trennung der einzelnen Alternativen muß durch den Benutzer im selben Menü das Ende einer jeden Prozeßalternative angezeigt werden. Das System erlaubt durch die Möglichkeit des rekursiven Aufrufs des Menüpunktes „Alternative" auch die Beschreibung ineinander verschachtelter Geschäftsprozeßalternativen.

2.4.5 Beschreibungssprachen zur Geschäftsprozeßdokumentation

Die Einordnung der Beschreibungssprachen zur Dokumentation der interaktiv beschriebenen Geschäftsprozesse in das Rahmenkonzept der interaktiven Geschäftsprozeßmodellierung zeigt Abb. 2.4.27.

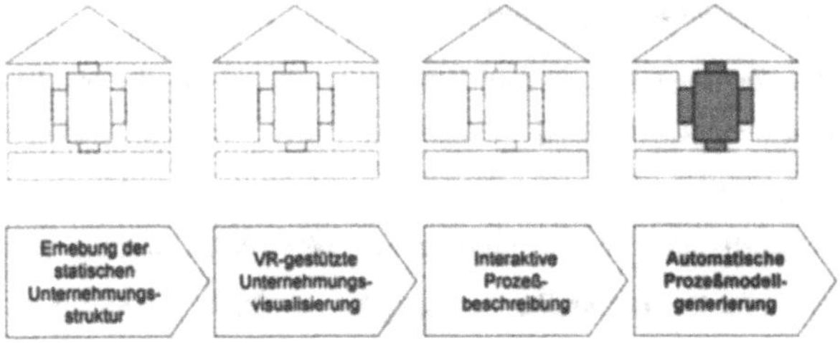

Abb. 2.4.27: Einordnung in das Rahmenkonzept der interaktiven Geschäftprozeßmodellierung

Zur Weiterverwendung des durch die interaktive Prozeßbeschreibung gewonnenen Wissens über die betrieblichen Abläufe ist es notwendig, dieses Wissen auf zweierlei Arten zu dokumentieren. Auf der einen Seite muß das Prozeßwissen in eine intuitive Visualisierungsform überführt werden, die es insbesondere denjenigen Mitarbeitern ermöglicht, an der Analyse und Verbesserung der betrachteten Geschäftsprozesse aktiv teilzunehmen, die mit formalen oder semi-formalen Prozeßbeschreibungssprachen nicht vertraut sind. Vor allem diesem Personenkreis dienen die am Ende dieses Unterkapitels beschriebene VR-gestützte Animation und Visualisierung der zu untersuchenden Geschäftsprozesse als wichtige Hilfestellung.

Auf der anderen Seite kann nur eine formale oder semi-formale Beschreibungssprache Input für eine werkzeug- oder expertengestützte Schwachstellenanalyse der interaktiv beschriebenen Unternehmungsabläufe sein. Auch der Abgleich dieser Prozesse mit möglicherweise vorhandenen Branchenreferenzmodellen kann nur dann effektiv, d.h. systemgestützt, erfolgen, wenn sowohl das Referenzmodell, als auch die betrachteten Abläufe in einer ähnlich formalen Sprache dokumentiert sind. Schließlich können auch nur solche Modelle den Kontroll- und Informationsfluß mit Hilfe eines Workflow-Management-Systems steuern, die bestimmten formalen Modellierungskriterien genügen.[229] Im Rahmen dieser Arbeit wird als wichtiger Vertreter semi-formaler Prozeßmodellierungsmethoden die eEPK[230] betrachtet. Modelle diesen Typs werden auch von dem in Unterkapitel 3.3 vorgestellten Werkzeug IMPROVE auf Basis einer vorangegangenen interaktiven Prozeßbeschreibung automatisch generiert.

---

229 Vgl. Galler, Vom Geschäftsprozeßmodell zum Workflowmodell 1997.

230 Vgl. Keller/Nüttgens/Scheer, Semantische Prozeßmodellierung 1992 und Hoffmann/Kirsch/Scheer, Modellierung mit Ereignisgesteuerten Prozeßketten 1993.

2.4.5.1 *Erweiterte Ereignisgesteuerte Prozeßkette*

Abb. 2.4.28 zeigt eine eEPK, die vom System IMPROVE im Anschluß an die im Abschnitt 2.4.4 demonstrierten Benutzerinteraktionen erzeugt wurde. Das erste Funktionsobjekt „Finanzierungsbedarf klären", das Telefonobjekt und die assoziierten Stellenobjekte zusammen mit dem sich anschließenden Ereignis und dem logischen UND-Konnektor sind die semi-formale Repräsentation der interaktiven Beschreibung des Telefonats in Abb. 2.4.24. Die beiden parallelen Funktionen „Vertragsbedingungen prüfen" und „Finanzierung klären" sowie die jeweils um sie angeordneten Objekte sind das Ergebnis der Benutzerinteraktionen zur Dokumentation manueller Informationsverarbeitung (vgl. Abb. 2.4.19) und direkter Face-to-face-Kommunikation (vgl. Abb. 2.4.21). Die letzte Funktion „Rahmenvertrag aufsetzen" dokumentiert eine systemgestützte Informationsverarbeitung, beschrieben durch Interaktion mit dem in Abb. 2.4.17 dargestellten virtuellen PC-Arbeitsplatz.

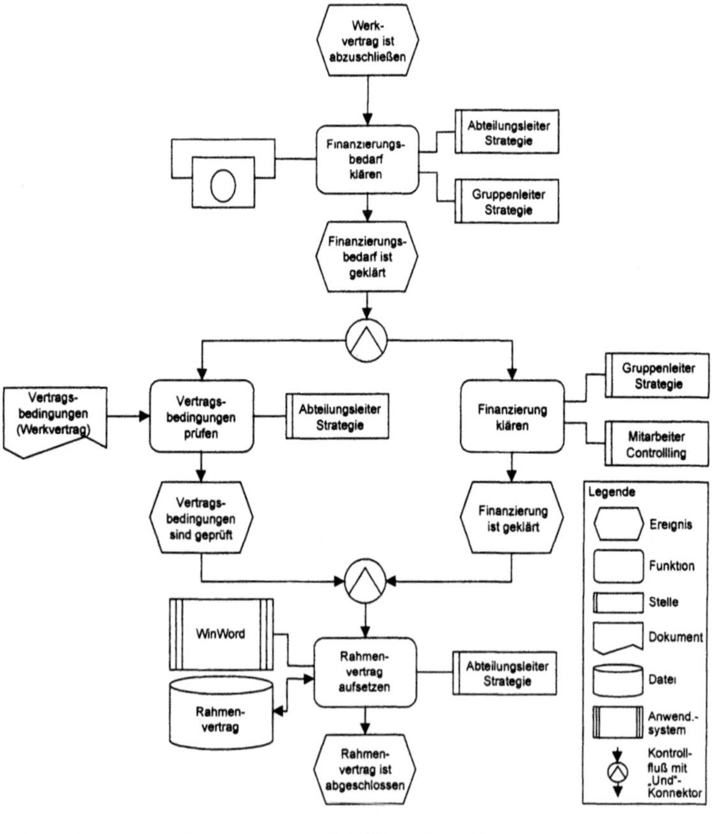

Abb. 2.4.28: Erweiterte Ereignisgesteuerte Prozeßkette (Beispiel)

Das Meta-Modell der eEPK in Abb. 2.4.29 spezialisiert die Klasse der möglichen PROZESSMODELLBAUSTEINE in die Subklassen EREIGNIS, LOGISCHER KONNEKTOR und FUNKTIONSZUORDNUNGSDIAGRAMM. Instanzen dieser Klassen werden jeweils durch genau eine INTERAKTION während der interaktiven Prozeßbeschreibung erzeugt. Die Frage, welche Objekte durch welche Interaktionen generiert werden, wird im Verlauf der Beschreibung des IMPROVE-Systems in Unterkapitel 3.3 beantwortet. Ein Funktionszuordnungsdiagramm umfaßt neben der betrachteten Funktion sämtliche Objekte, die dieser Funktion über Kanten zugeordnet sind (vgl. Abb. 2.4.28).

Die Assoziation einfacher Kardinalität zwischen den Klassen EREIGNIS und FUNKTION repräsentiert die Auslösung einer Funktion durch ein vorangegangenes Ereignis oder die Erzeugung eines Ereignisses als Ergebnis einer vorangegangenen Funktion. Löst ein Ereignis mehrere Funktionen aus, können alternative Ereignisse das Ergebnis einer Funktion sein oder ist das Eintreten mehrerer Ereignisse Voraussetzung für den Start einer oder mehrerer Funktionen, dann wird ein logischer Konnektor (UND, ODER bzw. EXKLUSIVES ODER) benötigt, um die Beziehung näher zu beschreiben. Dies wird im Meta-Modell durch die Klasse LOGISCHER KONNEKTOR und ihre Assoziationen zu den Klassen EREIGNIS und FUNKTION beschrieben.

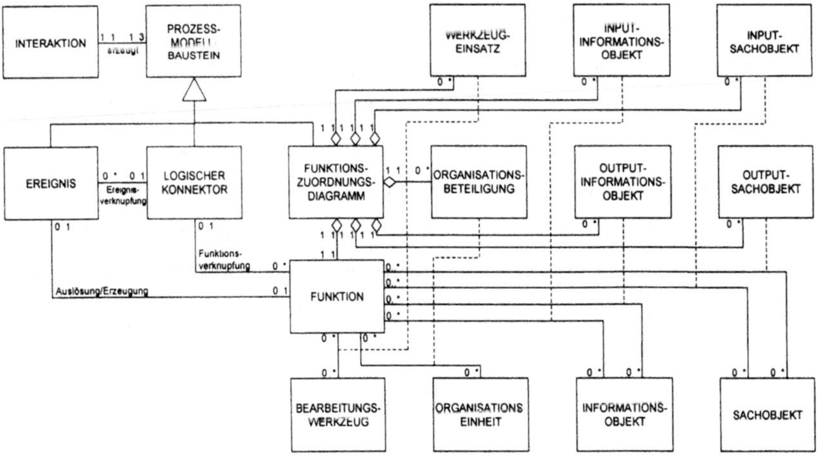

Abb. 2.4.29: Meta-Modell erweiterte Ereignisgesteuerte Prozeßkette[231]

Die Klasse FUNKTIONSZUORDNUNGSDIAGRAMM zusammen mit den über Part-of-Beziehungen assoziierten Klassen FUNKTION, ORGANISATIONSBETEILIGUNG,

231 In Anlehnung an Scheer, ARIS – Modellierungsmethoden, Metamodelle, Anwendungen 1998, S. 128.

WERKZEUGEINSATZ, INPUT- und OUTPUT INFORMATIONSOBJEKT bzw. INPUT- und OUTPUTSACHOBJEKT repräsentiert den zentralen Prozeßmodellbaustein bei der automatischen Generierung der eEPKs. Ausprägungen dieser Klasse entsprechen genau einer INTERAKTION innerhalb der VR-gestützten Unternehmungsvisualisierung. Die über Part-of-Beziehungen verbundenen Klassen sind das Ergebnis von Uminterpretationen der Assoziationen zwischen der Klasse FUNKTION und den Klassen ORGANISATIONS-EINHEIT, BEARBEITUNGSWERKZEUG, INFORMATIONS- und SACHOBJEKT.

2.4.5.2 Virtual Reality-gestützte Geschäftsprozeßanimation

Eine erste Möglichkeit einer informalen, aber intuitiven Beschreibung von Geschäftsprozessen besteht in deren Animation mit Hilfe von VR-Technologien.[232] Diese Animationen werden durch eine Software-Komponente des IMPROVE-Systems (vgl. Abschnitt 3.3.1.6) für diejenigen Prozesse generiert, die mit Hilfe dieses Systems interaktiv beschrieben wurden. Damit beschränken sich die Einsatzmöglichkeit der VR-gestützten Geschäftsprozeßanimation auf diese Detailprozesse. Das Meta-Modell der interaktiven Geschäftsprozeßmodellierung in Abb. 2.4.1 beschreibt den Zusammenhang zwischen den Benutzerinteraktionen innerhalb der VR-gestützten Unternehmungsvisualisierung und den erzeugten Animationsbausteinen als Teil der gesamten Prozeßanimation durch die Assoziation zwischen den Klassen INTER-AKTION und PROZESSANIMATIONSBAUSTEIN.

Die erzeugten Animationen erlauben die Betrachtung des Geschäftsablaufes aus der Perspektive jeweils eines am realen Prozeß und seiner interaktiven Beschreibung beteiligten Mitarbeiters. Eine VR-gestützte realitätsnahe Animation des gesamten Geschäftsprozessess aus einer neutralen Perspektive ist aufgrund der möglichen parallelen oder alternativen Bearbeitungspfade in der Regel nicht möglich. Sollte es sich allerdings um einen rein sequentiellen Ablauf handeln, dann ergibt die Hintereinanderverkettung der Einzelanimationen eine vollständige Animation des Gesamtprozesses.

---

[232] Vgl. hierzu die Ausführungen in Abschnitt 1.3.4.11 sowie Leinenbach/Scheer, Geschäftsprozeßvisualisierung 1996; Gausemeier/Bohuszewicz/Grafe, Simulation und Visualisierung von Prozessen 1998 und Krallmann/Gu/Mitritz, ProVision^{3D} 1999.

2.4.5.3 *Virtual Reality-gestützte Geschäftsprozeßvisualisierung*

Die Einsatzmöglichkeiten der VR-gestützten Geschäftsprozeßvisualisierung beschränken sich dagegen nicht allein auf solche Abläufe, die in einer VR-gestützten Unternehmungsvisualisierung interaktiv beschrieben wurden. Die im Rahmen dieses Abschnitts vorgestellte Visualisierungsmethode und die in Unterkapitel 3.4 beschriebene Werkzeugunterstützung durch das System VISIER ermöglichen eine intuitive Beschreibung von Geschäftsprozessen, die mit Hilfe einer formalen oder semi-formalen Beschreibungssprache dokumentiert sind. Das Werkzeug VISIER überführt Prozeßmodelle vom Typ Wertschöpfungskettendiagramm (WKD) oder eEPK in eine dreidimensionale und leicht verständliche Darstellung. Damit lassen sich Geschäftsprozeßmodelle einer jeden Granularität anschaulich visualisieren.

Abb. 2.4.30 beschreibt das Rahmenkonzept der VR-gestützten Geschäftsprozeßvisualisierung. Ausgangspunkt für dessen Entwicklung sind die Probleme beim Verständnis formaler oder semi-formaler Prozeßbeschreibungen insbesondere durch methodenunerfahrene Mitarbeiter. Wie bereits ausgeführt, lassen sich diese Probleme im Wesentlichen auf die hohe Komplexität der Prozeßmodelle selbst und den hohen Abstraktionsgrad der verwendeten Sprachelemente zurückführen (vgl. Abschnitt 1.2.1 und Abschnitt 1.2.2). Insbesondere unter Betrachtung dieser beiden Problemfaktoren wurde VR als geeignete Visualisierungstechnologie gewählt. Beispielsweise kann dem hohen Abstraktionsgrad gängiger Prozeßbeschreibungssprachen durch den Einsatz neuer dreidimensionaler VR-Metaphern begegnet werden (vgl. Abb. 2.4.31).

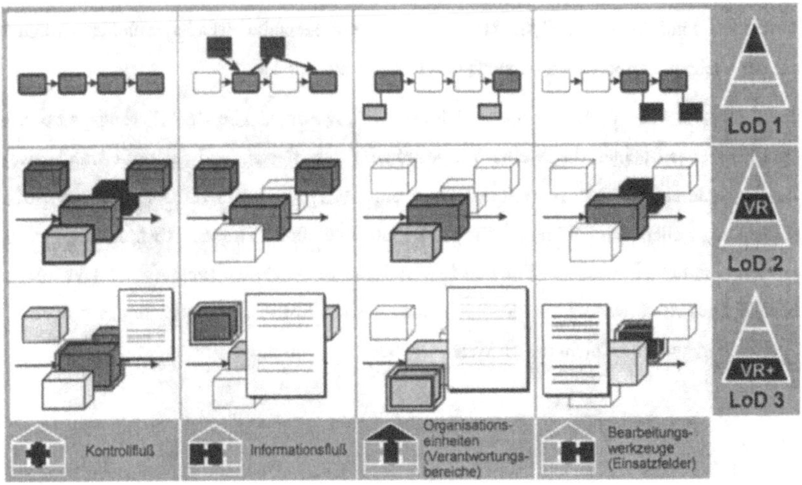

Abb. 2.4.30: Rahmenkonzept der Virtual Reality-gestützten Geschäftsprozeßvisualisieurng

Zur Reduzierung der Modellkomplexität wird ein für VR typisches Verfahren zur Vereinfachung dreidimensionaler Szenarien eingesetzt. Dieses sogenannte Level-of-Detail (LoD)-Verfahren definiert die erste Dimension des in Abb. 2.4.30 grafisch dargestellten Visualisierungskonzeptes. Im ursprünglichen Sinne dienen LoD-Verfahren innerhalb von VR-Anwendungen zur Vereinfachung der Geometrie insbesondere der in der virtuellen Umgebung für den jeweiligen Betrachter weiter entfernten und damit ohnehin schlechter zu erkennenden Objekte. Diese Vereinfachung bedeutet im Wesentlichen eine Polygonzahlreduzierung in der Darstellung der betroffenen Objekten und dient in erster Linie der beschleunigten Einzelbildberechnung während der interaktiven Echtzeit-Navigation durch die virtuelle Welt.

Vor dem Hintergrund der Visualisierung von Geschäftsprozessen innerhalb virtueller Umgebungen ermöglicht der Einsatz einer Variante des beschriebenen LoD-Verfahrens die Reduzierung der Komplexität der dargestellten Prozeßmodelle: In Abhängigkeit von der Entfernung des Betrachters zu den im dreidimensionalen Raum abgebildeten Modellen sind mehr oder weniger Objekte sichtbar. Beispielsweise werden aus großer Entfernung nur die wesentlichen Elemente eines Geschäftsprozesses visualisiert. Im Falle einer Prozeßdarstellung durch eine eEPK sind dies Ereignisse, Funktionen, Kanten und Konnektoren. Diese Darstellung ist ausreichend, um einen Überblick über den Kontrollfluß innerhalb des betrachteten Geschäftsablaufes zu gewinnen. Erst bei Annäherung an eine bestimmte Funktion werden die verantwortlichen Organisationseinheiten, die eingesetzten Bearbeitungswerkzeuge sowie die zu bearbeitenden Sach- und Informationsobjekte eingeblendet. Dadurch werden zu einem Zeitpunkt immer nur die für den Betrachter interessanten Prozeßteile visualisiert und er wird nicht mit der Vielzahl der potentiell darstellbaren Objekte überfordert.

Das realisierte LoD-Verfahren berücksichtigt drei unterschiedliche Detaillierungsgrade, von denen die ersten beiden durch eine VR-gestützte Visualisierung und der dritte durch zweidimensionale Grafik- und Textinformationen unterstützt werden. In LoD 1, d.h. aus großer Entfernung, stellen sich Funktionen für den Benutzer auf ähnlich hohem Abstraktionsgrad wie bei herkömmlichen zweidimensionalen Beschreibungssprachen dar (vgl. Abb. 2.4.31, oberes Drittel). Dies ist notwendig, um die Darstellung des Kontrollflusses innerhalb des visualisierten Geschäftsprozesses nicht mit zu vielen Objekten zu überladen.

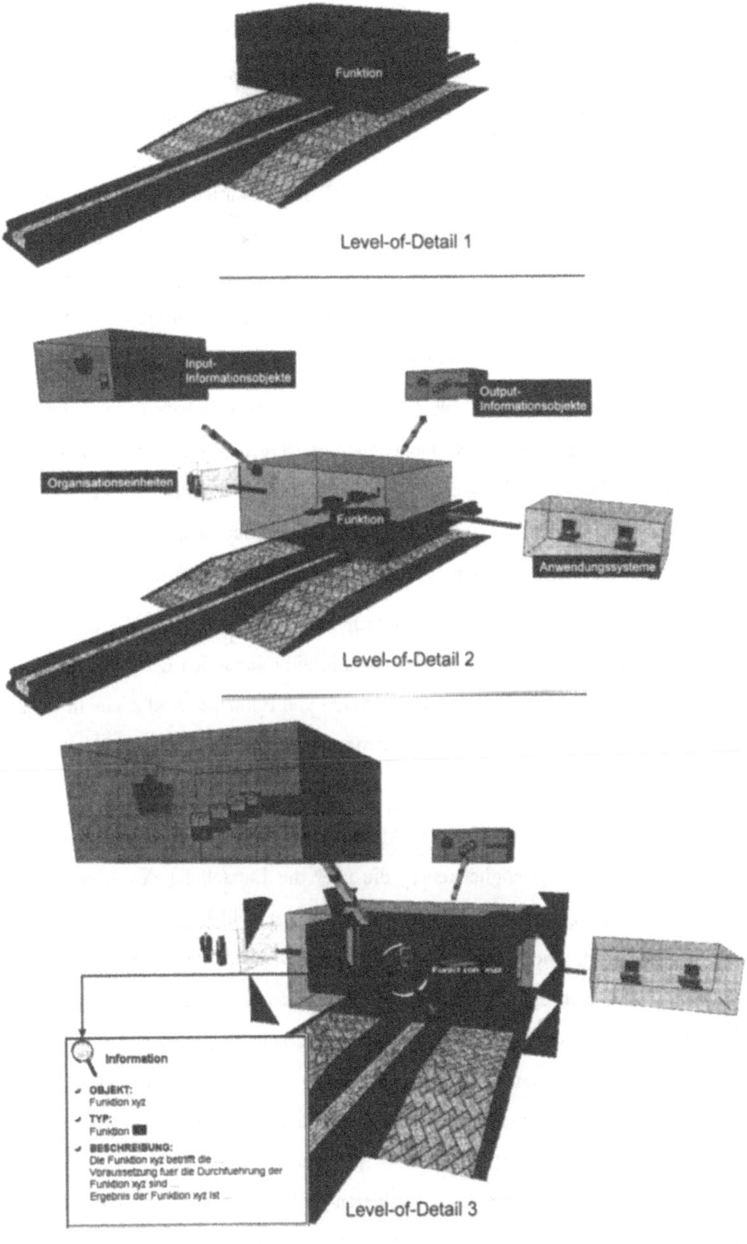

Abb. 2.4.31: Virtual Reality-gestützte Geschäftsprozeßvisualisierung (Beispiel)

Bei Annäherung des Benutzers an eine bestimmte Funktion werden zusätzliche Objekte eingeblendet, welche für den Überblick aus größerer Entfernung hinderlich wären, aber für die Detailbetrachtung der Funktion von besonderer Bedeutung sind (LoD 2). Diese zusätzlichen Objekte weisen mit Hilfe dreidimensionaler Metaphern aus der Erfahrungswelt des Mitarbeiters auf die organisatorische Verantwortlichkeit für die betrachtete Funktion, die eingesetzten Werkzeuge und die bearbeiteten Objekte hin (vgl. Abb. 2.4.31, mittleres Drittel). Die beschriebene Darstellung von Funktionen auf Level 2 ist für sämtliche Funktionen identisch, unabhängig von der Anzahl und vom Typ der tatsächlich erhobenen und zweidimensional modellierten Organisationseinheiten, Anwendungssysteme sowie Sach- und Informationsobjekte. Beispielsweise wird die organisatorische Verantwortlichkeit immer duch die in Abb. 2.4.31 dargestellte VR-Metapher und den darin befindlichen Avataren visualisiert.

Durch diese Vereinfachung bei der Visualisierung sollen die beschriebenen Details bezüglich Anzahl und Typ der einzelnen Objekte nicht ignoriert werden. Ziele dieser Vereinfachung sind vielmehr die Verbesserung des groben Verständnisses derjenigen Betrachter, die mit der Vielzahl der tatsächlich existierenden Objekttypen nicht vertraut sind, sowie die Steigerung des Wiedererkennungseffektes beim Analysieren unterschiedlicher Funktionen.

Bei Interesse für die angesprochenen Detailinformationen kann der Detaillierungsgrad ein weiteres Mal gesteigert werden. Dieser LoD 3 wird intuitiv durch den Blick des Betrachters auf die entsprechende VR-Metapher in LoD 2 aktiviert und beinhaltet zusätzliche Informationen innerhalb eines zweidimensionalen Textfensters. Abb. 2.4.31 demonstriert im unteren Drittel diesen höchsten Detaillierungsgrad für eine ausgewählte Funktion.

Neben den Faktoren Modellkomplexität und Abstraktionsgrad hat die Notwendigkeit zusätzlicher grafischer Auswertungsmöglichkeiten, die über die Darstellung des Kontrollflusses innerhalb eines Geschäftsprozesses (vgl. Abb. 2.4.32, oberer Teil) hinausgehen, das Visualisierungskonzept geprägt. Diese neuen Auswertungsmöglichkeiten bestimmen die zweite Dimension des Rahmenkonzeptes in Abb. 2.4.30. Beispielsweise ist der Weg eines bestimmten Informationsobjektes entlang seiner einzelnen Bearbeitungsstationen innerhalb eines betrieblichen Ablaufs von besonderem Interesse. Dieser Informationsfluß ist der Darstellung des Kontrollflusses nicht zu entnehmen. Aus diesem Grund wird die beschriebene Form der Visualisierung um die Möglichkeit ergänzt, den Weg eines ausgewählten Informationsobjektes entlang des betrachteten Prozesses zu markieren (vgl. Abb. 2.4.32, unterer Teil). Dazu werden die vom gewählten Informationsobjekt berührten Funktionen farblich hervorgehoben und sämtliche als Input oder Output vorkommenden Ausprägungen des Informationsobjektes an den entsprechenden Funktion bereits in LoD 1, d.h. auch aus großer Entfernung, eingeblendet.

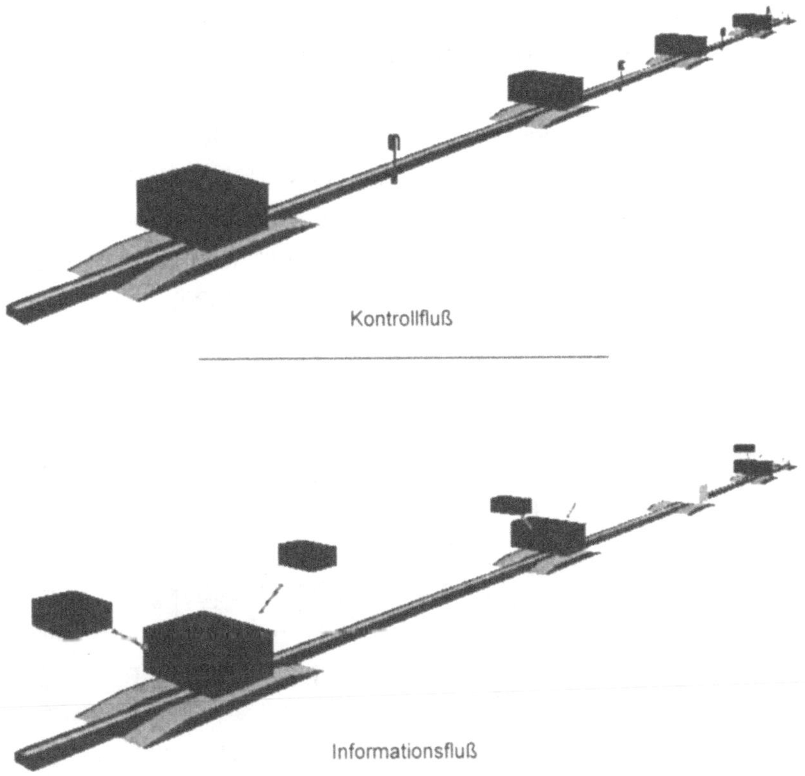

Abb. 2.4.32: Virtual Reality-gestützte Geschäftsprozeßvisualisierung (Kontroll- und Informationsfluß)

Neben den beschriebenen Möglichkeiten zur Visualisierung des Kontrollflusses und der Informationsflüsse, welche innerhalb der ARIS-Steuerungssicht die in der ARIS-Datensicht beschriebenen Informationsobjekte stärker berücksichtigen, folgen weitere visuelle Auswertungsmöglichkeiten der ARIS-Organisationssicht und der ARIS-Funktionssicht. Hierbei können die folgenden Fragen mit grafischer Unterstützung beantwortet werden: Welche Funktionen innerhalb des visualisierten Geschäftsprozesses werden von einer bestimmten Organisationseinheit, Stelle oder einem bestimmten Mitarbeiter verantwortet oder bearbeitet? Welche Funktionen innerhalb des Prozesses werden durch ein bestimmtes Bearbeitungswerkzeug unterstützt? Die Visualisierung dieser Auswertungen geschieht analog zur Darstellung des Informationsflusses.

Das Meta-Modell der VR-gestützten Geschäftsprozeßvisualisierung in Abb. 2.4.33 faßt die auf den unterschiedlichen Detaillierungsstufen (Level-of-Detail LoD) einzusetzenden Visualisierungselemente zusammen. Die Prozeßvisualisierung innerhalb LoD 1 berücksichtigt lediglich die grafische Darstellung von Objekten der aus der Klasse PROZESSMODELLBAUSTEIN abgeleiteten Unterklassen EREIGNIS und LOGISCHER KONNEKTOR sowie der Klasse FUNKTION als Teil der übergeordneten Klasse FUNKTIONSZUORDNUNGSDIAGRAMM. Die eingesetzten dreidimensionalen Visualisierungsobjekte sind Ausprägungen der assoziierten Klassen VR-METAPHER „EREIGNIS“ (LoD 1), VR-METAPHER „KONNEKTOR“ (LoD 1) und VR-METAPHER „FUNKTION“ (LoD 1).

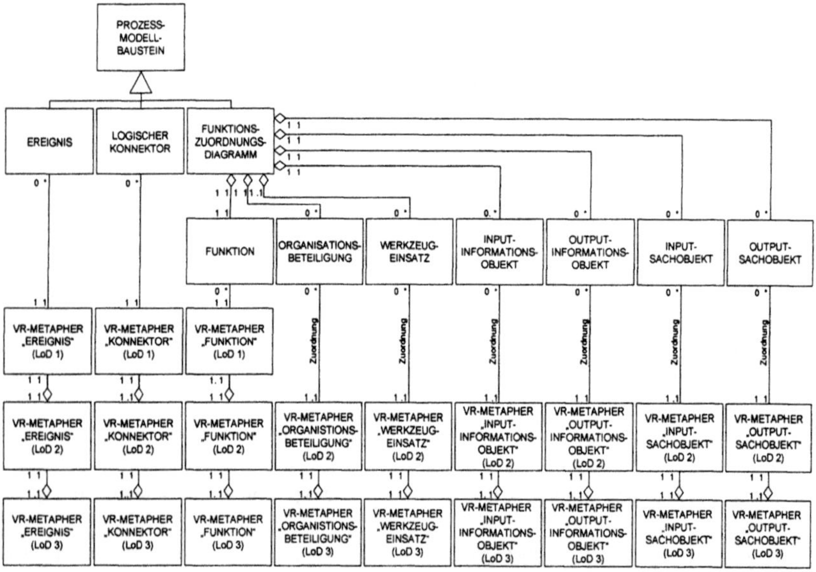

Abb. 2.4.33: Meta-Modell der VR-gestützten Geschäftsprozeßvisualisierung

Die Visualisierungsstufe LoD 2 beinhaltet zusätzlich VR-Metaphern für Objekte der Klassen ORGANISATIONSBETEILIGUNG, WERKZEUGEINSATZ, INPUT- und OUTPUT-INFORMATIONSOBJEKT sowie INPUT- und OUTPUT-SACHOBJEKT, welche alle in einer Part-of-Beziehung zur Klasse FUNKTIONSZUORDNUNGSDIAGRAMM stehen. Die einzusetzenden VR-Metaphern werden im Meta-Modell durch die assoziierten, bis auf den Präfix „VR-METAPHER“ gleichnamigen, Klassen repräsentiert. Die Visualisierung der bereits von LoD 1 berücksichtigten Ereignissen, Konnektoren und Funktionsobjekten ist innerhalb LoD 2 ein erstes Mal um verschiedene Details angereichert. Dies wird ausgedrückt durch die Part-of-Assoziation zwischen den jeweiligen Klassen für VR-Metaphern der Visualisierungsstufen LoD 1 und LoD 2.

Die grafische Repräsentation sämtlicher Objekte wird ein zweites Mal innerhalb der Visualisierungsstufe LoD 3 um Zusatzinformationen erweitert. Insbesondere die zusätzlichen Textinformationen (vgl. Abb. 2.4.31, unteres Drittel) steigern den realisierten Detaillierungsgrad und damit den Informationsgehalt des abgebildeten Prozeßmodells. Dieser Sachverhalt wird innerhalb des Meta-Modells durch die unterste Reihe der dargestellten Klassen der Visualisierungsstufe LoD 3 zum Ausdruck gebracht. Sie sind über Part-of-Beziehungen mit den gleichnamigen Klassen der Visualisierungsstufe LoD 2 verbunden.

2.5 Vorgehensmodell

Das vorangegangene Unterkapitel stellte die in den unterschiedlichen Phasen der interaktiven Geschäftsprozeßmodellierung einzusetzenden Beschreibungssprachen vor. Im Mittelpunkt dieses Unterkapitels steht nun das Vorgehensmodell der interaktiven Prozeßmodellierung, d.h. die detaillierte Beschreibung dieser einzelnen Phasen.

Dazu werden zunächst die wichtigsten Aktivitäten im Verlauf der interaktiven Prozeßmodellierung, zu der auch eine Vorbereitungs- und eine Nachbereitungsphase gehören, in das Gesamtvorgehensmodell zur Reorganisation von Geschäftsprozessen eingeordnet. Im Anschluß daran wird eine mögliche Projektorganisation definiert, welche die Verantwortlichkeiten insbesondere derjenigen Phasen eines Reorganisationsprojektes regelt, die von der interaktiven Prozeßmodellierung direkt betroffenen sind. Im Zentrum der weiteren Ausführungen steht dann die Beschreibung der Phasen *Projektvorbereitung*, *Ist-Erhebung*, *Ist-Analyse*, *Soll-Modellierung* und *Mitarbeiterschulung*. Den Abschluß des Unterkapitels bildet eine Betrachtung der Möglichkeiten zur Integration der vorgestellten Methode zur Geschäftsprozeßbeschreibung in die operativen Abläufe der Mitarbeiter. Damit soll unter anderem der Forderung Rechnung getragen werden, durch ein regelmäßiges Monitoring der Ist-Prozesse Notwendigkeiten zum Entwurf neuer Soll-Prozesse frühzeitig zu erkennen und damit zu einer kontinuierlichen Geschäftsprozeßverbesserung (Continuous Process Improvement) zu gelangen.

2.5.1 Einordnung in das Vorgehensmodell zur Reorganisation von Geschäftsprozessen

Abb. 2.5.1 zeigt das Vorgehensmodell zur Reorganisation von Geschäftsprozessen (vgl. auch Abschnitt 1.1.2.1, Abb. 1.1.1). Hervorgehoben sind diejenigen Phasen, die sich aufgrund der Methode der interaktiven Geschäftsprozeßmodellierung neu gestalten. Die Nummern in eckigen Klammern verweisen auf die entsprechenden Abschnitte innerhalb dieses Unterkapitels, in denen die einzelnen Phasen detailliert beschrieben werden.

Auf die Phasen *Strategische Planung*, *Entwicklung Realisierungskonzept*, *Implementierung*, *Anwendung Soll-Prozesse* und *Kontinuierliche Erfolgskontrolle* wird im Rahmen dieses Unterkapitels nicht näher eingegangen, da sie einerseits bereits im Rahmen des Abschnitts 1.1.2.1 dargestellt worden sind und andererseits von der Methode der Prozeßmodellierung weitgehend unabhängig sind.

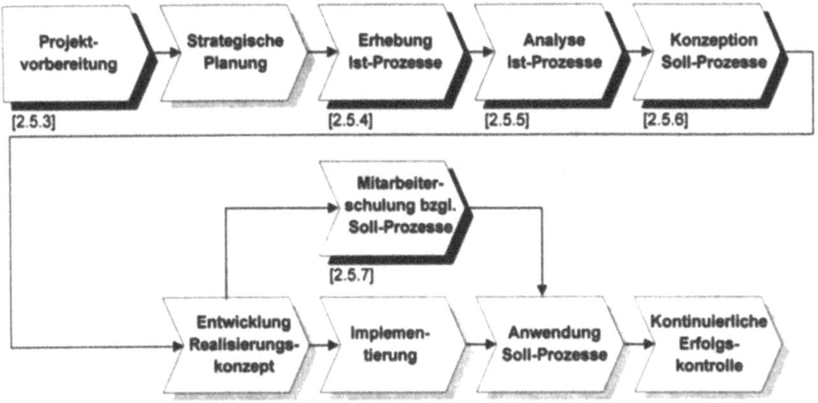

Abb. 2.5.1: Vorgehensmodell zur Reorganisation von Geschäftsprozessen[233]

2.5.2 Projektorganisation

Eine mögliche Projektorganisation, welche die Mitarbeit und Verantwortlichkeit einzelner Organisationseinheiten und Mitarbeiter während der im Anschluß an diesen Abschnitt beschriebenen Projektphasen festlegt, wird in Abb. 2.5.2 definiert. Insbesondere den abgebildeten Stellen und Personen sind im Falle der Durchführung einer interaktiven Geschäftsprozeßmodellierung konkrete Mitarbeiter zuzuordnen.[234]

Die *Unternehmungsleitung* stellt einen *Lenkungsausschuß* zusammen, der aus mindestens einem Mitglied der Unternehmungsleitung selbst, den beiden Leitern der DV- und Organisationsabteilung sowie den Leitern derjenigen Fachabteilungen besteht, die Gegenstand der betrieblichen Reorganisation sind. Diese beispielhafte Zusammensetzung setzt natürlich auch die geschilderte Aufbauorganisation und die Existenz der beschriebenen Abteilungen voraus. Der Lenkungsausschuß ist im Wesentlichen für die Phase der strategischen Planung sowie Teile der Projektvorbereitung verantwortlich.

[233] In Anlehnung an Heib, Business Process Reengineering mit ARIS-Modellen 1998, S. 149 (vgl. Abschnitt 1.1.2.1).

[234] Die vorgestellte Projektorganisation orientiert sich bis zur Ebene der Arbeitsteams an Organisationsstrukturen, die sich zumindest in „herkömmlichen" Reorganisationsprojekten bewährt haben. Vgl. z.B. Heib, Business Process Reengineering mit ARIS-Modellen 1998, S. 149f; Zeller, Maßgeschneidertes Reengineering 1996, S. 120f und Herp/Brand, Reengineering aus Management-Sicht 1996, S. 132-134.

Der *Projektleitung*, zu der neben dem Projektleiter der betrachteten Unternehmung gegebenenfalls ein Projektleiter einer externen Beratungsgesellschaft gehören kann, sollten auch ein oder mehrere Mitglieder der Personalvertretung angehören. Die Projektleitung nimmt in nahezu allen Phasen eine zentrale Rolle ein, was die Definition und Überwachung von Teilzielen sowie die Zusammenstellung und Motivation der im Folgenden beschriebenen Teams angeht.

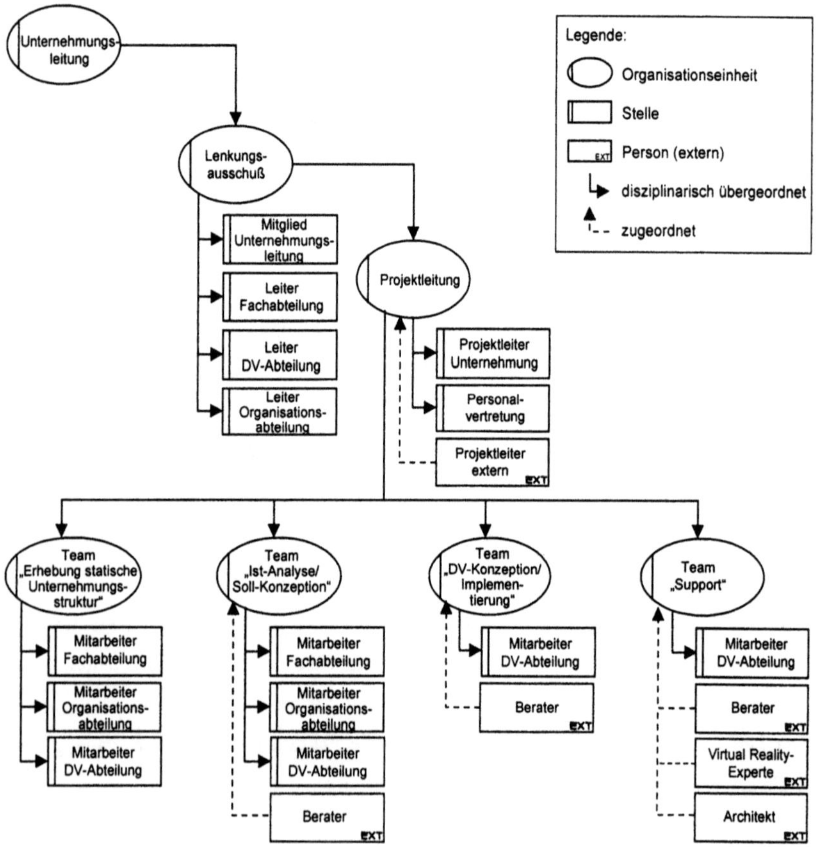

Abb. 2.5.2: Projektorganisation (Beispiel)

Das *Team „Erhebung statische Unternehmungsstruktur"* wird aus Mitarbeitern der Fachabteilungen sowie der Organisations- und DV-Abteilung, deren Existenz innerhalb der betrachteten Unternehmungsorganisation in expliziter oder impliziter Form vorausgesetzt wird, gebildet und kommt im Verlauf der Projektvorbereitung zum Einsatz.

Das *Team „Ist-Analyse/Soll-Konzeption"* ergänzt das vorherige Team um externe Berater mit der notwendigen Reorganisationserfahrung und dem Best-practice-Wissen bezüglich derjenigen Branche, in der die betrachtete Unternehmung tätig ist. In den Phasen Ist-Analyse und Soll-Konzeption nimmt dieses Team eine zentrale beratende Stellung ein.

Im *Team „DV-Konzeption/Implementierung"* entwickeln Mitarbeiter der DV-Abteilung und externe Berater das Konzept zur DV-technischen Unterstützung der entworfenen Soll-Prozesse. Dies geschieht unter Berücksichtigung der existierenden Systemlandschaft sowie des aktuellen Unterstützungsgrades der Geschäftsprozesse durch EDV-Systeme, die durch die Mitarbeiter der DV-Abteilung beschrieben werden können. Darüber hinaus sollten in diese Überlegungen neue Möglichkeiten mit einfließen, die sich durch Eigenentwicklungen bzw. Eigenergänzungen oder durch die Einführung von Standard-Software ergeben. Das notwendige Know-how speziell im letztgenannten Fall kann auch durch externe Berater eingebracht werden. Im Anschluß an die Konzeption der DV-Unterstützung ist dieses Team auch für die Implementierung der verbesserten Geschäftsabläufe verantwortlich.

Das *Team „Support"* bietet über die gesamte Projektlaufzeit hinweg Unterstützung für die in den jeweiligen Phasen beteiligten Akteure an. Aus diesem Grund setzt sich diese Gruppe aus mindestens einem Mitarbeiter der DV-Abteilung, einem externen Berater, einem Virtual Reality (VR)-Experten und, falls möglich, einem Mitarbeiter des Architekten zusammen, der im Idealfall elektronische Informationen über die Gebäudearchitektur der betrachteten Unternehmung liefern kann. Die beschriebene Zusammensetzung des „Suport"-Teams variiert allerdings im Verlauf des Reorganisationsprojektes, da die unterschiedlichen Unterstützungsdienstleistungen in der Regel nicht in allen Projektphasen in Anspruch genommen werden.

Eine wichtige Besonderheit soll die vorgestellte Team-Organisation bereits an dieser Stelle, unabhängig von der späteren Zuordnung zu den einzelnen Projektphasen, andeuten: Den Mitarbeitern der Fachabteilungen als Träger des besten Wissens über die eigenen Geschäftsprozesse obliegt es, die aktuellen Ist-Prozesse im Wesentlichen eigenständig und eigenverantwortlich zu beschreiben. Die Generierung formaler oder semi-formaler Prozeßmodelle auf Basis dieser Prozeßbeschreibung geschieht automatisch mit Hilfe des im dritten Kapitel dieser Arbeit vorgestellten Software-Werkzeuges. Aus diesem Grund sieht die Projektorganisation auch kein Team „Ist-Erhebung" vor, da dieses ausschließlich aus den Mitarbeitern der Fachabteilungen bestehen würde. Damit können sich die externen Berater ihrerseits mit dem besten Wissen über erprobte Lösungen anderer Unternehmungen gleicher oder ähnlicher Branchen auf die änderungsrelevanten und damit erfolgskritischen Phasen Ist-Analyse und

Soll-Konzeption konzentrieren. Die Vorteile dieser organisatorischen Trennung liegen zum einen in der höheren Eigenverantwortung und damit einer höheren Motivation der Mitarbeiter für das gesamte Reorganisationsprojekt und zum anderen in der Beseitigung von Kommunikationsschnittstellen in Form von Interviews oder Fragebögen zwischen Berater und Mitarbeiter im Verlauf der Erhebung des aktuellen Prozeßwissens. Die Beseitigung dieser Schnittstellen stellt eine Verbesserung gegenüber dem herkömmlichen Vorgehen bei der Prozeßmodellierung dar, weil sich dadurch Informationsverluste aufgrund von Kommunikationsschwierigkeiten oder Fehlern bei der Formalisierung, d.h. Modellierung des erhobenen Prozeßwissens, eher vermeiden lassen (vgl. Abschnitt 1.2.2).

2.5.3 Projektvorbereitung und Virtual Reality-gestützte Unternehmungsvisualisierung

Abb. 2.5.3 beschreibt das Vorgehen innerhalb der Phase Projektvorbereitung. Die Nummern in den eckigen Klammern verweisen auf die Abschnitte mit den Erläuterungen zu den einzelnen Teilphasen.

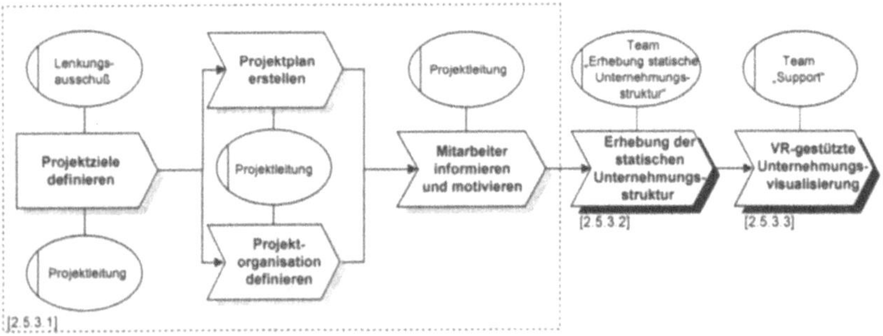

Abb. 2.5.3: Projektvorbereitung

2.5.3.1 Projektvorbereitung im engeren Sinn

Bevor im Rahmen der sich anschließenden Projektphase zur Strategischen Planung konkrete Ziele, wie beispielsweise die Verkürzung der Durchlaufzeit eines bestimmten Geschäftsprozesses, die Reduzierung der Kosten eines bestimmten Fertigungsverfahrens oder die Verbesserung der Qualität eines bestimmten Produktes oder einer ausgewählten Dienstleistung, definiert werden können, muß zunächst die grobe Zielsetzung für das gesamte Reorganisationsprojekt durch den Lenkungsausschuß und die Projektleitung festgelegt werden.

Auf Basis dieser Projektziele erstellt die Projektleitung einen Projektplan zur zeitlichen Terminierung der nachfolgenden Projektphasen. Unabhängig davon definiert die Projektleitung die künftige Projektorganisation, d.h. sie stellt die in Abschnitt 2.5.2 vorgestellten Projekt-Teams zusammen.

Ein wichtiger Faktor für den Erfolg des gesamten Projektes ist die durchgängige Beteiligung möglichst vieler Mitarbeiter. Denn letztendlich sind es auch die Mitarbeiter, die in den anfänglichen Phasen der Ist-Erhebung und Ist-Analyse ihr Wissen über die aktuellen Abläufe in der Unternehmung zur Verfügung stellen müssen und in den nachfolgenden Phasen der Soll-Konzeption und Anwendung der neuen Prozesse diese mitentwickeln sollen und anschließend auch mittragen müssen.[235] Dieser Forderung nach einer verstärkten Mitarbeiterorientierung kommen die Bemühungen der Projektleitung, der auch Mitglieder der Personalvertretung angehören, zur Information und Motivation der Mitarbeiter entgegen. In dieser Phase müssen insbesondere die strategischen Ziele der Unternehmungsleitung sowie die konkreten Projektziele kommuniziert und motiviert werden. Diese Informations- und Motivationsaktivitäten dürfen sich natürlich nicht nur auf die hier explizit dokumentierte Teilphase beschränken. Sie müssen vielmehr integraler Bestandteil sämtlicher Projektphasen sein.

2.5.3.2 Erhebung der statischen Unternehmungsstruktur

Die Einordnung dieser Phase in das Rahmenkonzept der interaktiven Geschäftsprozeßmodellierung ist Abb. 2.5.4 zu entnehmen.

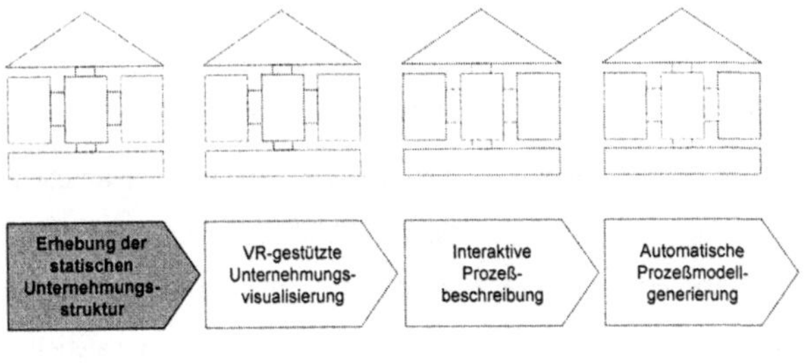

Abb. 2.5.4: Einordnung in das Rahmenkonzept der interaktiven Geschäftsprozeßmodellierung

Abb. 2.5.5 beschreibt detailliert die durch das Team „Erhebung statische Unternehmungsstruktur“ (vgl. Abschnitt 2.5.2 „Projektorganisation“) durchzuführenden Schritte in Form einer erweiterten Ereignisgesteuerten Prozeßkette (eEPK). Der obere Teil der eEPK (oberhalb des letzten „XOR“-Konnektors) dokumentiert die durchzuführenden Schritte zur Erfassung

235 Vgl. Lullies/Pastowsky/Grandke, Geschäftsprozesse optimieren 1998, S. 71.

derjenigen Informationen, die notwendig sind, um eine realitätsnahe VR-gestützte Visualisierung der Unternehmungsgebäude zu generieren. Zu den genannten Informationen gehören neben möglicherweise vorhandenen CAD-Daten auch Zeichnungen und Fotos zur Gebäude- und Innenarchitektur, wobei letztere gegebenenfalls durch das Team „Support" anzufertigen sind. Ein solches Vorgehen ist jedoch nur dann notwendig, wenn ausdrücklich gewünscht ist, daß die während der interaktiven Prozeßmodellierung einzusetzende Unternehmungsrepräsentation hinsichtlich Anordnung und Einrichtung der einzelnen Räume möglichst realitätsnah sein soll.

Für eine solche realitätsnahe Visualisierung sprechen zum einen verstärkte Wiedererkennungseffekte bei den Mitarbeitern, die somit ihre Geschäftsprozesse quasi in der für sie gewohnten „Arbeitsumgebung" beschreiben können, und zum anderen sich bietende Weiterverwendungsmöglichkeiten dieser VR-Darstellung. Dazu gehören beispielsweise zukünftige Reorganisations- und damit auch Modellierungsprojekte sowie Informationssysteme zur Simulation[236] und Überwachung von Geschäftsprozessen. Darüber hinaus könnte eine solche Unternehmungsvisualisierung als Kommunikationsplattform für Groupware-Systeme eingesetzt werden.[237] Auf diese Möglichkeiten wird im Rahmen des Ausblicks dieser Arbeit näher eingegangen.

Gegen eine realitätsnahe Visualisierung spricht gegenwärtig noch der dazu notwendige hohe technische Aufwand. Allerdings kann dieser insbesondere durch die in Zukunft zu erwartende erhöhte Verfügbarkeit von CAD-Daten im Architekturbereich enorm reduziert werden (vgl. den nachfolgenden Abschnitt 2.5.3.3). In jedem Fall ist aber auch eine standardisierte und leicht anpaßbare VR-Darstellung eines fiktiven Unternehmungsgebäude als Basis für die in Abschnitt 2.5.4 vorgestellte interaktive Geschäftsprozeßbeschreibung ausreichend.

Der untere Teil der eEPK (unterhalb des letzten „XOR"-Konnektors) beschreibt die Erhebung von Informationen über die statische Aufbauorganisation, die relevanten papierbasierten bzw. elektronischen Informationsobjekte und die sie verarbeitenden Anwendungssysteme. Darüber hinaus wird das Vorgehen zur Erfassung der Struktur der genutzten und erzeugten materiellen Leistungen sowie der sie verarbeitenden Maschinen und Werkzeuge beschrieben. Die Aufbauorganisation wird hierbei durch ein Organigramm, die informations- und materialverarbeitenden Systeme durch einfache Hierarchiediagramme beschrieben. Diese Modelltypen und die benötigten Strukturdiagramme zur Beschreibung der Informations- und Sachobjekte

236 Vgl. Seel/Scheer, Simulation von Dienstleistungsprozessen, erscheint voraussichtlich im März 2000.

237 Vgl. hierzu die Beschreibung des VR-Anwendungsgebietes Visual Engineering in Abschnitt 1.3.4.9 sowie Dai, Beyond Walkthroughs 1998, S. 4f.

wurden in Abschnitt 2.4.2 vorgestellt. Die Dokumentation und Speicherung der Modelle muß DV-gestützt erfolgen, damit das in Unterkapitel 3.3 beschriebene Software-System IMPROVE diese Informationen während der interaktiven Geschäftsprozeßbeschreibung online nutzen kann. Im Rahmen der vorliegenden Arbeit wurde das Modellierungswerkzeug ARIS-Toolset[238] eingesetzt.

Die Erhebung dieser Informationen, insbesondere auf einem sehr hohen Detaillierungsniveau, im Vorfeld der eigentlichen Geschäftsprozeßbeschreibung ist nicht zwingend erforderlich. Wirtschaftlichkeitsaspekte, vor allem ein zu erwartender hoher Personal- und/oder Zeitaufwand zur Beschaffung der angesprochenen Informationen, würden gegen dieses Vorgehen sprechen. In jedem Fall können die im Rahmen dieser Projektvorbereitung gesammelten Informationen, in welcher Anzahl auch immer, auch während der Prozeßbeschreibung sukzessive durch die Mitarbeiter ergänzt und vervollständigt werden.

238 Das ARIS-Toolset ist ein Software-Produkt der IDS Scheer AG zur Modellierung und Analyse von Geschäftsprozessen.

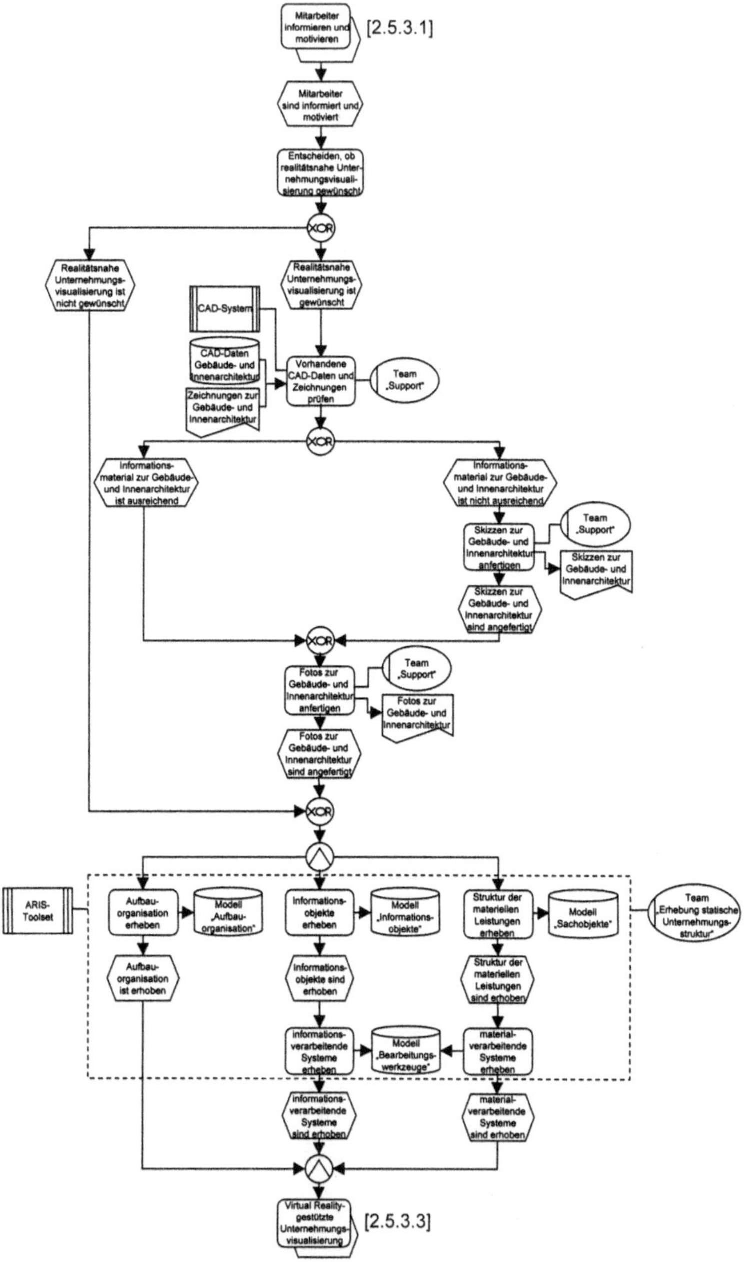

Abb. 2.5.5: Erhebung der statischen Unternehmungsstruktur

2.5.3.3 Virtual Reality-gestützte Unternehmungsvisualisierung

Die Einordnung der Phase zur VR-gestützten Unternehmungsvisualisierung in das Rahmenkonzept der interaktiven Geschäftsprozeßmodellierung ist in Abb. 2.5.6 dargestellt.

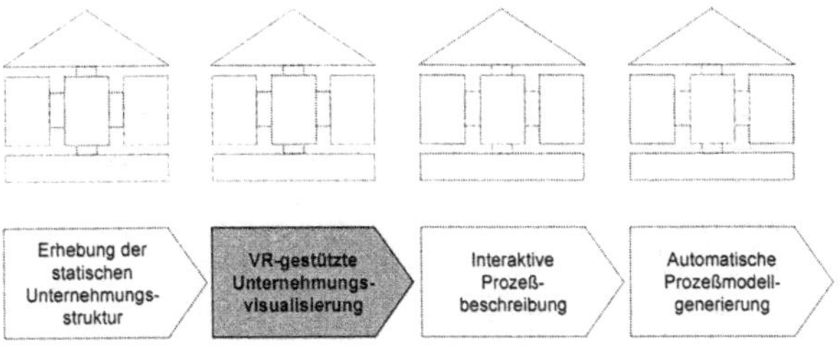

Abb. 2.5.6: Einordnung in das Rahmenkonzept der interaktiven Geschäftsprozeßmodellierung

Für den Fall, daß eine realitätsnahe Visualisierung der Gebäudearchitektur der betrachteten Unternehmung gewünscht ist, beschreibt die eEPK in Abb. 2.5.7 die hierzu notwendigen Aktivitäten, die alle vom Team „Support" durchgeführt werden. Im ersten Schritt werden eventuell vorhandene, die Gebäude- oder Innenarchitektur beschreibende, CAD-Daten in die eingesetzte VR-Entwicklungsumgebung importiert. Dies stellt insbesondere für gängige CAD-Dateiformate kein technisches Problem dar.[239] Das Ergebnis dieses Schrittes ist dann eine erste Version der VR-gestützten Unternehmungsvisualisierung, die eventuell noch manuell vervollständigt werden muß, spätestens dann aber die wesentliche Grobarchitektur abdeckt.

Ebenfalls hauptsächlich manuell erfolgt die Nachmodellierung der Innenarchitektur auf Basis der in der vorangegangenen Teilphase (vgl. Abschnitt 2.5.3.2) erhobenen Informationen (Zeichnungen, Skizzen und Fotos). Hierzu stellen die meisten VR-Entwicklungsumgebungen mächtige Textur-Bibliotheken zur Gestaltung der Oberflächen (Wände, Decken und Böden) sowie umfangreiche 3D-Objekt-Bibliotheken zur Raumgestaltung (Türen, Fenster und Möbel) zur Verfügung.

239 Vgl. Knöpfle/Schieferle, Data Preparation on Polygonal Basis 1998 und Hagemann, SIMPLIFY – Application Specific Data Preparation 1998.

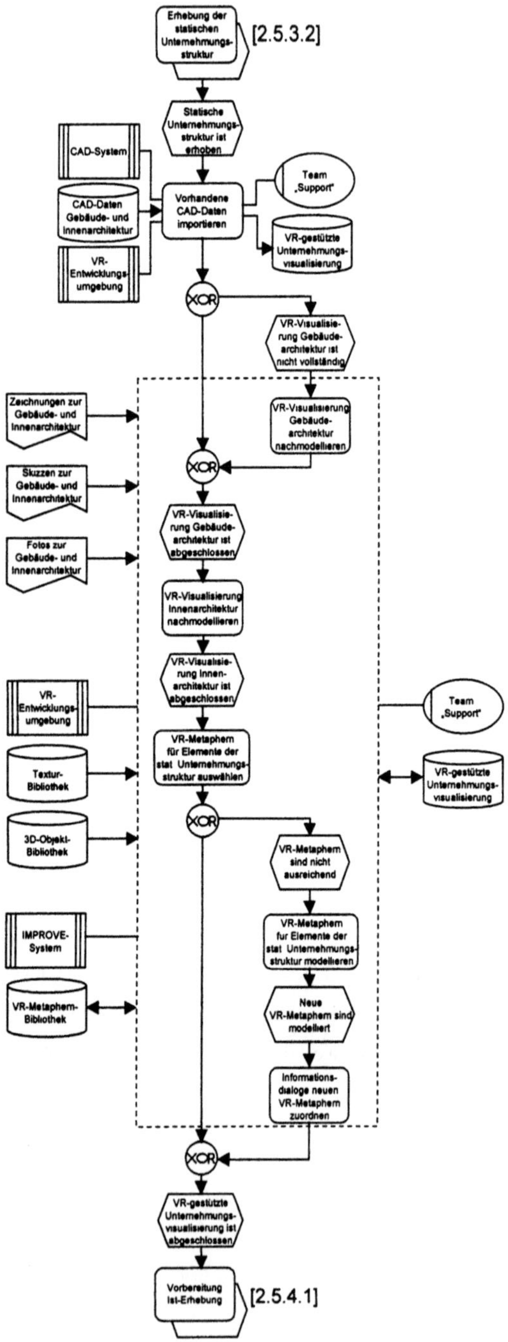

Abb. 2.5.7: Virtual Reality-gestützte Unternehmungsvisualisierung

Für den nächsten Schritt stellt eine speziell für das IMPROVE-System (vgl. Unterkapitel 3.3) zusammengestellte VR-Metaphern-Bibliothek 3D-Objekte bereit, mit deren Hilfe Mitarbeiter, Papierdokumente, materielle Leistungen sowie die eingesetzten informations- und materialverarbeitenden Werkzeuge visualisiert werden können. Diese Objekte sind bereits mit Informationsdialogen zur textuellen Beschreibung der jeweiligen Elemente der statischen Unternehmungsstruktur verknüpft. Die möglichen VR-Metaphern zusammen mit den zweidimensionalen Informationsdialogen wurden bereits in Abschnitt 2.4.4 „Beschreibungssprache zur interaktiven Geschäftsprozeßerhebung“ vorgestellt.

Reichen die zur Verfügung stehenden VR-Metaphern nicht aus, um sämtliche für die anschließende Geschäftsprozeßbeschreibung notwendigen statischen Elemente intuitiv zu visualisieren, müssen neue Metaphern innerhalb der eingesetzten VR-Entwicklungsumgebung modelliert und mit den entsprechenden Informationsdialogen verknüpft werden. Aus Gründen der Wiederverwendung dieser neuen VR-Objekte sollten diese anschließend in die VR-Metaphern-Bibliothek des IMPROVE-Systems eingestellt werden.

Ergebnis dieser gesamten Teilphase ist damit eine realitätsnahe VR-gestützte Visualisierung des betrieblichen Umfeldes der zu analysierenden Geschäftsprozesse. Innerhalb dieser Darstellung können die Prozesse durch die verantwortlichen Mitarbeiter im Rahmen der sich anschließenden Projektphase der interaktiven Ist-Erhebung beschrieben werden.

2.5.4 Interaktive Ist-Erhebung

Im Anschluß an die VR-gestützte Unternehmungsvisualisierung kann nun mit der ersten operativen Phase des eigentlichen Reorganisationsprojektes begonnen werden. Abb. 2.5.8 zeigt das Vorgehensmodell der interaktiven Ist-Erhebung im Überblick.

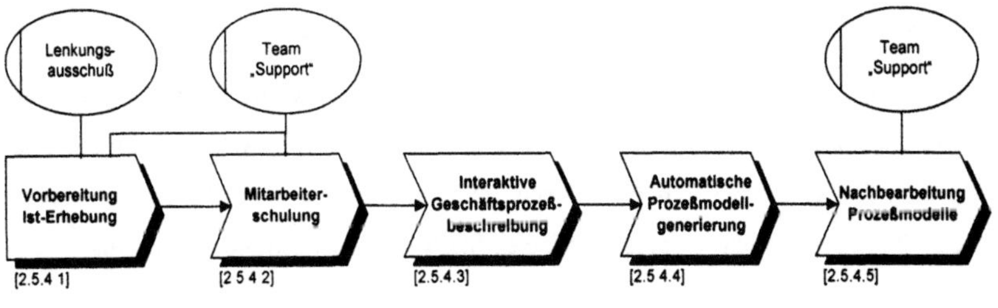

Abb. 2.5.8: Erhebung Ist-Prozesse

Die zentrale Aktivität innerhalb dieser Projektphase ist die interaktive Geschäftsprozeßbeschreibung durch die am betrieblichen Ablauf beteiligten Mitarbeiter. Diese Prozeßbeschreibung muß zuvor durch den Lenkungsausschuß und das Team „Support“ vorbereitet werden. Ebenfalls der Vorbereitung dienen die Mitarbeiterschulungen, die ebenfalls vom Team „Support“ durchgeführt werden.

Die Formalisierung des beschriebenen Prozeßwissens durch semi-formale Prozeßmodelle geschieht im Rahmen der interaktiven Ist-Erhebung vollautomatisch durch das in Unterkapitel 3.3 beschriebene Werkzeug IMPROVE. Den Abschluß dieser Phase bildet dann die mögliche Nachbearbeitung der generierten Geschäftsprozeßmodelle durch das Team „Support“.

2.5.4.1 Vorbereitung Ist-Erhebung

Die erste vorbereitende Maßnahme besteht in der Auswahl sämtlicher zu erhebender Geschäftsprozesse durch den Lenkungsausschuß (vgl. Abb. 2.5.9). Die Auswahlmöglichkeiten beschränken sich hierbei auf die in der strategischen Planungsphase zu Beginn des Reorganisationsprojektes festgelegten Geschäftsbereiche oder Grobprozesse. Auf Basis dieser Prozeßliste entscheidet die Projektleitung zusammen mit den Leitern der betroffenen Fachabteilungen und dem Team „Support“, ob die Prozesse in Teilprozesse oder Prozeßvarianten zergliedert werden, die dann von den Mitarbeitern zu beschreiben sind, oder ob die Prozesse in ihrer Gesamtheit zu dokumentieren sind.

Im ersten Fall beschreibt der Modellierungsexperte (Berater) aus dem Team „Support“ zunächst die grobe Struktur und/oder mögliche Varianten der ausgewählten Geschäftsprozesse, bevor er für die identifizierten Teilprozesse oder Prozeßvarianten die Start- und Endereignisse modelliert.

Im zweiten Fall definiert der Modellierungsexperte mit Hilfe des eingesetzten Prozeßmodellierungswerkzeuges lediglich die Start- und Endereignisse. Die Identifikation dieser Ereignisse geschieht durch die prozeßverantwortlichen Fachabteilungsleiter.

Den Abschluß der Vorbereitungsaktivitäten bildet die Visualisierung der definierten Startereignisse mit Hilfe der VR-Methaphern-Bibliothek des IMPROVE-Systems durch das Team „Support“. Die grafischen Repräsentationen der Startereignisse lösen dann die interaktive Beschreibung der Geschäftsprozesse durch die Mitarbeiter im System IMPROVE aus.

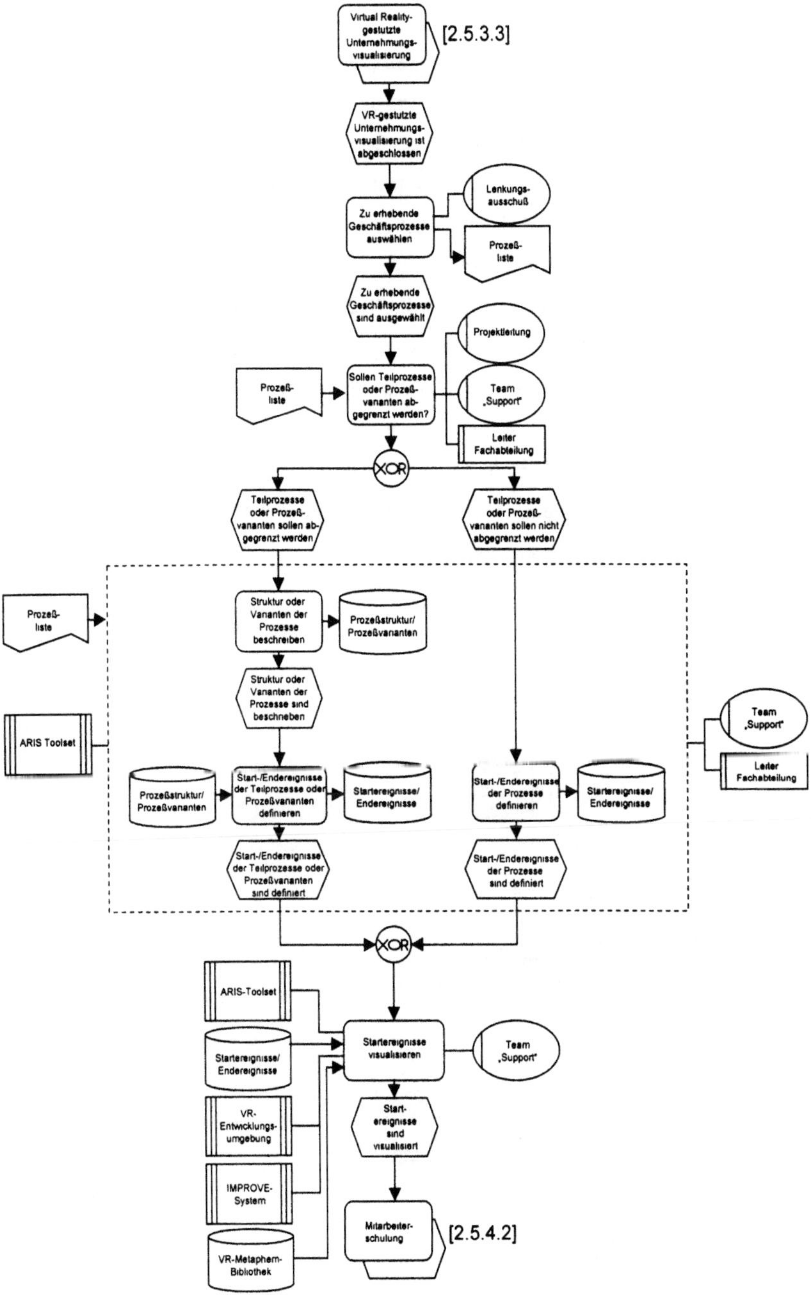

Abb. 2.5.9: Vorbereitung Ist-Erhebung

2.5.4.2 Mitarbeiterschulung

Die in Kapitel 3 dieser Arbeit vorgestellte Werkzeugunterstützung erhebt unter anderem den Anspruch, insbesondere für den mit gängigen Softwaretools zur Geschäftsprozeßmodellierung ungeübten Benutzer, einfach bedienbar zu sein. Dennoch kann unter Umständen ein geringer Schulungsbedarf für einzelne Mitarbeiter bestehen, der im Dialog zwischen dem Team „Support" und den Mitarbeitern der betroffenen Fachabteilungen zu ermitteln ist (vgl. Abb. 2.5.10). Der Schulungsbedarf betrifft unter Umständen nur die Bedienung der Client-Komponente des Modellierungswerkzeuges IMPROVE, kann aber auch Fragen allgemeiner Art, beispielsweise zu den eingesetzten Reorganisations- und Modellierungsmethoden, berühren. Die Bedienung des IMPROVE-Client wiederum betrifft zum einen die Navigation in der VR-gestützten Unternehmungsvisualisierung und zum anderen die zur Verfügung stehenden Interaktionsmöglichkeiten innerhalb dieser virtuellen Umgebung zur Beschreibung der Geschäftsprozesse. Diese Interaktionsmöglichkeiten stehen im Mittelpunkt des im folgenden Abschnitt vorgestellten Vorgehensmodells.

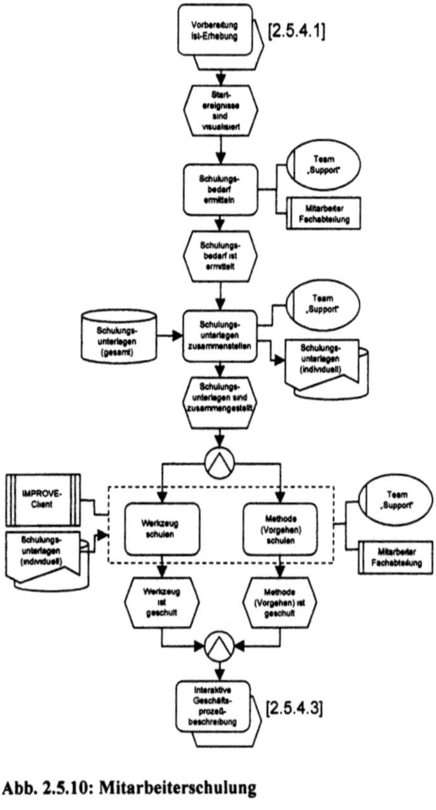

Abb. 2.5.10: Mitarbeiterschulung

Zur Unterstützung der Schulungsmaßnahmen werden zuvor in Abhängigkeit vom ermittelten Bedarf individuelle Schulungsunterlagen für die unterschiedlichen Benutzerklassen aus einem Pool vorhandener Schulungsmaterialien zusammengestellt.

2.5.4.3 Interaktive Geschäftsprozeßbeschreibung

Abb. 2.5.11 ordnet diese Phase in das Rahmenkonzept der interaktiven Geschäftsprozeßmodellierung ein.

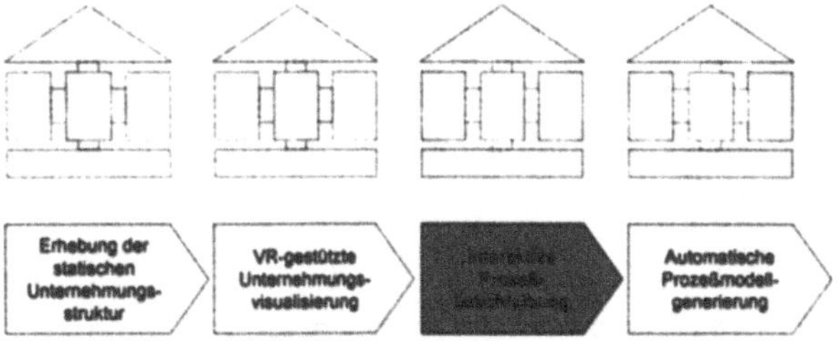

Abb. 2.5.11: Einordnung in das Rahmenkonzept der interaktiven Geschäftsprozeßmodellierung

Im Folgenden werden die Möglichkeiten zur Beschreibung der aktuellen Geschäftsprozesse durch die Prozeßverantwortlichen oder die am Ablauf beteiligten Mitarbeiter vorgestellt. Sämtliche Aktivitäten können eigenständig durch die Mitarbeiter im Dialog mit dem in Abschnitt 3.3.2 vorgestellten IMPROVE-Client durchgeführt werden. Die Hilfe eines externen Beraters mit Methoden- oder Werkzeug-Know-how bezüglich der Dokumentation und Formalisierung des zu beschreibenden Prozeßwissens ist hierbei nicht notwendig.

Abb. 2.5.12 zeigt das Vorgehensmodell für einen einzelnen an der interaktiven Prozeßbeschreibung beteiligten Mitarbeiter. Dieser muß sich im ersten Schritt innerhalb der VR-gestützten Unternehmungsvisualisierung anmelden (vgl. Abb. 2.5.13). Dies erfolgt dialoggesteuert durch Auswahl des eigenen Namens aus einer Mitarbeiterliste, welche durch den IMPROVE-Client aus dem im Vorfeld (vgl. Abschnitt 2.5.3.2 „Erhebung der statischen Unternehmungsstruktur") erstellten Organigramm zur Beschreibung der Aufbauorganisation automatisch generiert wird. Anschließend wählt der Benutzer seinen persönlichen Repräsentanten (Avatar) aus, welcher ihn im Verlauf der nachfolgenden verteilten Prozeßbeschreibung innerhalb der virtuellen Umgebung grafisch vertritt.

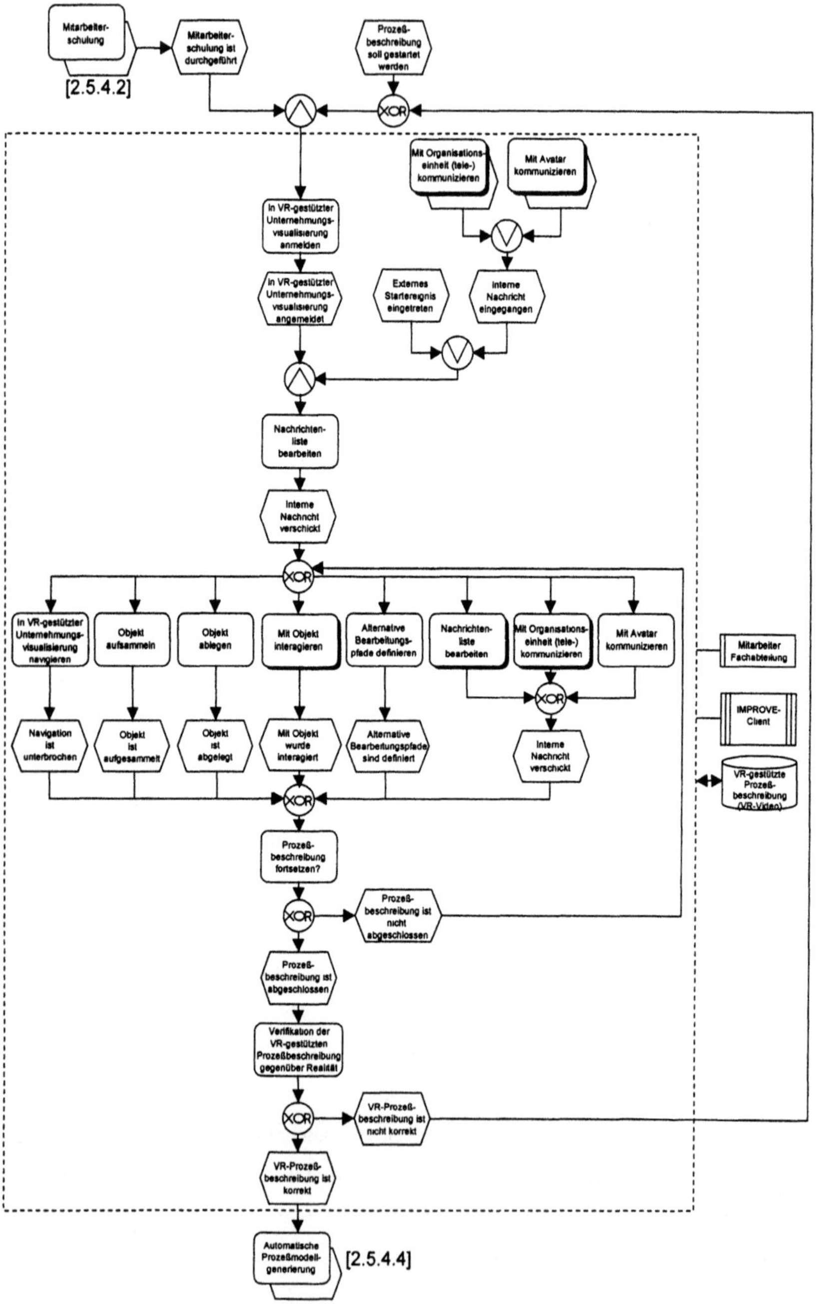

Abb. 2.5.12: Interaktive Geschäftsprozeßbeschreibung

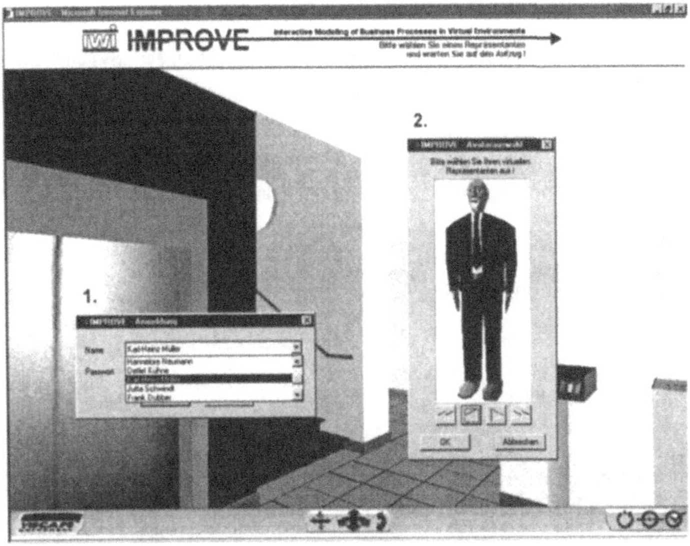

Abb. 2.5.13: IMPROVE-Client - Anmeldung

Auslöser für die nachfolgenden Interaktionen zur Beschreibung des eigenen Geschäftsprozesses kann nun ein durch den IMPROVE-Client angezeigtes externes Startereignis sein oder eine interne Nachricht eines ebenfalls an der Prozeßbeschreibung beteiligten Mitarbeiters. Für beide Trigger-Typen stellt der IMPOVE-Client dem Benutzer eine Nachrichtenliste zur Verfügung (vgl. Abb. 2.5.14).

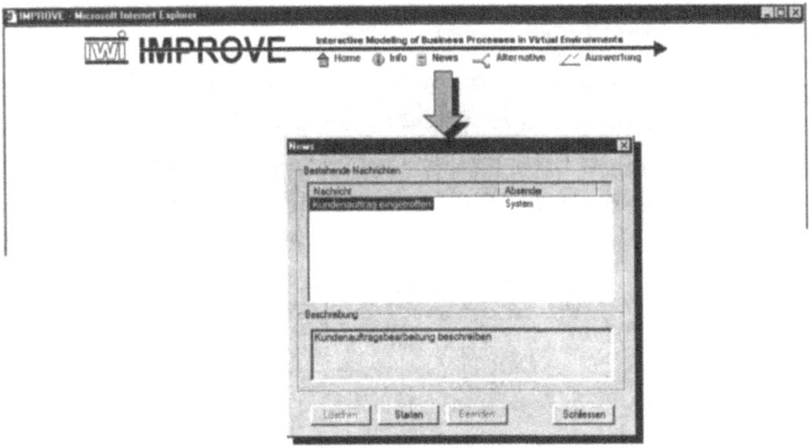

Abb. 2.5.14: IMPROVE-Client - Newsliste

Listeneinträge, die eine Nachricht repräsentieren, beinhalten neben einer Beschreibung der Nachricht auch deren Absender. Im Falle von Ereignissen wird als Absender „System" angezeigt. Die Auswahl eines Listeneintrages definiert damit implizit das Startereignis für den im Folgenden beschriebenen Geschäftsablauf.

Zur interaktiven Prozeßbeschreibung stehen dem Benutzer nun die folgenden Möglichkeiten zur Verfügung:

- Navigation innerhalb der VR-gestützten Unternehmungsvisualisierung,
- Transport (Aufsammeln und Ablegen) der darin befindlichen virtuellen Objekte,
- Interaktion mit virtuellen Objekten,
- Kommunikation mit anderen Benutzern,
- Bearbeitung der Nachrichtenliste sowie
- Deklaration mehrerer Alternativen für die weitere Bearbeitung des aktuell beschriebenen Ablaufs.

Im letzteren Fall gibt der Benutzer in einem Dialog die Anzahl der möglichen Alternativen an und beschreibt diese dann mit Hilfe der erstgenannten Möglichkeiten sequentiell (vgl. Abschnitt 2.4.4.6).

Sämtliche Mitarbeiteraktivitäten während der interaktiven Prozeßbeschreibung werden durch das IMPROVE-System protokolliert und fließen in das automatisch zu generierende Prozeßmodell ein. Eine Ausnahme stellen allerdings die Navigationsaktivitäten aufgrund ihrer Irrelevanz für die fachliche Beschreibung des Geschäftsprozesses dar.

Die Interaktion mit einem Objekt in der virtuellen Umgebung wird generell durch Anklicken desselben gestartet und bedeutet das Ausfüllen des sich öffnenden Dialogfensters (vgl. das Vorgehensmodell in Abb. 2.5.15). Innerhalb dieses Fensters muß der Benutzer im Falle einer systemgestützten Bearbeitung das von ihm eingesetzte Werkzeug zur Material- oder Informationstransformation sowie das bearbeitete Objekt oder elektronische Dokument aus jeweils einer Liste auswählen. Im Falle einer manuellen Bearbeitung entfällt die Auswahl des eingesetzten Systems. Die Listen oder einfachen Hierarchiediagramme werden automatisch auf Basis der im Vorfeld erhobenen und in Modellen festgehaltenen Informationen über die statische Struktur der betrachteten Unternehmung (vgl. Abschnitt 2.5.3.2) generiert. Zur Unterstützung der System- und Objektauswahl stellt der IMPROVE-Client eine Vorschaufunktionalität zur Verfügung, welche die Listeneinträge durch Grafiken ergänzt, welche die einzelnen Systemoberflächen oder Objektansichten beschreiben. Sollte das benötigte System oder das bearbeitete Objekt aufgrund einer nicht oder unvollständig durchgeführten Strukturerhebung nicht aufgelistet sein, so besteht die Möglichkeit, dieses explizit anzugeben. Das IMPROVE-System ergänzt dann nachträglich die entsprechenden Modelle zur Beschreibung der statischen Unternehmungsstruktur und stellt sie für nachfolgende interaktive Prozeßbeschreibungen zur Verfügung. Durch diesen Mechanismus kann zum einen der Aufwand der Projektvorbereitung reduziert werden und zum anderen dafür Sorge getragen werden, daß die angesprochenen Strukturmodelle immer aktuell sind.

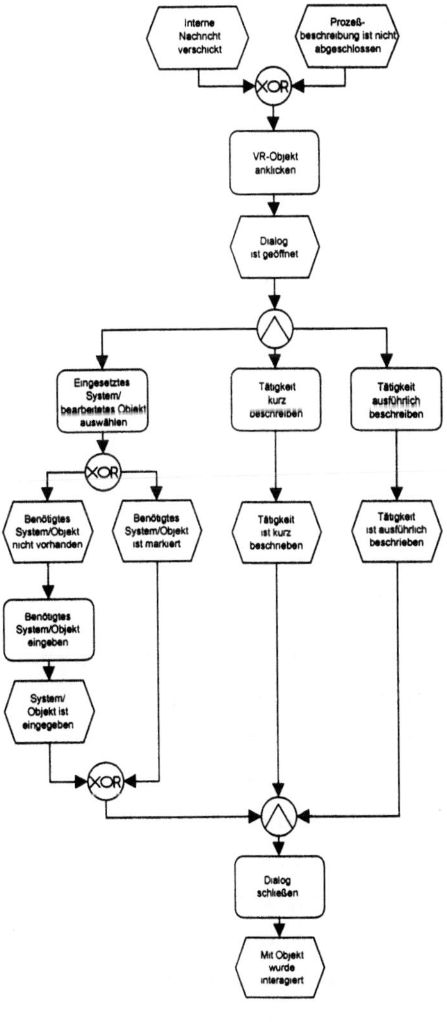

Abb. 2.5.15: Mit Objekt interagieren

Schließlich muß der Benutzer die an dem ausgewählten Objekt verrichtete Tätigkeit in Form einer Kurz- und einer Langbeschreibung kommentieren. Den Abschluß der Interaktion bildet dann das Schließen des Dialogfensters.

Abb. 2.5.16 zeigt die Oberfläche des IMPROVE-Clients mit einem geöffnetem Dialog zur Beschreibung einer Funktion, die das ausgewählte DV-System zur Bearbeitung der selektierten Datei einsetzt. Weitere Beispiele wurden in Abschnitt 2.4.4 „Beschreibungssprache zur interaktiven Geschäftsprozeßerhebung“ vorgestellt.

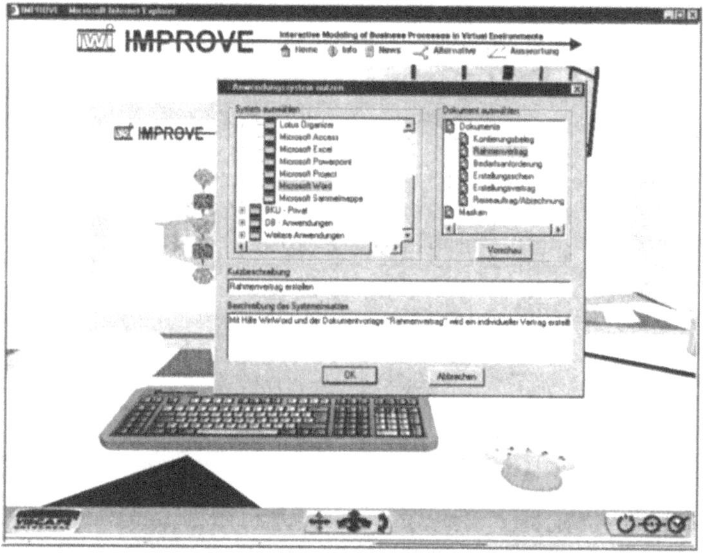

Abb. 2.5.16: IMPROVE-Client – Anwendungssystem einsetzen

Von besonderer Bedeutung sind die Möglichkeiten zur Beschreibung der Kommunikation zwischen den an der Geschäftsprozeßbearbeitung beteiligten Mitarbeitern, da diese auch gleichzeitig den Verlauf der interaktiven Prozeßbeschreibung steuert. Beispielsweise erzeugt die Interaktion mit einem virtuellen Telefon zur Beschreibung einer Telekommunikation mit einer bestimmten Organisationseinheit den Versand einer elektronischen Nachricht mit dem beschriebenen Gesprächsinhalt an die Mitarbeiter dieser Organisationseinheit. Die Nachricht wird in die oben beschriebene Nachrichtenliste der angesprochenen Mitarbeiter eingetragen und kann bei diesen neue Aktivitäten zur Beschreibung des Gesamtprozesses auslösen. Abb. 2.5.17 zeigt die durchzuführenden Schritte zur Beschreibung einer Telekommunikation: Nach Aktivierung einer Telekommunikationsverbindung zu einer anderen Organisationseinheit oder einem anderen Mitarbeiter durch Anklicken eines Telefons oder Faxgerätes innerhalb der virtuellen Arbeitsumgebung öffnet sich ein Dialogfenster zur weiteren Informationserfassung. In dieses trägt der Benutzer neben einer Kurz- und einer Langbeschreibung ein, ob das Telefongespräch unternehmungsintern oder –extern geführt wird und ob das Gespräch ein- oder ausgehend ist. Die Auswahl des Kommunikationspartners geschieht wieder aus einer durch das IMPROVE-System automatisch generierten Hierarchiedarstellung der im Vorfeld erhobenen Aufbauorganisation der betrachteten Unternehmung. Insbesondere für nicht erfaßte externe Kommunikationspartner bietet der Dialog die Möglichkeit, neue Organisationseinheiten einzugeben, welche dann systemgestützt in das ursprüngliche Organigramm integriert werden und damit für nachfolgende Prozeßerhebungen zur Verfügung stehen. Eine Beispielsituation zeigt die Abb. 2.4.24 in Abschnitt 2.4.4.5 „Telekommunikation".

Die direkte Kommunikation mit einem an der interaktiven Prozeßbeschreibung beteiligten Mitarbeiter wird durch Anklicken seines virtuellen Repräsentanten (Avatar) ausgelöst und durch Ausfüllen des sich öffnenden Dialogfensters beschrieben. Im Anschluß an die Interaktion mit dem Avatar versendet das IMPROVE-System eine Nachricht an den IMPROVE-Client des angesprochenen Mitarbeiters. Das entsprechende Vorgehensmodell (vgl. Abb. 2.5.18) kann leicht aus der Beschreibung dieses Dialoges abgeleitet werden (vgl. Abschnitt 2.4.4.4 „Face-to-face-Kommunikation").

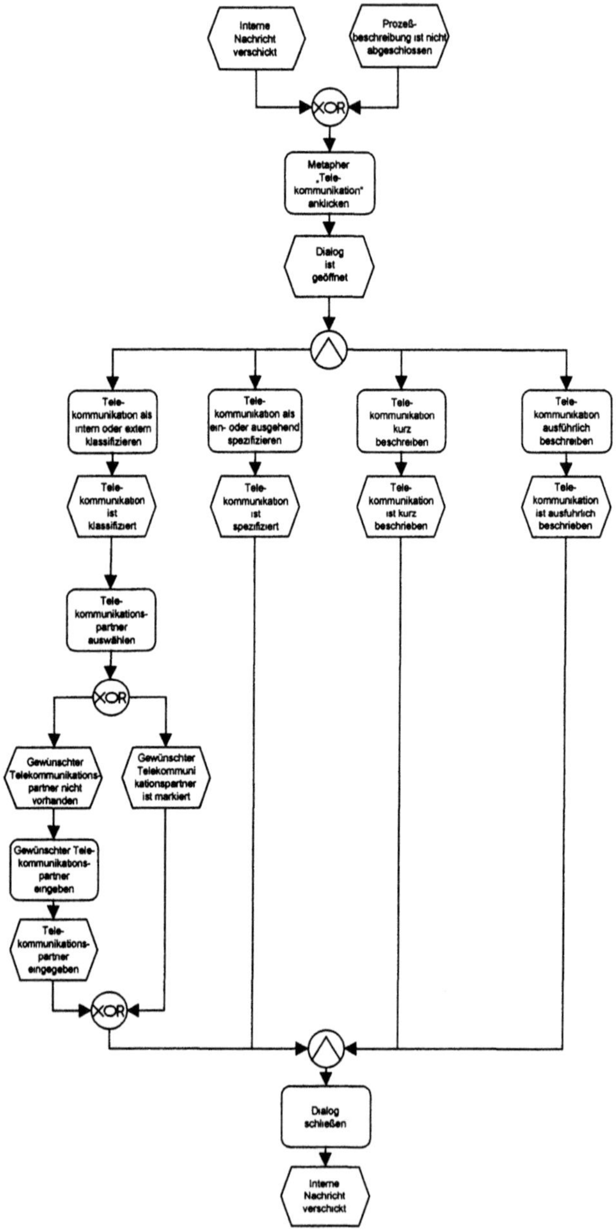

Abb. 2.5.17: Mit Organisationseinheit (tele-)kommunizieren

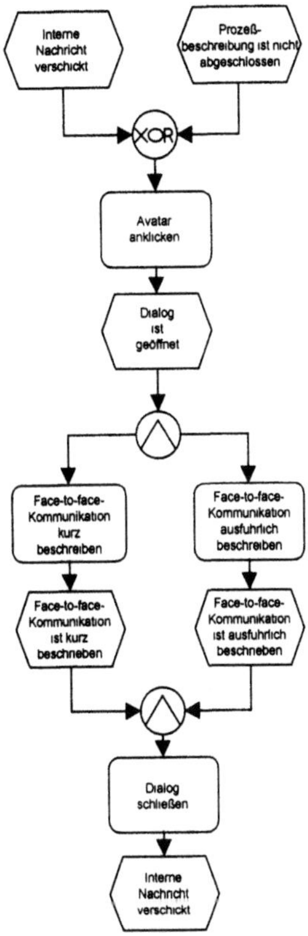

Abb. 2.5.18: Mit Avatar kommunizieren

Darüber hinaus kann der Benutzer zu jedem Zeitpunkt seine Nachrichtenliste öffnen, um die Mitteilungen anderer Mitarbeiter entweder als Auslöser eigener oder als Rückmeldung bezüglich deren Prozeßbeschreibungsaktivitäten zu bestätigen. Abb. 2.5.19 zeigt das Vorgehensmodell zur Bearbeitung der Nachrichtenliste. Geöffnet wird das entsprechende Dialogfenster in diesem Fall durch Anklicken des Menüpunktes „News" innerhalb des zweidimensionalen Teils der Benutzungsoberfläche des IMPROVE-Clients. Nun kann der Benutzer eine erstmalig an ihn gerichtete Nachricht entweder ignorieren und aus der Liste entfernen oder als „gestartet" markieren, wenn er die Nachricht als Auslöser neuer Prozeßbeschreibungsaktivitäten interpretiert. Wenn die von der ausgewählten Nachricht initiierte Prozeßbeschreibung abgeschlossen ist, muß der Benutzer in einer späteren Bearbeitung der Nachrichtenliste dies durch Markierung der entsprechenden Nachricht als „beendet" dokumentieren und damit aus der Liste streichen.

Wählt der Benutzer die Rückmeldung eines anderen an der interaktiven Prozeßbeschreibung beteiligten Mitarbeiters bezüglich einer durch ihn selbst via Face-to-face- oder Tele-Kommunikation ausgelösten Nachricht aus, so kann er diese Rückmeldung nur quittieren und damit ebenfalls aus der Liste löschen.

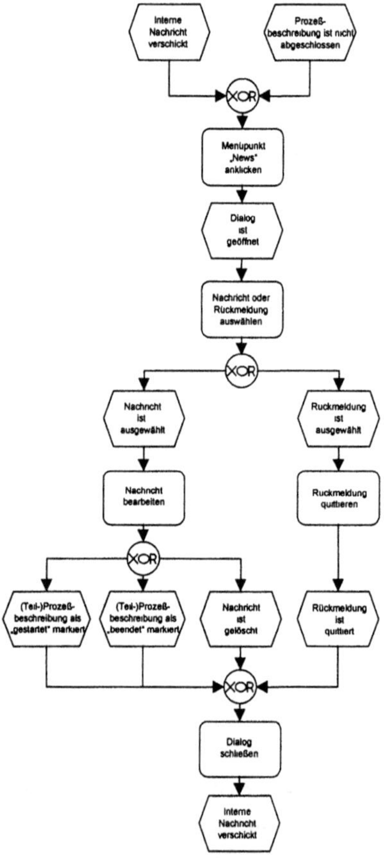

Abb. 2.5.19: Nachrichtenliste bearbeiten

Im Anschluß an jede Einzelaktivität entscheidet der Benutzer, ob die Dokumentation des aktuell zu beschreibenden Geschäftsprozesses abgeschlossen ist oder weitere Aktivitäten durchzuführen sind. Wenn die aktuelle Prozeßbeschreibung beendet ist, überprüft der Benutzer ihre Korrektheit dadurch, daß er sich die VR-gestützte Aufzeichnung seiner Interaktionen noch einmal anschaut. Sollte der Benutzer darin Fehler erkennen, kann er seinen Teil der interaktiven Prozeßbeschreibung erneut durchführen. Eine Weiterentwicklung und Flexibilisierung des in Unterkapitel 3.3 vorgestellten IMPROVE-Systems würde dem Benutzer die

Möglichkeit bieten, zu beliebigen Stellen innerhalb seiner Prozeßbeschreibung zu wechseln, um dort partielle Änderungen durch erneute Interaktionen durchführen zu können.

Haben alle an der Prozeßbeschreibung beteiligten Mitarbeiter ihre Teilaufgaben beendet, kann die automatische Generierung semi-formaler Modelle aus der VR-gestützten Prozeßdokumentation gestartet werden.

2.5.4.4 Automatische Generierung semi-formaler Geschäftsprozeßmodelle

Die Einordnung der automatischen Generierung semi-formaler Geschäftsprozeßmodelle in das Rahmenkonzept der interaktiven Prozeßmodellierung ist in Abb. 2.5.20 dargestellt.

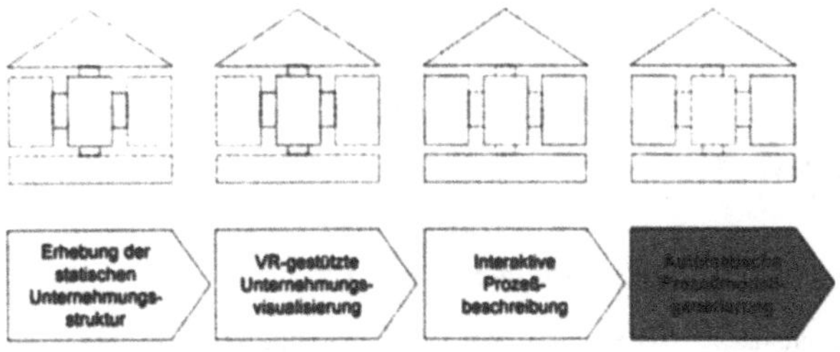

Abb. 2.5.20: Einordnung in das Rahmenkonzept der interaktiven Geschäftsprozeßmodellierung

Eine ausführliche Erläuterung des Mechanismus zur Generierung semi-formaler Prozeßmodelle steht im Mittelpunkt der Beschreibung der Systemkomponente IMPROVE-Process Modeler in Abschnitt 3.3.1.5. Zur Vervollständigung des Vorgehensmodells der interaktiven Geschäftsprozeßmodellierung soll jedoch die grundsätzliche Idee zur Automatisierung der Modellerstellung bereits an dieser Stelle vorgestellt werden.

Den modellierungstechnischen Rahmen der zu erzeugenden eEPK bilden die im Vorfeld der Prozeßbeschreibung (vgl. Abschnitt 2.5.4.1) festgelegten Start- und Endereignisse sowie die gegebenenfalls vordefinierte grobe Prozeßstruktur, welche die einzelnen zu modellierenden Teilprozesse oder Prozeßvarianten in ein Gesamtmodell integriert. Innerhalb dieses Rahmens erzeugt jede der im letzten Abschnitt beschriebenen möglichen Benutzerinteraktionen eine Funktion zusammen mit einem Ereignis, welche den Abschluß der beschriebenen Tätigkeit beschreibt und die nächste Funktion auslöst. Zur detaillierten Spezifikation der Funktion in Form eines Funktionszuordnungsdiagramms stehen der jeweils agierende Benutzer als verantwortliche Organisationseinheit sowie die im Dialog ausgewählten Objekte und Systeme als Bearbeitungsgegenstand bzw. -werkzeug zur Verfügung. Der Name der Funktion ergibt sich direkt aus der Kurzbeschreibung der Tätigkeit innerhalb des Dialogfensters. Die Langbeschreibung wird als weiteres Attribut der modellierten Funktion gespeichert.

Im Gegensatz zum genannten Vorgehen für Benutzerinteraktionen werden für die Navigation innerhalb der VR-gestützten Unternehmungsvisualisierung, die Bearbeitung der systeminternen Nachrichtenliste sowie die Deklaration alternativer Bearbeitungspfade keine Funktionen generiert. Letztere Form der Interaktion erzeugt einen logischen „ODER"-Konnektor im Anschluß an das Ereignis, welches die vorangegangene Funktion abschließt. Der Konnektor verbindet damit die im Anschluß sequentiell beschriebenen alternativen Teilprozesse.

Die (Tele-)Kommunikation mit anderen Organisationseinheiten generiert im Anschluß an das erzeugte Funktion-Ereignis-Paar einen „UND"-Konnektor, wenn die durch die Kommunikation ausgelöste Nachricht Prozeßbeschreibungsaktivitäten beim Adressaten parallel zu denen des Absenders erzeugt. Der logische Konnektor verknüpft damit die parallelen Bearbeitungspfade innerhalb der erzeugten eEPK.

2.5.4.5 Nachbearbeitung der Geschäftsprozeßmodelle

Im Anschluß an die automatische Generierung der Geschäftsprozeßmodelle durch das IMPROVE-System erfolgt eine Nachbearbeitung durch das Team „Support" mit Hilfe des in dieser Arbeit eingesetzten Modellierungswerkzeuges ARIS-Toolset in drei Schritten (vgl. Abb. 2.5.21). Im ersten Schritt verschafft sich der Modellierungsexperte im Team mit Hilfe der während der interaktiven Prozeßbeschreibung entstandenen VR-Aufzeichnungen einen ersten Eindruck bezüglich der Gestalt und Inhalte der erhobenen Geschäftsprozesse. Gleichzeitig führt er einen Abgleich dieser informalen Prozeßdokumentation mit den erzeugten semi-formalen Prozeßmodellen durch. Dieser Abgleich kann eine erste Nachbearbeitung der Modelle erforderlich machen, die sich im Wesentlichen auf eine Modellvereinfachung durch das Löschen solcher Modellteile beschränkt, die für die anschließende Analyse und Verbesserung des Prozesses nicht von Bedeutung sind.

Der zweite Schritt der Nachbearbeitung besteht im Zusammenfügen der in getrennten Durchläufen der interaktiven Prozeßbeschreibung entstandenen Modellen, die Teilprozesse oder Prozeßvarianten beschreiben. Dieses Zusammenfügen in eine Gesamtstruktur kann unter Umständen auch durch das IMPROVE-System automatisch durchgeführt werden. Voraussetzung hierfür ist aber eine exakte Beschreibung der gesamten Prozeßstruktur innerhalb des verwendeten Modellierungswerkzeuges sowie eine Spezifikation der Start- und Endereignisse der einzelnen Prozeßteile im Vorfeld der interaktiven Prozeßbeschreibung (vgl. Abschnitt 2.5.4.1).

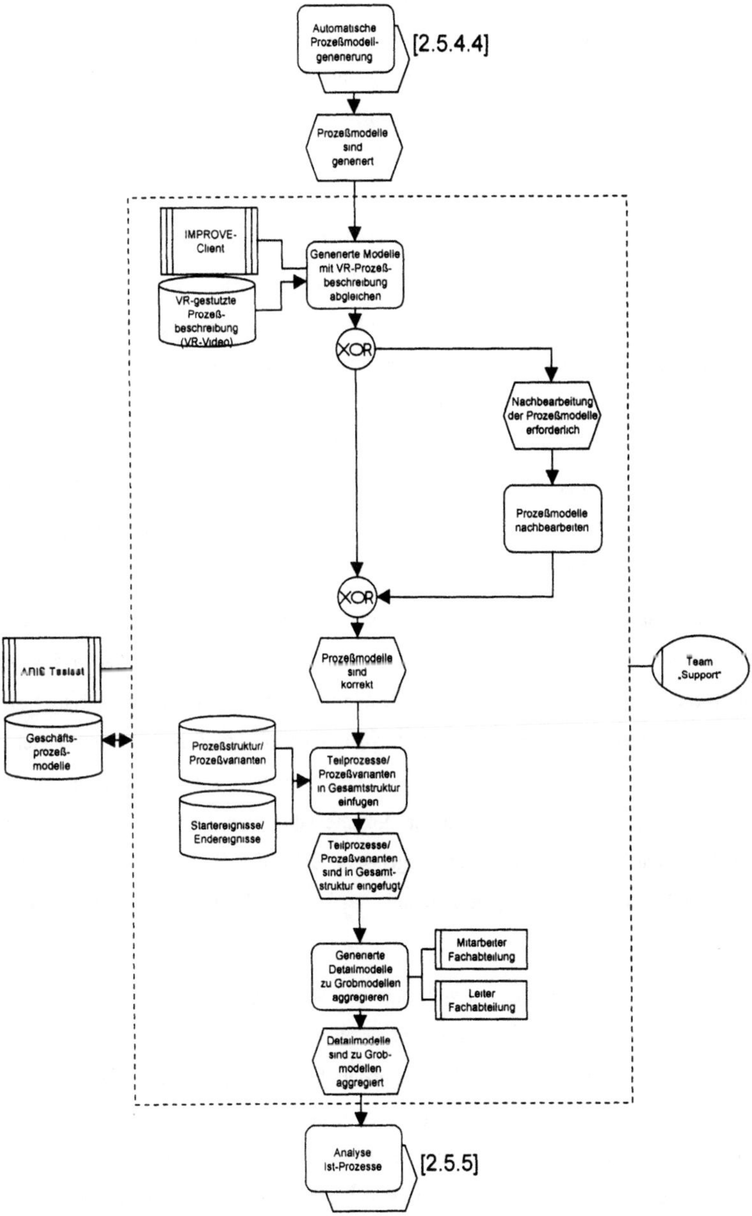

Abb. 2.5.21: Nachbearbeitung Prozeßmodelle

Bevor die generierten Prozeßmodelle, die Detailabläufe auf der Ebene der einzelnen Mitarbeiter beschreiben, Gegenstand der anschließenden Analysephase werden, sollten sie im letzten Schritt zunächst zu Modellen höherer Granularität aggregiert werden. Dadurch wird den Beteiligten der Prozeßanalyse auch ein Top-down-Einstieg in die zu untersuchenden Geschäftsabläufe ermöglicht. Diese Modellaggregation sollte unter Beteiligung der prozeßverantwortlichen Mitarbeiter oder Leiter der betroffenen Fachabteilungen durchgeführt werden.

2.5.5 Ist-Analyse mit Virtual Reality-gestützten Geschäftsprozeßmodellen

Das Hauptziel des in Abb. 2.5.22 dokumentierten Vorgehensmodells zur Ist-Analyse ist die weitere Unterstützung der in der vorangegangenen Phase der Ist-Erhebung propagierten Mitarbeiterorientierung. Aus diesem Grund stützt sich die Analyse der aktuellen betrieblichen Abläufe nicht ausschließlich auf die im Anschluß an die Erhebung erzeugten semi-formalen Geschäftsprozeßmodelle, sondern auch auf weniger abstrakte Formen der Prozeßvisualisierung. Diese sind für die Mitarbeiter der relevanten Fachabteilungen leichter verständlich und unterstützen dadurch deren aktive Beteiligung an der Diskussion über mögliche Schwachstellen im betrachteten Geschäftsprozeß.

Diese neue und intuitive Form der Prozeßvisualisierung betrifft sowohl die während der interaktiven Ist-Erhebung durch die Mitarbeiter beschriebenen Detailprozesse als auch die im Anschluß aggregierten Grobprozesse. Für die Detailprozesse basiert die Visualisierung deshalb auch auf der während der Ist-Erhebung durchgeführten VR-gestützten Prozeßaufzeichnung. Modelle, die nicht durch das System IMPROVE generiert, sondern manuell erstellt worden sind, also insbesondere diejenigen zur Dokumentation von Prozessen einer höheren Granularität, können im ersten Schritt des Vorgehensmodells in Abb. 2.5.22 durch das Software-Werkzeug VISIER-Generator (vgl. Abschnitt 3.4.1) ebenfalls in eine VR-gestützte Darstellung überführt werden.

Die eigentliche Prozeßanalyse vollzieht sich dann in zwei Stufen, von denen die erste verstärkt durch Mitarbeiter der Fachabteilungen und die zweite durch Berater getragen wird. Die erste Stufe basiert auf der beschriebenen VR-gestützten Prozeßdarstellung und wird durch die Visualisierungssysteme VISIER-Navigator (vgl. Abschnitt 3.4.2) und IMPROVE-Process Animator (vgl. Abschnitt 3.3.1.6) unterstützt. In dieser Phase sollen insbesondere die Mitarbeiter Schwachstellen in den eigenen Abläufen entdecken. Die intuitive Prozeßvisualisierung dient aber gleichzeitig den Beratern als verbessertes Medium, um einen tieferen Einblick in die zu optimierenden Geschäftsprozesse zu erhalten.

Die zweite Stufe der Prozeßanalyse wird aufbauend auf den bereits erzielten Ergebnissen tendenziell durch Berater unter Einsatz der vielfältigen Analysefunktionalitäten innerhalb herkömmlicher Modellierungssysteme (im Anwendungsszenario dieser Arbeit das ARIS-Toolset) durchgeführt.

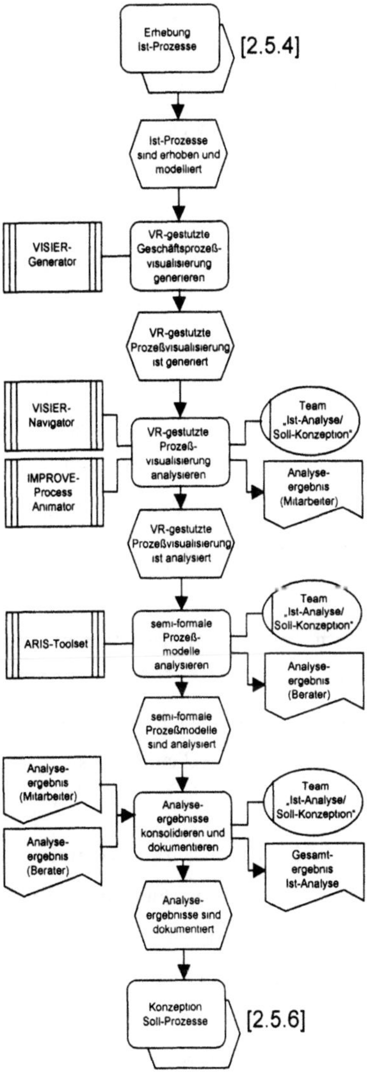

Abb. 2.5.22: Analyse Ist-Prozesse

Den Abschluß der im Rahmen dieses Abschnittes nur grob beschriebenen Analysephase bildet eine durch Mitarbeiter und Berater gemeinsam durchzuführende Konsolidierung und Dokumentation sämtlicher Analyseergebnisse.

2.5.6 Interaktive Soll-Modellierung

Ziel des Vorgehensmodells in Abb. 2.5.23 ist weniger die detaillierte Beschreibung der erforderlichen Schritte zum Entwurf verbesserter Soll-Prozesse, als vielmehr das Aufzeigen genereller Verbesserungspotentiale in dieser Phase durch die Anwendung der vorgestellten Methoden der interaktiven Geschäftsprozeßbeschreibung und intuitiven Prozeßvisualisierung.

Der kreative Anteil im Prozeß der Konzeption verbesserter Soll-Prozesse wird durch die erste Funktion im Vorgehensmodell der Abb. 2.5.23 dargestellt. Dabei entwerfen die Mitglieder des Teams „Ist-Analyse/Soll-Konzeption", zu dem neben Beratern auch Mitarbeiter der Fachabteilungen gehören, ein erstes Grobkonzept auf Basis der Ergebnisse der vorangegangenen Ist-Analyse und unter Verwendung existierender Branchenreferenzmodelle. Im Idealfall löst dieses Grobkonzept eine mit Hilfe des IMPROVE-Systems durchzuführende interaktive (Soll-)Prozeßbeschreibung aus. Diese Prozeßbeschreibung geschieht prinzipiell vollkommen analog zur Dokumentation der aktuellen Ist-Abläufe (vgl. Abschnitt 2.5.4.3). Allerdings ist aufgrund des kreativen Anteils zur Entwicklung neuer Abläufe eine stärkere Moderation und Begleitung durch Berater notwendig.

Die Methodenexperten innerhalb des verantwortlichen Teams entwickeln ihrerseits einen Vorschlag bezüglich neuer, verbesserter Soll-Prozesse beispielsweise mit Hilfe des Modellierungswerkzeuges ARIS-Toolset. Sie tun dies entweder aufbauend auf den Ergebnissen der interaktiven Soll-Modellierung durch die Mitarbeiter oder ausschließlich auf Basis des zu Beginn entworfenen Grobkonzeptes.

Um die entworfenen Soll-Prozesse im Anschluß einer breiten Diskussion zu unterwerfen, ist es wiederum notwendig, die neuen Abläufe einer jeden Detaillierungsstufe anschaulich zu visualisieren. Dieser Forderung tragen insbesondere der VISIER-Generator zur automatischen Generierung VR-gestützter Prozeßdarstellungen und der anschließende Einsatz der Visualisierungssysteme VISIER-Navigator und IMPROVE-Process Animator Rechnung. Das beschriebene Vorgehen unterstützt in diesem wichtigen Entscheidungsprozeß eine verstärkte Beteiligung insbesondere derjenigen Mitarbeiter, denen der Einsatz herkömmlicher abstrakter Prozeßmodelle Verständnisprobleme bereitet. Eine intensive Mitarbeiterbeteiligung in dieser Phase der Entscheidungsfindung, welche durchaus iterativ mehrere Zyklen durchlaufen kann, verspricht darüber hinaus auch eine größere Mitarbeiterakzeptanz in den späteren Phasen der Prozeßimplementierung.

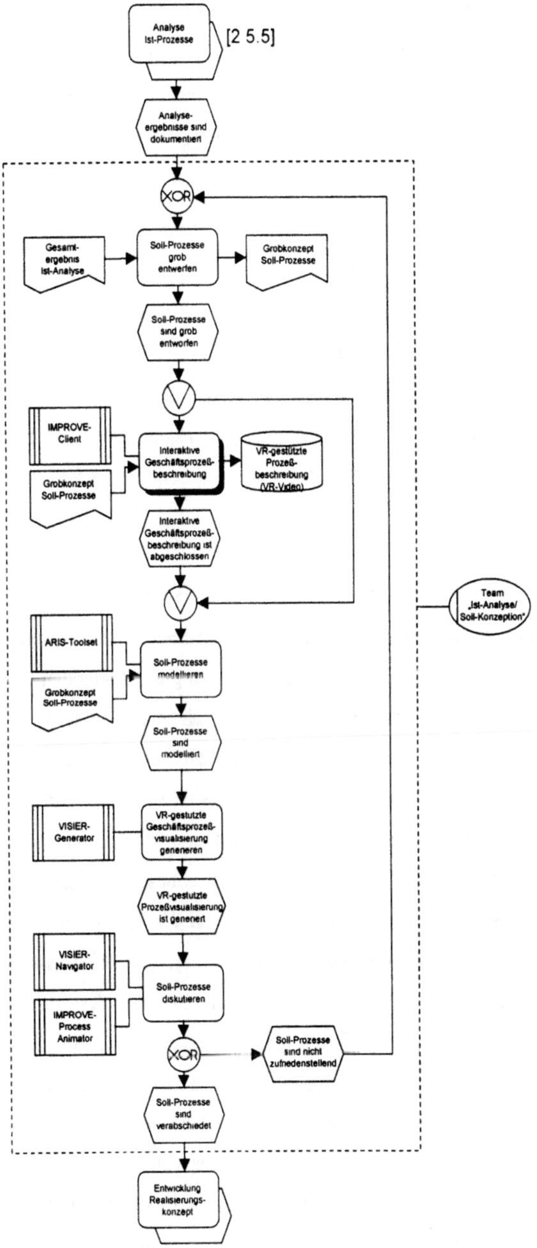

Abb. 2.5.23: Konzeption Soll-Prozesse

2.5.7 Mitarbeiterschulung mit Virtual Reality-gestützten Geschäftsprozeßmodellen

Innerhalb des gesamten Vorgehensmodells zur Reorganisation von Geschäftsprozessen (vgl. Abb. 2.5.1) bildet die Mitarbeiterschulung zusammen mit der technischen Implementierung die letzte Stufe vor der erstmaligen Anwendung der neuen und verbesserten Abläufe. Zielgruppe der Schulung bezüglich der entwickelten Soll-Prozesse sind neben neuen Mitarbeitern vor allem diejenigen Mitarbeiter aus den betroffenen Fachabteilungen, die in den vorangegangenen Phasen der Ist-Analyse und Soll-Konzeption entweder nur gering oder überhaupt nicht beteiligt waren.

Für diese Mitarbeiter ist die VR-gestützte Visualisierung der neuen Geschäftsprozesse, die mit Hilfe der im nächsten Kapitel vorgestellten Systeme VISIER und IMPROVE erzeugt wird, ein geeigneteres Kommunikationsmedium als herkömmliche formale oder semi-formale Prozeßmodelle. Auf die detaillierte Beschreibung der Möglichkeiten zur Integration der beschriebenen intuitiven Prozeßvisualisierung in ein konkretes Schulungskonzept soll an dieser Stelle verzichtet werden, auf deren Bedeutung für den gesamten Schulungserfolg aber besonders hingewiesen werden.

2.5.8 Integration der Modellierungsaktivitäten in die operativen Abläufe

Motivation für die Entwicklung der in diesem Kapitel vorgestellten Methode der interaktiven Geschäftsprozeßmodellierung war die Zielstellung, im Vergleich zu gängigen Methoden mit geringerem Aufwand dennoch bessere Modellierungsergebnisse zu erreichen. Der finanzielle Aufwand für die Durchführung eines Modellierungsprojektes ist deshalb geringer, weil zum einen die Notwendigkeit der Beteiligung teurer Berater mit Methoden-Know-how in der Phase der Wissenserhebung nahezu gänzlich ausgeschlossen wird und zum anderen der daraus resultierende Schulungsbedarf für die an der interaktiven Prozeßbeschreibung beteiligten Mitarbeiter sich aufgrund der Einfachheit der neuen Methode und Werkzeugbedienung auf ein Minimum reduziert. Indirekt zur Reduzierung des Aufwandes trägt auch die Tatsache bei, daß die Notwendigkeit zur zeitlichen und räumlichen Synchronisation der an der Prozeßerhebung beteiligten Mitarbeiter entfällt. Dies ist aufgrund des in Abschnitt 2.5.4.3 vorgestellten Nachrichtenkonzeptes möglich, das sowohl die Kommunikation zwischen den Beteiligten als auch die Feinsteuerung eines Projektes zur interaktiven Prozeßbeschreibung unterstützt. Vorausetzung hierfür ist wiederum die generelle Bereitschaft der Mitarbeiter zur Teilnahme an solchen Ad hoc-Modellierungsprojekten. Ein mögliches Szenario könnte beispielsweise wie folgt beschrieben werden: Sämtliche potentiell an der Verbesserung eigener Geschäftsprozesse zu beteiligende Mitarbeiter sind permanent am IMPROVE-Client angemeldet (wie im oberen Teil des Vorgehensmodells in Abb. 2.5.12 beschrieben und in Abb. 2.5.13 demonstriert). Dieser befindet sich allerdings für den Benutzer unsichtbar im Wartezustand. Erst eine Nachricht eines anderen an der verteilten Prozeßbeschreibung beteiligten Mitarbeiters, übermittelt durch den IMPROVE-Server, löst eigene Aktivitäten zur interaktiven Dokumentation des betrachteten Ablaufs aus. Im Anschluß an diese Aktivitäten und den möglichen Versand eigener Nachrichten geht der IMPROVE-Client wieder in den Wartezustand über, und der Mitarbeiter fährt mit seinen „normalen“ operativen Tätigkeiten fort.

Durch diese Integration in die operativen Abläufe werden die Tätigkeiten zur regelmäßigen Dokumentation der eigenen Geschäftsprozesse zum Normalfall und ihre Notwendigkeit in den Köpfen der Mitarbeiter verankert und motiviert. Durch die einsetzende Regelmäßigkeit der Beschreibung und Verbesserung der aktuellen Geschäftsprozesse wird letztendlich der Forderung nach einer kontinuierlichen Prozeßverbesserung Rechnung getragen, was dem Gesamterfolg der Reorganisationsbemühungen zugute kommt. Ebenfalls zu einer Motivationssteigerung und damit zu einer Verbesserung des Gesamterfolges dürfte die durch die neue Methode nahezu durchgängig geforderte aktive Mitarbeiterbeteiligung führen. Ein weiterer Teil des positiven Gesamtergebnisses sind nicht zuletzt die hinsichtlich Vollständigkeit und Korrektheit verbesserten Modellierungsresultate, die aus der Tatsache resultieren, daß die Mitarbeiter als Träger des Prozeßwissens selbst für den Inhalt der Modelle verantwortlich sind (vgl. Abschnitt 2.3.1).

2.6 Anwendungskriterien

Die generelle Motivation für den Einsatz der Methode der interaktiven Geschäftsprozeßmodellierung wurde im Zusammenhang mit den in Unterkapitel 2.3 formulierten Zielen „Verbesserung der Qualität der Modellierungsergebnisse" und „Verbesserung der Wirtschaftlichkeit des Modellierungsprozesses" gegeben. Trotz der daraus abzuleitenden prinzipiellen Einsatztauglichkeit der neuen Methode in unterschiedlichen Projektszenarien sollen an dieser Stelle zwei Anwendungskriterien herausgestellt werden, welche die Einsatzmöglichkeiten der neuen Modellierungsmethode erneut auf den Prüfstand stellen.

2.6.1 Art der Geschäftsprozesse

Unabhängig von der Branche der betrachteten Unternehmung, deren Geschäftsprozesse modellhaft dargestellt werden sollen, haben die in Abschnitt 2.3.1 beschriebenen Auswirkungen der interaktiven Prozeßmodellierung auf den Modellierungsgrundsatz der Relevanz bereits gezeigt, daß sich die neue Methode eher für die Dokumentation von Detailprozessen, als für die Beschreibung betrieblicher Abläufe auf einem hohen Abstraktionsniveau eignet. Im Gegensatz dazu ermöglicht die VR-gestützte Prozeßvisualisierung eine intuitive Darstellung sowohl von Detail- als auch von Grobprozessen.

Darüber hinaus begrenzt die Definition der Beschreibungssprache zur interaktiven Geschäftsprozeßerhebung (vgl. Abschnitt 2.4.4) die Menge der zur Verfügung stehenden Sprachkonstrukte auf Benutzerinteraktionen zur Dokumentation informations- und materialtransformierender Tätigkeiten sowie kommunikativer Funktionen. Die Beschreibung kognitiver Prozesse mit Mitteln der interaktiven Prozeßmodellierung ist dagegen nur dann möglich, wenn mindestens ein Informationsobjekt In- oder Output der zu dokumentierenden kognitiven Tätigkeit ist und damit als Bearbeitungsobjekt einer eigentlich doch informationsverarbeitenden Funktion dienen kann. Insgesamt sind Prozesse mit einem hohen Anteil informationstransformierender Tätigkeiten der geeignetere Betrachtungsgegenstand für die interaktive Geschäftsprozeßmodellierung durch die verantwortlichen Mitarbeiter, als Abläufe mit einem hohen Anteil materialverarbeitender Aktivitäten. Dies liegt zum einen an der Tatsache, daß sich Arbeitsumgebungen im Umfeld von Verwaltungen aufgrund einer verstärkten Durchdringung mit den für die interaktive Prozeßmodellierung benötigten PC-Arbeitsplätzen besser eignen, als Arbeitsumgebungen in einem industriellen Fertigungsumfeld. Zum anderen sind industrielle Fertigungsprozesse traditionsgemäß durch Arbeitspläne bereits sehr exakt beschrieben,[240] so daß die Notwendigkeit einer detaillierten Modellierung solcher Prozesse durch die beteiligten Mitarbeiter zumindest zum Zwecke einer Ist-Beschreibung von vorne herein in Frage gestellt werden muß.

Im Gegensatz zur interaktiven Geschäftsprozeßmodellierung ist die VR-gestützte Prozeßvisualisierung (vgl. Abschnitt 2.4.5.3) gleichermaßen für verstärkt informationsverarbeitende Verwaltungsabläufe und für schwerpunktmäßig materialtransformierende Fertigungs- und Montageprozesse im industriellen Umfeld geeignet. Dies zeigt insbesondere die Beschreibung der VR-Anwendungsgebiete „Visual Engineering“ und „Informations- und Geschäftsprozeßmanagement“ in den Abschnitten 1.3.4.9 und 1.3.4.11.

2.6.2 Aufbauorganisation

Ein weiteres Kriterium zur Beurteilung der Sinnhaftigkeit und Notwendigkeit des Methodeneinsatzes der interaktiven Prozeßmodellierung stellt die Aufbauorganisation der betrachteten Unternehmung dar. Im Rahmen dieser Betrachtung soll lediglich zwischen zentralen und dezentralen Organisationsformen unterschieden werden, die sich insbesondere durch die geographische Verteilung der für die Prozeßmodellierung relevanten Mitarbeiter und Organisationseinheiten auf unterschiedliche Unternehmungsstandorte ausdrückt. Die Erhebung und Modellierung von Abläufen, die sich lediglich über einen Standort erstrecken, bedeutet zumindest in Bezug auf die Koordination der benötigten Mitarbeiter einen wesentlich geringeren Aufwand als die Erhebung und Modellierung von Prozessen, die mehrere, eventuell weit voneinander entfernte, Standorte berühren. Dieser Koordinationsaufwand wird noch größer, wenn man Geschäftsprozesse auch über Unternehmungsgrenzen hinweg bis zu Kunden und Lieferanten betrachtet.

Insbesondere diese standort- oder unternehmungsübergreifenden Prozesse repräsentieren ein wichtiges Anwendungsszenario für eine verteilte interaktive Geschäftsprozeßmodellierung. Die Reduzierung des notwendigen Koordinationsaufwandes wird innerhalb dieses Szenarios durch die Nutzung eines Intra- oder Extranets als technische Informations- und Kommunikationsplattform des einzusetzenden Modellierungswerkzeuges IMPROVE (vgl. Unterkapitel 3.4) unterstützt. Darüber hinaus wird auch die Notwendigkeit zur zeitlichen Synchronisation der verteilten Modellierungsaktivitäten durch das in Abschnitt 2.4.4.5 vorgestellte Nachrichtenkonzept zur Feinsteuerung der Prozeßmodellierung und durch die in Abschnitt 2.5.8 propagierte Integration der Modellierungsaktivitäten in die operativen Abläufe reduziert.

---

240 Vgl. Scheer, ARIS–House of Business Engineering 1996, S. 2-7.

3 Werkzeugunterstützung der interaktiven Geschäftsprozeßmodellierung

Im Mittelpunkt der Werkzeugunterstützung für die Methode der interaktiven Geschäftsprozeßmodellierung steht das System IMPROVE, das in Unterkapitel 3.3 vorgestellt wird. Zur Unterstützung derjenigen Phasen im Verlauf eines Reorganisationsprojektes, in denen die Visualisierung bereits modellierter Unternehmungsabläufe eine zentrale Rolle spielt, dient das System VISIER, dessen Beschreibung Gegenstand des Unterkapitels 3.4 ist. Zuvor werden die beiden Systeme jedoch im Rahmen des Unterkapitels 3.2 in eine Gesamtarchitektur integriert, welche die Werkzeugunterstützung, zumindest aus prozeßmodellierungstechnischer Sicht, für alle Phasen eines Reorganisationsprojektes abbildet.

3.1 Anforderungen

Neben der generellen Forderung nach einer Unterstützung der in Kapitel 2 vorgestellten Methode der interaktiven Geschäftsprozeßmodellierung können weitere Anforderungen an die einzusetzenden Software-Werkzeuge formuliert werden. Diese Forderungen betreffen die Benutzungsschnittstellen und die Flexibilität der Systeme IMPROVE und VISIER sowie die Hard- und Software-technischen Voraussetzungen für deren Installation und Einsatz.

3.1.1 Benutzungsschnittstellen

Um die zentrale Zielstellung einer verstärkten Mitarbeiterbeteiligung im Verlauf von Reorganisationsprojekten zu unterstützen, muß sich neben der Methode der interaktiven Geschäftsprozeßmodellierung auch deren Werkzeugunterstützung durch Einfachheit in der Anwendung auszeichnen. Einfache Werkzeugbedienung bedeutet für die Benutzungsschnittstellen der Systeme IMPROVE und VISIER vor allem eine überschaubare Anzahl zweidimensionaler grafischer Dialogelemente innerhalb der Systemoberflächen und damit auch der abrufbaren Systemfunktionalitäten.

Die verwendeten Dialoge selbst sollten den in Abschnitt 1.3.5.2 vorgestellten Grundsätzen der Dialoggestaltung und Prinzipien der Darstellung und Eingabe von Informationen genügen.

Die dreidimensionalen Virtual Reality (VR)-gestützten Komponenten innerhalb der Benutzungsschnittstellen sollten sich durch eine intuitive, d.h. realitätsnahe und selbsterklärende, Visualisierung der unterschiedlichen Elemente der zu erhebenden beziehungsweise darzustellenden Geschäftsprozesse auszeichnen. Neben der Anschaulichkeit der grafischen Darstellungen ist die Einfachheit der Navigation innerhalb dieser dreidimensionlen Visualisierung insbesondere für ungeübte Benutzer von entscheidender Bedeutung, um mögliche Berührungsängste beim Umgang mit virtuellen Umgebungen zu vermeiden oder zumindest abzubauen. Dazu ist es beispielsweise notwendig, die prinzipiell bestehenden Freiheitsgrade bezüglich Benutzerbewegung und -drehung im Rahmen der dreidimensionalen Navigation soweit einzuschränken, daß ungewollte und für den Bediener unnatürliche Bewegungen und ein damit einhergehender Verlust der räumlichen Orientierung vermieden werden können.

3.1.2 Flexibilität

Die zweite Gruppe von Anforderungen an die Werkzeugunterstützung der interaktiven Geschäftsprozeßmodellierung bezieht sich auf die Flexibilität der einzusetzenden Systeme. Die in Abb. 3.2.2 dargestellte Gesamtarchitektur der Systeme IMPROVE und VISIER ist so flexibel, daß eine Anwendung der beiden Werkzeuge auch in solchen Systemumgebungen möglich ist, in deren Mittelpunkt ein anderes zweidimensionales Modellierungswerkzeug als das im Rahmen dieser Arbeit gewählte ARIS-Toolset steht.

Neben dieser technischen Flexibilität, die sich im Wesentlichen durch die Adaptierbarkeit der Software-Schnittstellen zum eingesetzten 2D-Modellierungswerkzeug auszeichnet, sollte die Werkzeugunterstützung zur Visualisierung und Modellierung von Geschäftsprozessen auch methodische Flexibilität aufweisen. Dies bedeutet im Idealfall, daß neben den in Unterkapitel 2.4 vorgestellten Beschreibungssprachen, die im Verlauf der in Unterkapitel 2.5 beschriebenen Projektphasen zum Einsatz kommen, auch andere Beschreibungssprachen unterstützt werden. Beispielsweise sollten neben der in dieser Arbeit vorgeschlagenen Prozeßdokumentation in der Notation der erweiterten Ereignisgesteuerten Prozeßkette (eEPK) auch alternative Prozeßbeschreibungen durch das System IMPROVE generierbar sein. Daneben sollten zukünftige Spracherweiterungen der interaktiven Geschäftsprozeßmodellierung ebenfalls durch das IMPROVE-System unterstützt werden.

3.1.3 Technische Systemvoraussetzungen

Nicht nur die Einfachheit der Werkzeugunterstützung der interaktiven Prozeßmodellierung, die sich unter anderem in klaren und überschaubaren Benutzungsschnittstellen ausdrücken soll, sondern auch die technische Verfügbarkeit der benötigten Systeme an möglichst vielen Arbeitsplätzen ist eine wichtige Voraussetzung für eine breite Mitarbeiterbeteiligung im Rahmen von Modellierungs- und Reorganisationsprojekten. Aus diesem Grund sind geringe technische Systemvoraussetzungen eine weitere Anforderung an die Werkzeugunterstützung der interaktiven Geschäftsprozeßmodellierung. Die Anforderungen an die benötigte Hardware dürfen die zum jeweiligen Zeitpunkt aktuelle Ausstattung eines PCs der oberen Leistungsklasse bezüglich Prozessor, Taktfrequenz, Arbeitsspeicher und Grafikkarte nicht übersteigen.

Die Software-technischen Voraussetzungen sollten sich im Wesentlichen auf einen für Internet-basierte Anwendungen üblicherweise benötigten World Wide Web (WWW)-Browser beschränken. Diese einzige Voraussetzung in Form eines WWW-Browsers garantiert auch gleichzeit die Plattformunabhängigkeit zumindest der an den PC-Arbeitsplätzen der Mitarbeiter zu installierenden Software-Komponenten.

3.2 Gesamtarchitektur

Die Gesamtarchitektur der benötigten Werkzeugunterstützung für die interaktive Geschäftsprozeßmodellierung und intuitive Prozeßvisualisierung wird im Folgenden aus zwei unterschiedlichen Blickwinkeln betrachtet. Für einen EDV-Systemadministrator beispielsweise, der mit der Installation der im Anschluß an dieses Unterkapitel vorgestellten Software-Systeme IMPROVE und VISIER beauftragt ist, ist die physikalische Verteilung der einzelnen Software-Komponenten von besonderem Interesse. Dieser Fragestellung nimmt sich der Abschnitt „Netzwerkarchitektur" an. Aus der Sicht eines Software-Technikers sind eher die logischen Beziehungen zwischen den einzelnen Komponenten von Bedeutung. Diesem Thema widmet sich auf grober Ebene der Abschnitt „Software-Architektur". Die detaillierte Beschreibung des inneren Aufbaus der Systemkomponenten innerhalb der Werkzeuge IMPROVE und VISIER ist Gegenstand der sich daran anschließenden Unterkapitel 3.3 und 3.4.

3.2.1 Netzwerkarchitektur

Im Mittelpunkt der in Abb. 3.2.1 dargestellten Systemlandschaft stehen das ARIS-Toolset sowie die Systeme IMPROVE und VISIER zur Geschäftsprozeßmodellierung und –visualisierung. Das Repository innerhalb der Server-Komponente des ARIS-Toolsets dient zum einen der Speicherung der unterschiedlichen Strukturmodelle, die als Input für das IMPROVE-System dienen, sowie zur Speicherung der automatisch erzeugten Geschäftsprozeßmodelle. Zum anderen werden auch Prozeßmodelle, die unabhängig vom IMPROVE-System entwickelt worden sind, und durch das System VISIER anschaulich visualisiert werden sollen, im ARIS-Repository abgelegt. Zur Eingabe der Input-Modelle und zur Analyse der generierten zweidimensionalen Prozeßmodelle dienen ein oder mehrere angeschlossene ARIS-Toolset-Clients.

Zentrale Komponente des IMPROVE-Systems ist der IMPROVE-Server. Dieser tauscht die zur interaktiven Ablaufbeschreibung benötigten Informationen mit den verbundenen IMPROVE-Clients aus. Diese Clients wiederum werden von den Arbeitsplätzen der an der Prozeßmodellierung beteiligten Mitarbeiter aus aufgerufen.

Zur grafischen Synchronisation der verschiedenen Mitarbeiterrepräsentanten (Avatare) und ihrer Interaktionen innerhalb der verteilten VR-gestützten Unternehmungsvisualisierung dient der zentrale Session-Master, der wiederum über den angeschlossenen Communication-Server mit den beteiligten IMPROVE-Clients kommuniziert.[240] Diese beiden Software-Komponenten lassen beispielsweise einen in einem virtuellen Büro befindlichen Avatar auf den Bildschirmen derjenigen Mitarbeiter erscheinen, die mit Hilfe ihres eigenen Avatars dasselbe virtuelle Büro betreten haben.

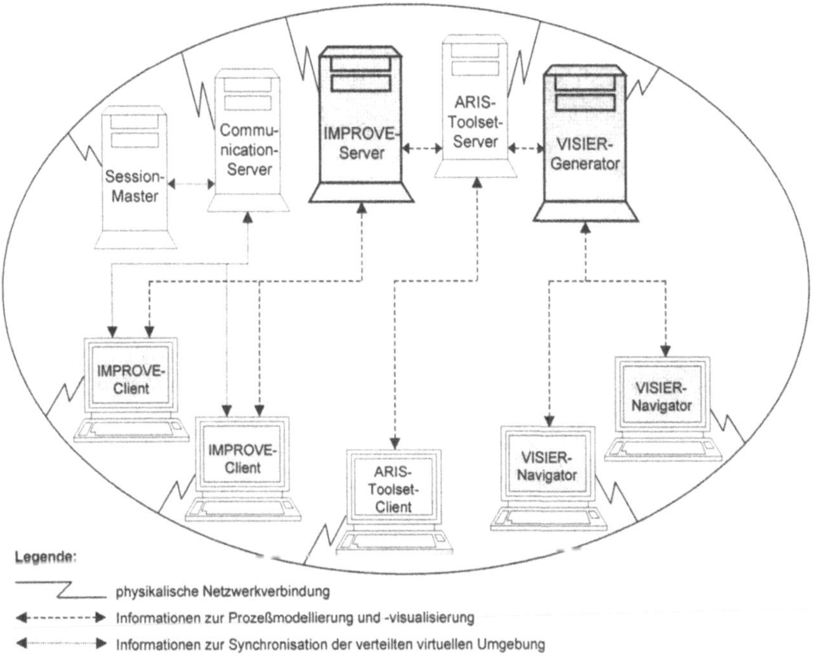

Abb. 3.2.1: Netzwerkarchitektur[241]

Kernkomponente des Prozeßvisualisierungssystems VISIER ist der VISIER-Generator, der die im ARIS-Toolset-Server abgelegten semi-formalen Prozeßmodelle in eine VR-gestützte Darstellungsform überführt. Die Betrachtung und Analyse der offline erzeugten Geschäftsprozeßvisualisierung erfolgt mit Hilfe der Software-Komponente VISIER-Navigator von beliebig vielen Arbeitsplätzen aus.

Die physikalische Verbindung der vorgestellten Systemkomponenten, insbesondere der zentralen Komponenten mit den World Wide Web (WWW)-basierten Clients, erfolgt sowohl im

240 Die Software-Komponenten Communication-Server und Session-Master sind Bestandteil der VR-Laufzeitumgebung Paraworld™ für verteilte virtuelle Welten der VRT Deutschland GmbH.

241 In Anlehnung an: Leinenbach/Seel/Scheer, Mitarbeiter-orientierte Geschäftsprozeßmodellierung 1999, S. 296.

Falle kleiner Unternehmungsstandorte als auch im Falle größerer oder verteilter Standorte unter Verwendung von Internet-Technologien über das Unternehmungsnetzwerk (Intranet).

3.2.2 Software-Architektur

Das Unified Modeling Language (UML)-Klassendiagramm in Abb. 3.2.2 beschreibt die grobe Software-Architektur der Systeme IMPROVE und VISIER. Die 1:n-Assoziation zwischen den Klassen ARIS-TOOLSET-SERVER und ARIS-TOOLSET-CLIENT beschreibt die Client/Server-Kommunikation zwischen diesen beiden Software-Komponenten zur Verwaltung und Analyse der unterschiedlichen Modelle im Verlauf der interaktiven Prozeßmodellierung und –visualisierung.

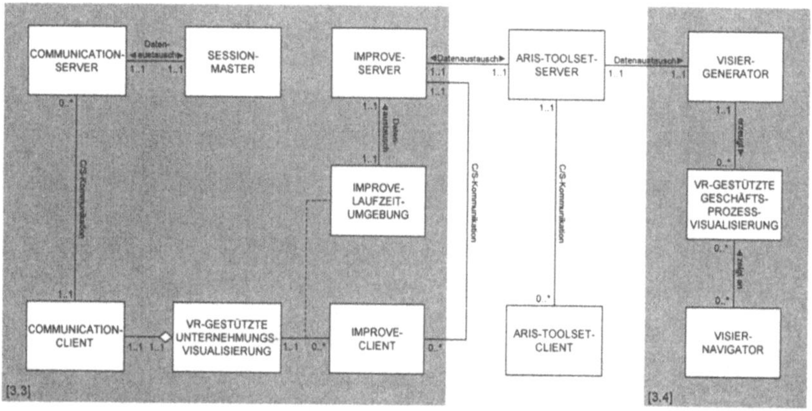

Abb. 3.2.2: Grobe Software-Architektur

Innerhalb des IMPROVE-Systems stehen die Hauptkomponenten IMPROVE-SERVER und IMPROVE-CLIENT ebenfalls über ihre Client/Server-Kommunikation in einer 1:n-Beziehung zueinander. Eine weitere Komponente des IMPROVE-Systems im engeren Sinne wird durch die Klasse VR-GESTÜTZTE UNTERNEHMUNGSVISUALISIERUNG repräsentiert. Eine Ausprägung dieser Klasse steht im Mittelpunkt der IMPROVE-LAUFZEITUMGEBUNG, in der die Benutzer mit Hilfe der angeschlossenen IMPROVE-CLIENTS interagieren. Die Laufzeitumgebung wird mit Hilfe des COMMUNICATION-CLIENTS als integraler Bestandteil der VR-GESTÜTZTEN UNTERNEHMUNGSVISUALISIERUNG durch eine Instanz der Klasse COMMUNICATION-SERVER synchronisiert. An diese wiederum ist zusätzlich der SESSION-MASTER angegliedert. Die IMPROVE-LAUFZEITUMGEBUNG ist gleichzeitig Datenlieferant für die VR-gestützte Geschäftsprozeßanimation, die durch den IMPROVE-SERVER generiert wird.

Das VISIER-System zur anschaulichen Visualisierung vorhandener Geschäftsprozeßmodelle besteht aus dem VISIER-GENERATOR, der die im ARIS-TOOLSET-SERVER abgespeicherten Prozeßmodelle offline in die VR-gestützte Darstellungsform überführt, und der WWW-basierten Visualisierungskomponente VISIER-NAVIGATOR, welche die erzeugte Prozeßdarstellung anzeigt. Diesen Sachverhalt drückt im Klassendiagramm in Abb. 3.2.2 die Klasse VR-GESTÜTZTE GESCHÄFTSPROZESSVISUALISIERUNG zusammen mit ihren Assoziationen zu den Klassen VISIER-GENERATOR und VISIER-NAVIGATOR aus.

3.3 Das System IMPROVE zur interaktiven Geschäftsprozeßmodellierung

Im Mittelpunkt der folgenden Systemvorstellung steht die Beschreibung des IMPROVE-Servers und des IMPROVE-Clients. Beide Software-Komponenten werden anhand ihrer generellen Funktionsweise und ihrer Systemarchitektur erklärt. Den Abschluß dieses Unterkapitels bildet ein durchgängiges Anwendungsszenario, das den Einsatz der unterschiedlichen Software-Werkzeuge in den einzelnen Phasen eines Projektes zur interaktiven Geschäftsprozeßmodellierung demonstriert und damit gleichzeitig eine kompakte Zusammenfassung der in dieser Arbeit vorgestellten Modellierungsmethode darstellt.

3.3.1 IMPROVE-Server

3.3.1.1 Funktionsweise

Abb. 3.3.1 beschreibt die grobe Struktur des IMPROVE-Servers und die wichtigsten Informationsflüsse zwischen den einzelnen Server-Komponenten. Der IMPROVE-Content Builder liest die im ARIS-Toolset-Server abgespeicherten Modelle zur Beschreibung der statischen Unternehmungsstruktur aus und überführt sie in eine neutrale Datenstruktur, die wiederum an die einzelnen IMPROVE-Clients übertragen werden kann. Die übertragenen Informationen liefern damit den Inhalt der Dialoge, die durch die IMPROVE-Clients während der interaktiven Geschäftsprozeßbeschreibung eingeblendet werden.

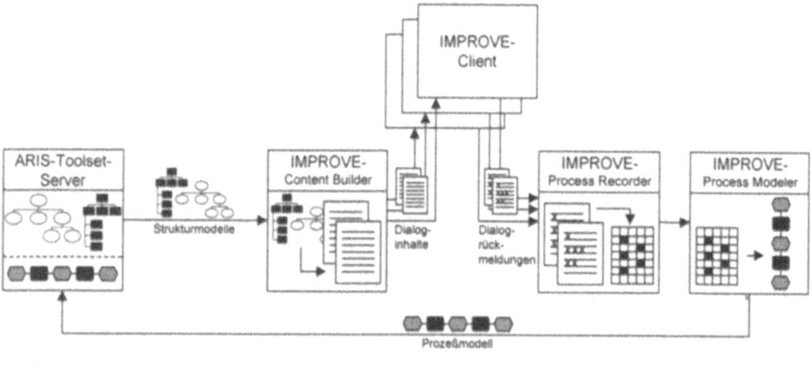

Abb. 3.3.1: Funktionsweise des IMPROVE-Servers

Die Auswertungen der im Verlauf der Prozeßbeschreibung durch die IMPROVE-Clients bearbeiteten Dialoge werden auf umgekehrtem Weg an den IMPROVE-Process Recorder zurückgemeldet. Dieser konsolidiert die Meldungen der unterschiedlichen Clients und stellt sie in eine gemeinsame Datenstruktur ein, die Ausgangsbasis für die Generierung semi-formaler Prozeßmodelle in der Notation der erweiterten Ereignisgesteuerten Prozeßkette (eEPK) ist.

Die Generierung selbst wird im Anschluß an die letzte Interaktion durch einen IMPROVE-Client angestoßen und von der Server-Komponente IMPROVE-Process Modeler durchgeführt. Die erzeugten Prozeßmodelle werden im letzten Schritt im Repository des ARIS-Toolset-Servers abgespeichert.

3.3.1.2 Systemarchitektur

Eine technische Beschreibung der statischen Systemarchitektur des IMPROVE-Servers zeigt das UML-Klassendiagramm in Abb. 3.3.2. Der Server setzt sich aus insgesamt sechs unterschiedlichen Komponenten zusammen, von denen vier in den folgenden Abschnitten erläutert werden.

Der Datenaustausch zwischen IMPROVE-SERVER und ARIS-TOOLSET-SERVER – Strukturmodelle in die eine Richtung, Prozeßmodelle in die andere Richtung - erfolgt über das APPLICATION PROGRAMMING INTERFACE (API) des ARIS-TOOLSET-REPOSITORY. Diese Schnittstelle ist integraler Bestandteil des ARIS-TOOLSET-SERVERS. Auf der Seite des IMPROVE-SERVERS wird sie durch eine Dynamic Link Library (DLL) gebildet. Der Datenaustausch zwischen diesen beiden API-Komponenten erfolgt hinsichtlich ihrer Verteilung im zugrunde liegenden Netzwerk transparent. Damit ist es möglich, den IMPROVE-SERVER zusammen mit dem ARIS-TOOLSET-SERVER sowohl auf einem gemeinsamen PC-System, als auch auf verteilten Systemen innerhalb des Netzwerkes zu betreiben.

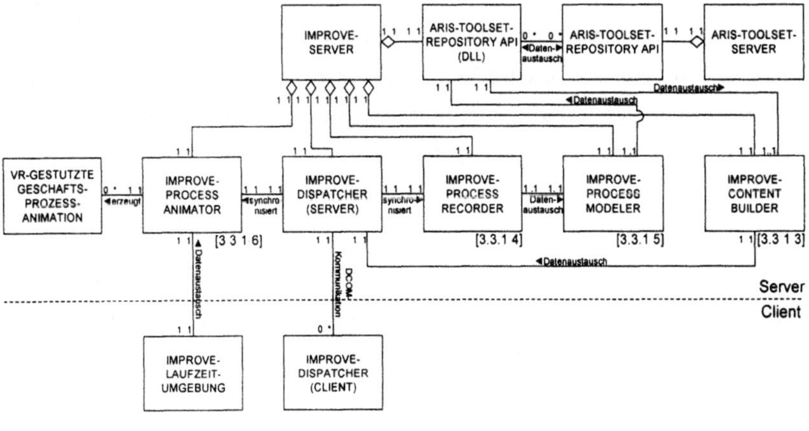

Abb. 3.3.2: Systemarchitektur des IMPROVE-Servers

Die zweite Komponente und gleichzeitig zweite Schnittstelle des IMPROVE-SERVERS nach außen ist der IMPROVE-DISPATCHER, der mit den gleichnamigen Komponenten auf Seiten der IMPROVE-Clients eine Kommunikationsverbindung unter Verwendung des Distributed Component Object Model (DCOM)[242]-Protokolls aufbaut. Erste Aufgabe dieser Komponente ist die Übertragung der über das API eingelesenen und durch den IMPROVE-CONTENT BUILDER aufbereiteten Informationen an die angeschlossenen IMPROVE-Clients. Zweite Aufgabe ist der Empfang von Rückmeldungen, welche die unterschiedlichen Interaktionen, d.h. Dialogbearbeitungen, der einzelnen IMPROVE-Clients repräsentieren. Dazu muß der IMPROVE-DISPATCHER in der Lage sein, die eventuell zeitgleich eintreffenden Mitteilungen zu serialisieren. Erst dann kann er die Informationen zur Weiterbearbeitung an die Server-Komponenten IMPROVE-PROCESS ANIMATOR und IMPROVE-PROCESS RECORDER weiterleiten.

3.3.1.3 IMPROVE-Content Builder: Bereitstellung der statischen Unternehmungsstruktur

Der IMPROVE-Content Builder überführt die über das API ausgelesenen Modelle zur Beschreibung der statischen Unternehmungsstruktur in eine Zwischendarstellung, die auf Baum- und Graphstrukturen basiert, welche wiederum mit den für die interaktive Prozeßmodellierung relevanten Informationen dekoriert sind. Diese Strukturen erlauben den effizienten Zugriff auf die im Verlauf der Prozeßbeschreibung benötigten Elemente der Unternehmungsstruktur. Zu diesem Zweck bietet der IMPROVE-Content Builder insbesondere dem IMPROVE-Dispatcher Dienste zum Zugriff auf diese Zwischendarstellung an. Damit stehen sowohl Ergänzungen, als auch Änderungen der statischen Unternehmungsstruktur, die durch die Benutzer mit Hilfe der Informationsdialoge im Verlauf der interaktiven Prozeßdokumentation vorgenommenen werden können, zeitnah allen angeschlossenen IMPROVE-Clients zur Verfügung. Die angesprochenen Ergänzungen bzw. Änderungen der Unternehmungsstruktur werden im Anschluß an die Prozeßerhebung zusammen mit den durch den IMPROVE-Process Modeler generierten Prozeßmodellen im ARIS-Toolset-Server abgespeichert.

3.3.1.4 IMPROVE-Process Recorder: Interaktive Geschäftsprozeßbeschreibung

Mit Hilfe des IMPROVE-Process Recorders werden die von den verschiedenen Benutzern an den im Netzwerk verteilten IMPROVE-Clients vorgenommenen Beschreibungsaktivitäten an

242 Vgl. Eddon/Eddon, Inside Distributed COM 1998.

zentraler Stelle aufgezeichnet und verwaltet. Dazu steht eine graphbasierte Datenstruktur zur Verfügung, in der die vom Benutzer mit Hilfe der Informationsdialoge eingegebenen Informationen abgespeichert werden. Darüber hinaus werden in dieser Datenstruktur die im Verlauf der Dialogbearbeitung ausgewählten Bearbeitungsobjekte oder –werkzeuge als Verweise auf die entsprechenden Elemente der durch den IMPROVE-Content Builder verwalteten statischen Unternehmungsstruktur abgelegt.

Die einzelnen Prozeßbeschreibungen der unterschiedlichen Benutzer werden in getrennten Beschreibungspfaden innerhalb der graphbasierten Datenstruktur verwaltet. Mögliche Abhängigkeiten und Schnittstellen zwischen einzelnen Pfaden werden durch den IMPROVE-Dispatcher synchronisiert. Durch diesen Mechanismus kann der IMPROVE-Process Recorder eine integrierte Datenstruktur bereitstellen, die die gesamte interaktive Geschäftsprozeßbeschreibung durch alle beteiligten Benutzer repräsentiert.

3.3.1.5 IMPROVE-Process Modeler: Automatische Generierung semi-formaler Prozeßmodelle

Die vom IMPROVE-Process Recorder verwaltete integrierte Datenstruktur, welche die Ergebnisse der interaktiven Prozeßbeschreibung beinhaltet, wird nach Abschluß der letzten Benutzerinteraktion im Batch-Verfahren in ein semi-formales Prozeßmodell in der Notation der eEPK überführt. Dazu wird für diejenigen Einträge innerhalb der durch den IMPROVE-Process Recorder bereitgestellten Datenstruktur, die eine informations- oder materialtransformierende, oder eine kommunikative Tätigkeit repräsentieren, ein Prozeßpartikel erzeugt, welcher wiederum aus der beschriebenen Funktion, dem agierenden Benutzer als ausführende Organisationseinheit, den im Dialog ausgewählten Bearbeitungsobjekten und –werkzeugen sowie einem Ereignis besteht, das den Abschluß der Funktion dokumentiert. Kommunikative Tätigkeiten, die Prozeßbeschreibungsaktivitäten beim Adressaten parallel zu denen des Absenders auslösen, erzeugen im Anschluß an das vorangegangene Ereignis einen logischen „UND"-Konnektor, der die beiden parallelen Bearbeitungspfade miteinander verknüpft. Die Deklaration alternativer Prozeßbearbeitungsmöglichkeiten durch einen Benutzer generiert dagegen einen logischen „ODER"-Konnektor, der die im Anschluß sequentiell beschriebenen, alternativen Prozeßbearbeitungspfade verbindet. Die erzeugten Prozeßpartikel werden gemäß der Reihenfolge, die innerhalb der Datenstruktur des IMPROVE-Process Reocorders durch die einzelnen Beschreibungspfade dokumentiert ist, miteinander verbunden.

Das Ergebnis des Generierungslaufs wird über das API des ARIS-Toolset-Servers in dessen Repository eingestellt, zusammen mit der aktualisierten Datenstruktur des IMPROVE-

Content Builders zur Dokumentation der statischen Unternehmungsstruktur, die damit auch für nachfolgende interaktive Prozeßbeschreibungen zur Verfügung steht.

3.3.1.6 IMPROVE-Process Animator: Virtual Reality-gestützte Geschäftsprozeßanimation

Die in den vorangegangenen Abschnitten vorgestellten Server-Komponenten unterstützen die Aufzeichnung und Formalisierung des durch die Mitarbeiter interaktiv beschriebenen Geschäftsprozeßwissens. Im Gegensatz dazu hat der IMPROVE-Process Animator nicht die Aufgabe, die Prozeßinhalte zu dokumentieren, sondern die von den Benutzern des IMPROVE-Systems ausgeführten *Tätigkeiten zur Beschreibung* der Prozesse aufzuzeichnen. Hierzu werden sämtliche Bewegungen der Benutzerrepräsentanten (Avatare) innerhalb der IMPROVE-Laufzeitumgebung sowie Verweise auf die durchgeführten Interaktionen vermerkt. Diese Vermerke werden vom IMPROVE-Dispatcher synchronisiert und mit der vom IMPROVE-Content Builder bereitgestellten Datenstruktur verknüpft. Dazu senden die IMPROVE-Clients wiederum Meldungen an den IMPROVE-Dispatcher, der sie an den IMPROVE-Process Animator weiterleitet. Hier werden die Meldungen in eine Protokolldatenstruktur eingestellt, die eine spätere Rekonstruktion sämtlicher an den Clients aufgezeichneter Benutzerbewegungen und Dialogbearbeitungen aus Sicht eines jeden Benutzers erlaubt. Die Protokolldatenstruktur wird zusammen mit der Prozeßbeschreibungsdatenstruktur des IMPROVE-Process Recorders in einer Datei abgespeichert und kann bei Bedarf „abgespielt" werden.

3.3.2 IMPROVE-Client

3.3.2.1 Funktionsweise

Der grundsätzliche Aufbau und die prinzipielle Funktionsweise des IMPROVE-Clients sind in Abb. 3.3.3 dargestellt. Aus Sicht des Benutzers wird der IMPROVE-Client in einen World Wide Web (WWW)-Browser geladen und läuft in diesem ab. Wesentliche Bestandteile des IMPROVE-Clients sind neben der Virtual Reality (VR)-gestützten Unternehmungsvisualisierung der Communication-Client und die IMPROVE-Dialog Engine.

Aufgabe des Communication-Clients[243] ist die Aufrechterhaltung einer permanenten Verbindung zum Communication-Server, der die grafische Synchronisation der Avatare und ihrer Interaktionen innerhalb der verteilten virtuellen Unternehmungsumgebung übernimmt.

Die IMPROVE-Dialog Engine empfängt die Informationen über die statische Unternehmungsstruktur vom IMPROVE-Server und bereitet diese in Form zweidimensionaler Dialoge auf, die zur interaktiven Geschäftsprozeßbeschreibung innerhalb der virtuellen Welt eingeblendet und vom Benutzer bearbeitet werden können. Auf umgekehrtem Weg sendet die IMPROVE-Dialog Engine die für die Auswertung und Prozeßmodellgenerierung benötigten Informationen aus den bearbeiteten Dialogen an den IMPROVE-Server zurück.

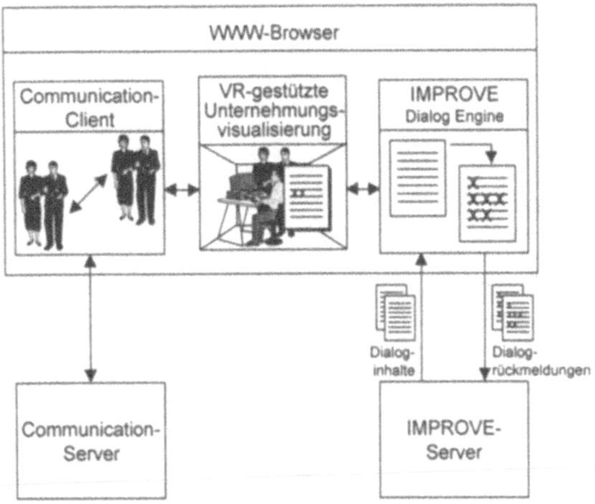

Abb. 3.3.3: Funktionsweise des IMPROVE-Clients

3.3.2.2 *Systemarchitektur*

Das UML-Klassendiagramm in Abb. 3.3.4 dokumentiert die Systemarchitektur des IMPROVE-Clients im Detail. Aus Sicht des Benutzers stellt ein WWW-BROWSER mit Hilfe eines geeigneten Plug-Ins[244] zur Anzeige virtueller Welten die Verbindung zur IMPROVE-LAUFZEITUMGEBUNG her. Diese repräsentiert die von allen angeschlossenen IMPROVE-CLIENTS aus betretene und vom COMMUNICATION-SERVER synchronisierte VR-GESTÜTZTE UNTERNEHMUNGSVISUALISIERUNG. Im Klassendiagramm wird dieser

243 Die Software-Komponente Communication-Client ist ebenso wie die Komponenten Communication-Server und Session-Master Bestandteil der VR-Laufzeitumgebung Paraworld™ für verteilte virtuelle Welten der VRT Deutschland GmbH.

244 Im beschriebenen Anwendungsszenario erfüllt das Plug-In Viscape der Fa. Superscape diese Aufgabe.

Sachverhalt durch die Assoziation zwischen den beiden Klassen beschrieben, welche die genannten Software-Komponenten repräsentieren. Eine Instanz der VR-GESTÜTZTEN UNTERNEHMUNGSVISUALISIERUNG integriert wiederum die Software-Komponente COMMUNICATION-CLIENT, welche die Verbindung zum COMMUNICATION-SERVER herstellt.

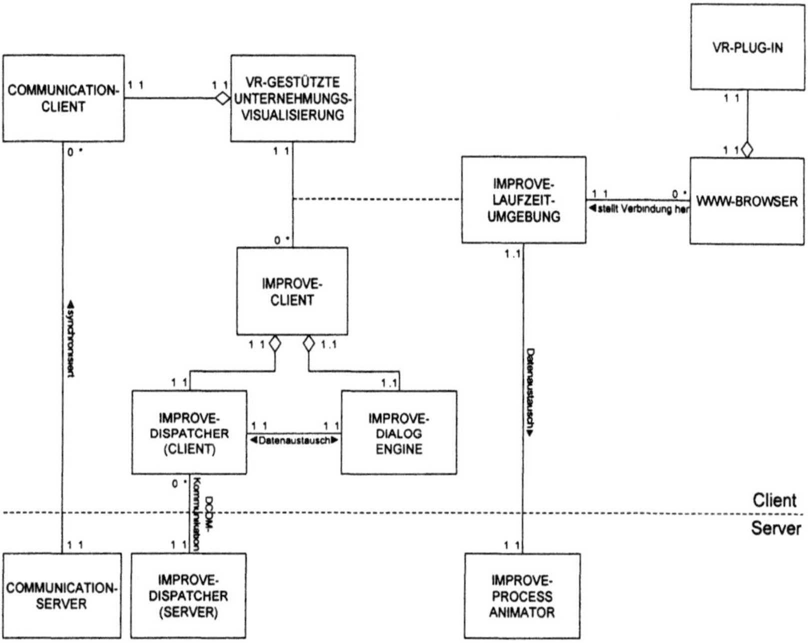

Abb. 3.3.4: Systemarchitektur des IMPROVE-Clients

Die IMPROVE-LAUFZEITUMGEBUNG ist gleichzeitig Datenlieferant für die Server-Komponente IMPROVE-PROCESS ANIMATOR.

Der IMPROVE-CLIENT im engeren Sinne umfaßt die Komponenten IMPROVE-DISPATCHER und IMPROVE-DIALOG ENGINE. Der IMPROVE-DISPATCHER stellt auf Client-Seite das Gegenstück zur gleichnamigen Server-Komponente dar und baut mit dieser eine DCOM-Verbindung auf, über die die vom IMPROVE-Server bereitgestellten Dialoginhalte in die eine Richtung und die Dialogrückmeldungen in die andere Richtung übertragen werden.

Die IMPROVE-DIALOG ENGINE schließlich ist verantwortlich für die grafische Gestalt, den Inhalt, das Einblenden sowie die Auswertung der unterschiedlichen Dialoge im Verlauf der interaktiven Prozeßmodellierung. Implementiert wird die IMPROVE-DIALOG ENGINE mit Hilfe der Klassenbibliothek Microsoft Foundation Classes (MFC).

3.3.3 Anwendungsszenario

Das folgende Anwendungsszenario demonstriert den Einsatz und das Zusammenspiel der beiden Software-Werkzeuge ARIS-Toolset und IMPROVE in den unterschiedlichen Phasen eines Projektes zur Geschäftsprozeßmodellierung. Das Szenario stellt damit gleichzeitig eine anschauliche Zusammenfassung der in Kapitel 2 vorgestellten Methode der interaktiven Geschäftsprozeßmodellierung dar.

3.3.3.1 Modellierung der statischen Unternehmungsstruktur

Die Einordnung des Einsatzes des Modellierungswerkzeuges ARIS-Toolset in das Rahmenkonzept der interaktiven Prozeßmodellierung zeigt Abb. 3.3.5.

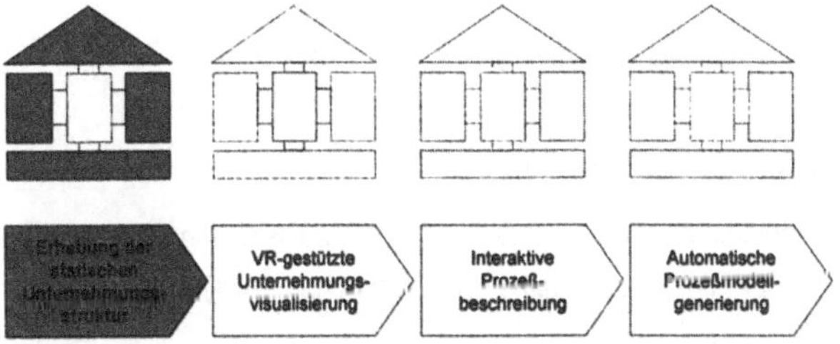

Abb. 3.3.5: Einordnung in das Rahmenkonzept der interaktiven Geschäftsprozeßmodellierung

Abb. 3.3.6 zeigt die Systemoberfläche des ARIS-Toolsets zur Modellierung eines Organigramms, das die statische Aufbauorganisation der betrachteten Unternehmung dokumentiert. Mit dem gleichen System werden Strukturmodelle zur Beschreibung der eingesetzten Werkzeuge und bearbeiteten Informations- und Sachobjekte erzeugt und abgespeichert.

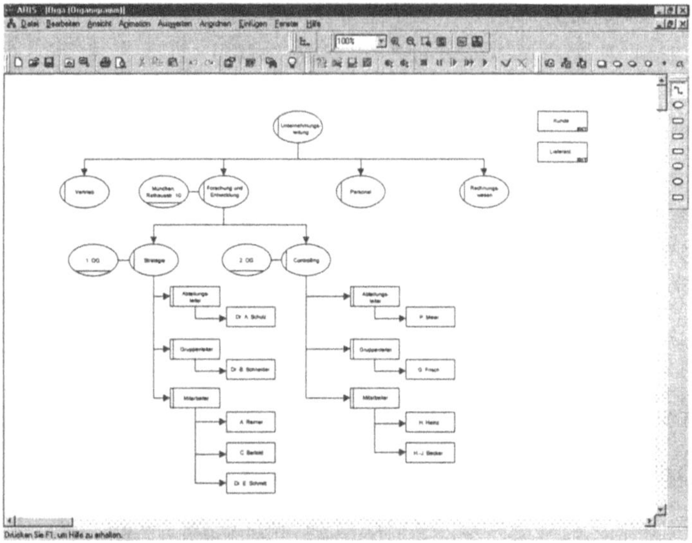

Abb. 3.3.6: Modellierung der statischen Unternehmungsstruktur mit dem ARIS-Toolset

3.3.3.2 Interaktive Geschäftsprozeßbeschreibung

Abb. 3.3.7 visualisiert die Einordnung des Werkzeuges IMPROVE in das Gesamtkonzept der neuen Modellierungsmethode. Auf die Implementierung der VR-gestützten Unternehmungsvisualisierung mit Hilfe einer geeigneten VR-Entwicklungsumgebung soll an dieser Stelle nicht explizit eingegangen werden. Einen Eindruck bezüglich der grafischen Möglichkeiten vermittelt Abb. 2.4.14 in Abschnitt 2.4.3.

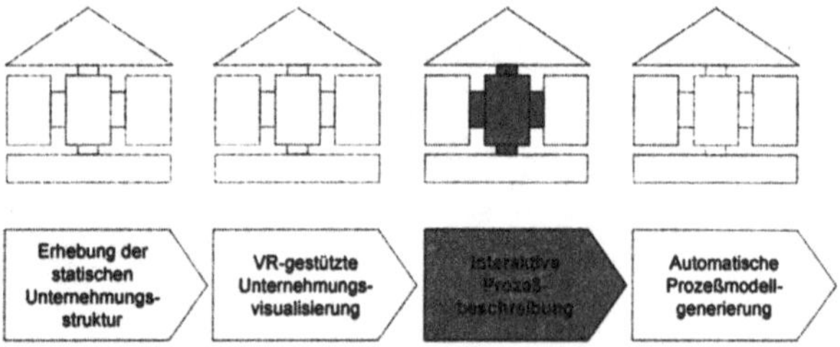

Abb. 3.3.7: Einordnung in das Rahmenkonzept der interaktiven Geschäftsprozeßmodellierung

Die Anmeldung eines Benutzers am IMPROVE-Server über die WWW-basierte Client-Komponente demonstriert der System-Screenshot in Abb. 3.3.8. Die Generierung und Auswertung des mit „1." überschriebenen Dialogfensters geschieht auf die im Folgenden beschriebene Art und Weise durch den IMPROVE-Server und IMPROVE-Client (vgl. hierzu die Systemarchitekturen in Abb. 3.3.2 und Abb. 3.3.4):

Die Einträge der Mitarbeiterliste entstammen den Blättern des in Abb. 3.3.6 dargestellten und im ARIS-Toolset-Server abgespeicherten Organigramms. Über das API des ARIS-Toolset-Repository werden diese Informationen durch den IMPROVE-Server ausgelesen und durch die Server-Komponente IMPROVE-Content Builder in ein Datenformat transformiert, das durch den IMPROVE-Dispatcher an den IMPROVE-Client übertragen werden kann. Diese Datenübertragung erfolgt über eine DCOM-Verbindung zum IMPROVE-Dispatcher auf Client-Seite. Diese Komponente wiederum stellt die übertragenen Daten der IMPOVE-Dialog Engine zur Verfügung, die das in Abb. 3.3.8 gezeigte Dialogfenster erzeugt.

Die Auswahl eines Mitarbeiters aus der im Dialog angezeigten Liste wird ebenfalls durch die IMPROVE-Dialog Engine protokolliert und über die DCOM-Verbindung zwischen der Client- und Server-Komponente des IMPROVE-Dispatchers an den IMPROVE-Server übertragen. Ab dem Zeitpunkt der Weiterleitung dieser Information an den IMPROVE-Process Recorder kennt dieser die organisatorische Verantwortlichkeit für sämtliche Interaktionen im Verlauf der anschließenden Geschäftsprozeßbeschreibung, die mit Hilfe dieses IMPROVE-Clients durchgeführt werden.

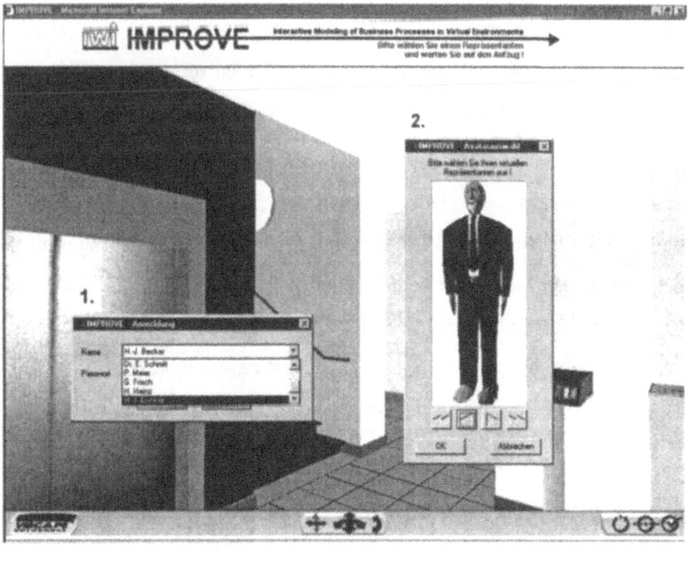

Abb. 3.3.8: Anmelden am IMPROVE-Server

Das zweite Dialogfenster in Abb. 3.3.8 dient der Auswahl eines virtuellen Repräsentanten (Avatar), der den Benutzer des IMPROVE-Clients innerhalb der VR-gestützten Unternehmungsvisualisierung grafisch vertritt und gleichzeitig als Schnittstelle für die direkte Kommunikation zwischen Mitarbeitern innerhalb der virtuellen Welt dient (vgl. Abb. 3.3.11).

Abb. 3.3.9 demonstriert die Möglichkeiten zur Beschreibung eines Telefongespräches innerhalb der VR-gestützten Unternehmungsvisualisierung. Gestartet wird die entsprechende Interaktion durch Aktivierung des im Screenshot markierten virtuellen Telefons per Mausklick. Das sich öffnende Dialogfenster wird vollkommen analog zur oben beschriebenen Vorgehensweise durch den IMPROVE-Client erzeugt und ausgewertet, nachdem es durch den IMPROVE-Server mit den notwendigen Daten versorgt worden ist. Im Falle des in Abb. 3.3.9 dargestellten Dialoges sind das dieselben Informationen über die statische Aufbauorganisation der Unternehmung, die für den Dialog zur Anmeldung am IMPROVE-Server (vgl. Abb. 3.3.8) benötigt werden.

Die beschriebene Telefoninteraktion löst den Versand einer elektronischen Nachricht aus, die vom aktuellen IMPROVE-Client ausgehend über den IMPROVE-Dispatcher innerhalb des IMPROVE-Servers zum IMPROVE-Client der Gegenstelle des virtuellen Telefongesprächs weitergeleitet wird. Im dargestellten Beispielszenario veranlaßt der Inhalt dieser Nachricht den Empfänger, eigene Interaktionen zur Beschreibung des von ihm verantworteten Teilprozesses durchzuführen. Die folgenden Aktivitäten innerhalb der beiden nun aktiven IMPROVE-Clients, die nicht zwingend zeitlich synchron ablaufen müssen, repräsentieren damit eine Parallelbearbeitung innerhalb des realen Geschäftsprozesses.

Das Beispielszenario sieht nun vor, daß der Benutzer des zuerst gestarteten IMPROVE-Clients die Bearbeitung eines papierbasierten Dokumentes simuliert (vgl. Abb. 3.3.10), während der Benutzer des zweiten IMPROVE-Clients mit einem weiteren an der interaktiven Prozeßbeschreibung beteiligten Mitarbeiter kommuniziert (vgl. Abb. 3.3.11). Im ersten Fall wird die Interaktion durch Aktivierung eines virtuellen Aktenschrankes ausgelöst, im zweiten Fall durch Aktivierung des den Mitarbeiter repräsentierenden Avatars. In beiden Fällen stammen die Informationen in den zu bearbeitenden Dialogen aus Strukturmodellen, die im Repository des ARIS-Toolset-Servers gespeichert sind und vom IMPROVE-Server zur Verfügung gestellt werden.

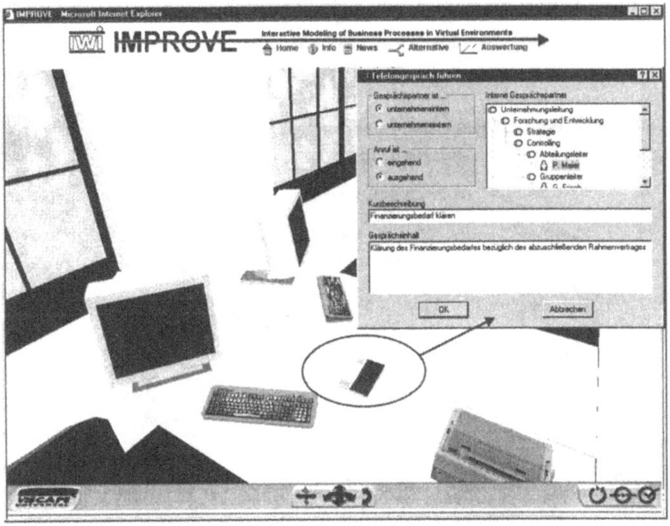

Abb. 3.3.9: Telefongespräch im virtuellen Büro

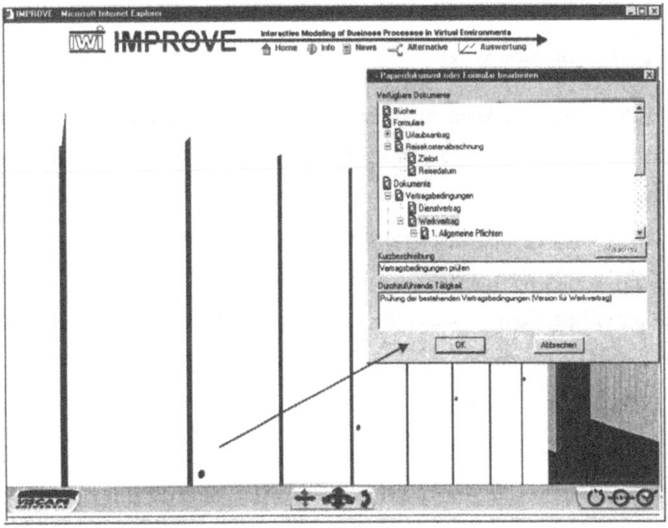

Abb. 3.3.10: Zugriff auf papierbasierte Dokumente

Die beschriebene Parallelbearbeitung innerhalb des Geschäftsprozesses endet mit der Rückmeldung des über das Telefongespräch aktivierten IMPROVE-Clients. Diese Rückmeldung an den Auslöser des Telefongespräches wird in umgekehrter Richtung auf demselben Nachrichtenweg wie der ursprüngliche Inhalt des Telefonats transportiert.

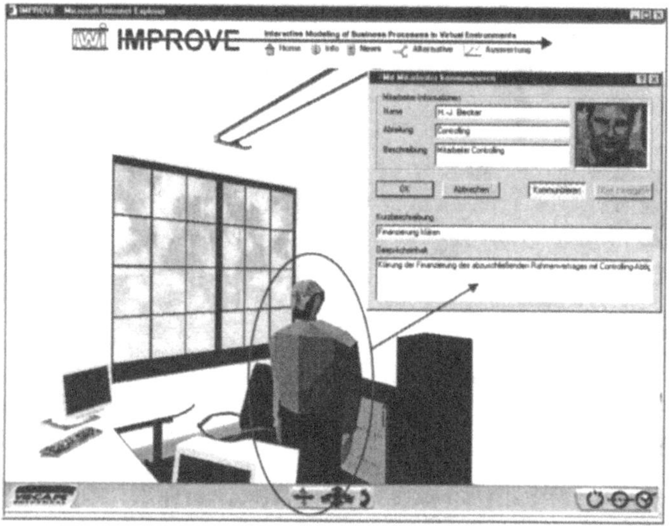

Abb. 3.3.11: Kommunikation mit einem Avatar

Abb. 3.3.12 zeigt die letzte Interaktion zur Beschreibung des Beispielprozesses, die vom Benutzer des ersten IMPROVE-Clients durchgeführt wird. Die Abbildung demonstriert den Einsatz eines Anwendungssystems zur Bearbeitung eines elektronischen Dokumentes. Der Inhalt des abgebildeten Dialogfensters generiert sich in diesem Fall aus zwei Strukturmodellen, dem Modell zur Beschreibung der in der Unternehmung installierten Informationssysteme und dem Modell zur Dokumentation der vorhandenen und damit potentiell zu bearbeitenden elektronischen Dokumente.

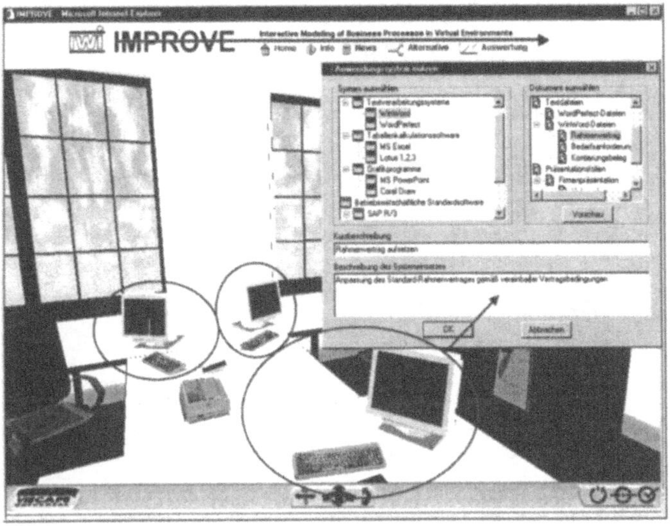

Abb. 3.3.12: Anwendung eines Informationssystems

3.3.3.3 Automatische Geschäftsprozeßmodellgenerierung

Im Anschluß an die interaktive Prozeßbeschreibung erfolgt die Auswertung und Modellgenerierung durch die Serverkomponente IMPROVE-Process Modeler. Abb. 3.3.13 zeigt die Einordnung dieser Phase in das methodische Gesamtkonzept.

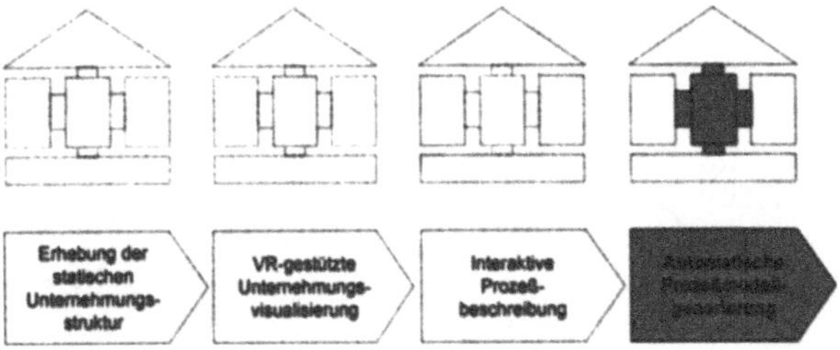

Abb. 3.3.13: Einordnung in das Rahmenkonzept der interaktiven Geschäftsprozeßmodellierung

Abb. 3.3.14 zeigt die Systemoberfläche des ARIS-Toolsets mit dem automatisch erzeugten Prozeßmodell in der Notation der eEPK. Die dargestellten vier Funktionen zusammen mit den jeweils abschließenden Ereignissen sowie den assoziierten Stellen, Informationsobjekten und Anwendungssystemen sind das Ergebnis der im letzten Abschnitt demonstrierten Interaktionen (vgl. Abb. 3.3.9 bis Abb. 3.3.12)

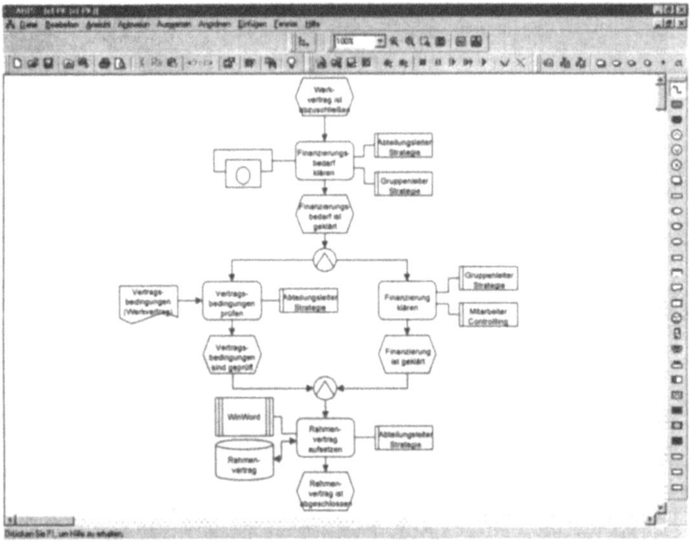

Abb. 3.3.14: Anzeige des automatisch erzeugten Geschäftsprozeßmodells im ARIS-Toolset

Die durch die Telefoninteraktion ausgelöste Parallelbearbeitung innerhalb des Geschäftsprozesses wird durch die beiden logischen „UND“-Konnektoren ober- bzw. unterhalb der parallel bearbeiteten Funktionen kenntlich gemacht.

3.4 Das System VISIER zur Virtual Reality-gestützten Geschäftsprozeßvisualisierung

Zur Beschreibung des VISIER-Systems werden die beiden Subsysteme VISIER-Generator und VISIER-Navigator vorgestellt. Während das erste System für die automatische Generierung der Virtual Reality (VR)-gestützten Geschäftsprozeßvisualisierung verantwortlich ist, stellt das zweite Teilsystem die Benutzungsschnittstelle zur Betrachtung der zuvor erzeugten Prozeßdarstellung dar. Beide Systeme werden anhand ihrer generellen Funktionsweise und Systemarchitektur erläutert. Das anschließende Anwendungsszenario vermittelt einige visuelle Eindrücke insbesondere der Benutzeroberflächen der beiden Softwaresysteme. Den Abschluß dieses Unterkapitels bildet die Beschreibung durchgeführter Untersuchungen, welche die Praxistauglichkeit der entwickelten Methode und Werkzeugunterstützung der intuitiven Geschäftsprozeßvisualisierung belegen.

3.4.1 VISIER-Generator

3.4.1.1 Funktionsweise

Input für die automatische Generierung der VR-gestützten Prozeßvisualisierung durch den VISIER-Generator sind zweidimensionale, in einer geeigneten Datenbank abgespeicherte Geschäftsprozeßbeschreibungen. Im Rahmen des in dieser Arbeit vorgestellten Anwendungsszenarios sind dies Prozeßmodelle in der Notation der erweiterten Ereignisgesteuerten Prozeßkette (eEPK), die von der Server-Komponente des Prozeßmodellierungswerkzeuges ARIS-Toolset verwaltet werden. Diese Modelle werden im ersten Schritt vom VISIER-Content Builder ausgelesen und in eine datenbankunabhängige Datenstruktur überführt. Diese Datenstruktur entspricht im Wesentlichen einem Graphen, wobei die Knoten Prozesse, Ereignisse, Konnektoren oder Funktionszuordnungsdiagramme repräsentieren und die Kanten die Hierarchiebeziehungen zwischen den zu visualisierenden Prozessen und die Vorgänger-Nachfolger-Beziehungen der Objekte innerhalb der Prozesse zum Ausdruck bringen. Die Adaptierbarkeit dieser Software-Komponente garantiert die Einsatzfähigkeit des gesamten VISIER-Systems auch im Zusammenhang mit alternativen Modellierungswerkzeugen.

Die mit den ausgelesenen Prozeßinformationen gefüllte Datenstruktur ist nun ihrerseits Input für zwei weitere VISIER-Komponenten, den VISIER-HTML Generator und den VISIER-Layout Generator. Die erste Komponente erzeugt für jeden Knoten, also für jeden Prozeß und jedes Prozeßelement, ein elektronisches Hypertext Markup Language (HTML)-Dokument, das die Textinformationen und Objektattribute, die für diesen Knoten in der Datenbank abgelegt sind, grafisch aufbereitet.

Aufgabe des VISIER-Layout Generators ist die Planung der räumlichen Anordnung der einzusetzenden dreidimensionalen Visualisierungselemente innerhalb der zu erzeugenden virtuellen Umgebung. Diese Berechnung muß für jeden darzustellenden Geschäftsprozeß isoliert durchgeführt werden, da für jeden Prozeß eine eigene VR-gestützte Visualisierung generiert wird.

Auf Basis der berechneten Layout-Informationen über die zu visualisierenden Abläufe und unter Verwendung der VISIER-Meta-Daten, welche die grafische Darstellung der anzuordnenden VR-Objekte definieren, erzeugt der VISIER-VR-Generator für jeden Geschäftsprozeß eine eigene VR-gestützte Visualisierung. Zusammen mit den durch den VISIER-HTML Generator erzeugten HTML-Dokumenten bilden diese die gesamte VR-gestützte Geschäftsprozeßvisualisierung. Abb. 3.4.1 faßt die beschriebene Funktionsweise des VISIER-Generators zusammen.

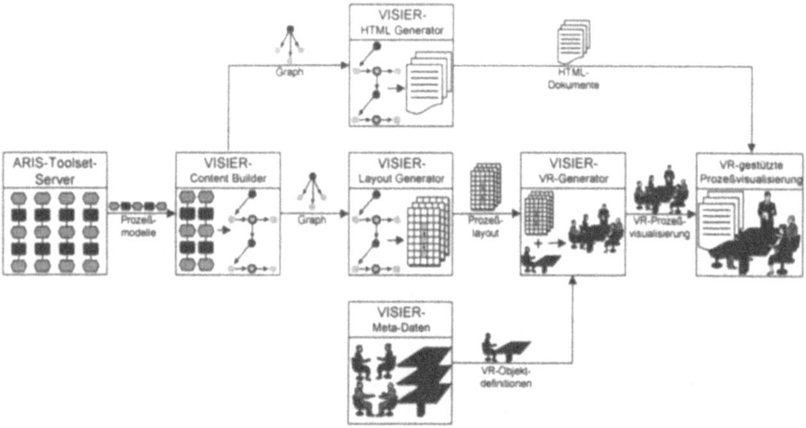

Abb. 3.4.1: Funktionsweise des VISIER-Generators

3.4.1.2 Systemarchitektur

Eine eher Software-technische Beschreibung des VISIER-Generators stellt das UML-Klassendiagramm in Abb. 3.4.2 dar und dokumentiert die Systemarchitektur. Das Auslesen der neu zu visualisierenden Prozeßmodelle geschieht analog zum Auslesen der Strukturmodelle durch den IMPROVE-Server (vgl. Abb. 3.3.2) über das Application Programming Interface (API) des ARIS-Toolset-Repository.

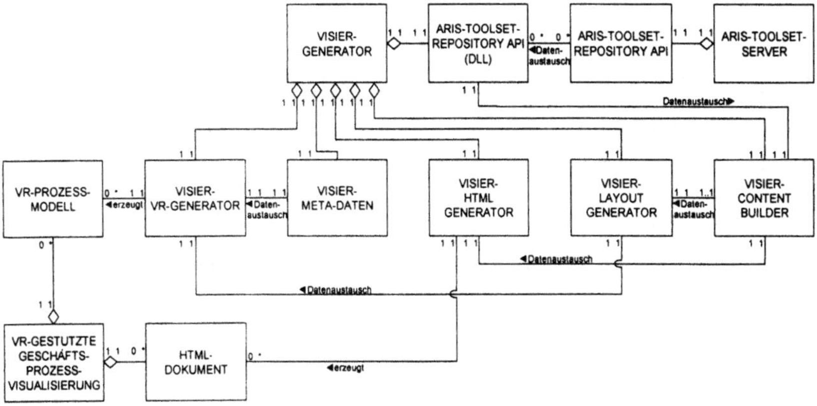

Abb. 3.4.2: Systemarchitektur des VISIER-Generators

Eine weitere Komponente des VISIER-GENERATORS ist der VISIER-CONTENT BUILDER, der die über das API eingelesenen Informationen in die neutrale Datenstruktur eines Graphen überführt und diese den Komponenten VISIER-HTML GENERATOR und VISIER-LAYOUT GENERATOR zur Verfügung stellt. Letzteres Subsystem berechnet die für die räumliche Anordnung der dreidimensionalen Objekte benötigten Layout-Infomationen, die als Input für die Generierung der virtuellen Prozeßwelten durch den VISIER-VR-GENERATOR dienen. Diese Generierung erfolgt unter Verwendung der durch die VISIER-META-DATEN definierten VR-Objekte.

Output des VISIER-VR-GENERATORS und des VISIER-HTML GENERATORS sind demnach VR-PROZESS-MODELLE und HTML-DOKUMENTE, die zusammen das Gesamtergebnis des VISIER-GENERATORS, die VR-GESTÜTZTE PROZESSVISUALISIERUNG darstellen.

3.4.2 VISIER-Navigator

3.4.2.1 Funktionsweise

Abb. 3.4.3 beschreibt die Funktionsweise des VISIER-Navigators, die im Wesentlichen auf der Funktionalität eines World Wide Web (WWW)-Browsers basiert, der die unterschiedlichen Teilergebnisse des VISIER-Generators, nämlich die VR-Prozeßmodelle und HTML-

Dokumente, in unterschiedliche Fensterbereiche (HTML-Frames) seiner Benutzungsschnittstelle lädt.

Abb. 3.4.6 in Abschnitt 3.4.3 zeigt die Benutzeroberfläche des VISIER-Navigators, die sich in vier HTML-Frames zur Anzeige des VISIER-Explorers, der VISIER-Textinformationen, des VISIER-ARIS-Filters und der VR-Prozeßmodelle untergliedert. Mit Ausnahme des Frames zur Anzeige der VR-Prozeßmodelle laden alle anderen HTML-Dokumente, die ebenso wie die VR-Modelle vom VISIER-Generator erzeugt worden sind.

Innerhalb des eingesetzten WWW-Browsers kommunizieren die einzelnen Software-Komponenten in den in Abb. 3.4.3 durch die beiden Pfeile dargestellten Richtungen.

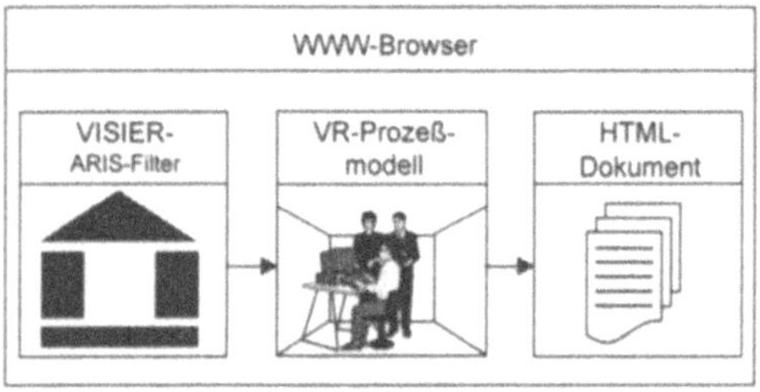

Abb. 3.4.3: Funktionsweise des VISIER-Navigators

Beispielsweise veranlaßt die Auswahl eines bestimmten Geschäftsprozesses aus dem VISIER-Explorer das Laden des entsprechenden VR-Prozeßmodells. Dieses wiederum lädt HTML-Dokumente zur textuellen Beschreibung des Gesamtprozesses und seiner einzelnen Objekte. Diese werden schließlich im HTML-Frame zur Anzeige der VISIER-Textinformationen eingeblendet. Desweiteren konfigurieren die Einstellungen des ARIS-Filters die grafische Darstellung des aktuell angezeigten VR-Prozeßmodells. Die Auswahl einer bestimmten Organisationseinheit beispielsweise veranlaßt das Ausblenden derjenigen Funktionen innerhalb des betrieblichen Ablaufs, die nicht von der ausgewählten Organisationseinheit verantwortet oder bearbeitet werden.

3.4.2.2 Systemarchitektur

Abb. 3.4.4 faßt die obige Beschreibung der Funktionsweise des VISIER-Navigators in Form eines Klassendiagramms zusammen. Im Mittelpunkt der Systemarchitektur steht das VISIER-FRAMESET, das vier Frames zur Anzeige der vier Komponenten des VISIER-Navigators bereitstellt. Die vier Komponenten sind der VISIER-EXPLORER, das VISIER-TEXT-FRAME zur Anzeige der Textinformationen, der VISIER-ARIS-FILTER und das VISIER-

VR-FRAME zur Anzeige der VR-PROZESSMODELLE. Die ersten drei Komponenten basieren auf HTML-DOKUMENTEN, die zusammen mit den VR-PROZESSMODELLEN die gesamte VR-GESTÜTZTE GESCHÄFTSPROZESSVISUALISIERUNG als Ergebnis des VISIER-Generators darstellen.

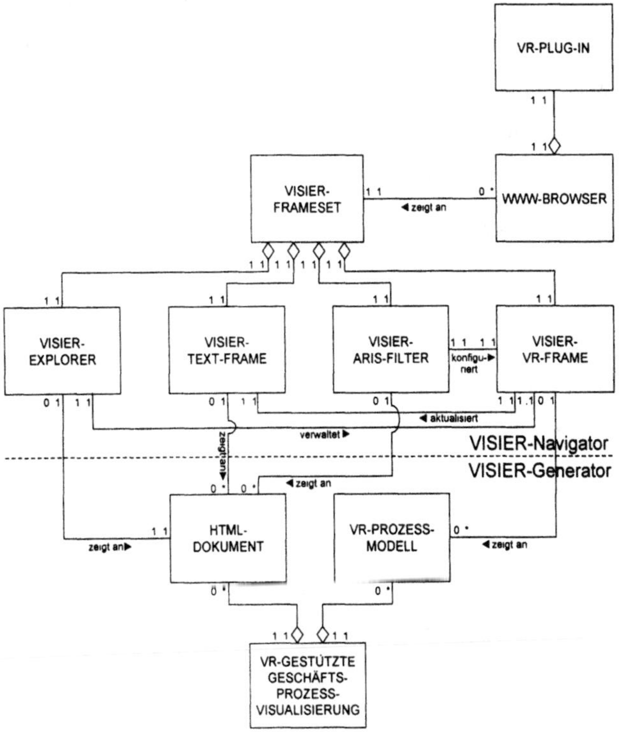

Abb. 3.4.4: Systemarchitektur des VISIER-Navigators

Das VISIER-FRAMESET in seiner Gesamtheit wird durch einen WWW-BROWSER angezeigt, der durch Installation eines geeigneten VR-PLUG-INS[245] dahingehend aufgerüstet wird, daß er die VR-PROZESSMODELLE laden und anzeigen kann.

[245] Im beschriebenen Anwendungsszenario erfüllt das Plug-In Viscape der Fa. Superscape diese Aufgabe.

3.4.3 Anwendungsszenario

Die abgebildeten System-Screenshots innerhalb dieses Abschnittes demonstrieren sowohl den Einsatz des VISIER-Generators zur automatischen Erzeugung der VR-gestützten Geschäftsprozeßvisualisierung aus vorhandenen zweidimensionalen Prozeßmodellen, als auch den Einsatz des VISIER-Navigators zur Anzeige und Analyse der erzeugten Prozeßdarstellung.

Abb. 3.4.5 zeigt die Systemoberfläche des VISIER-Generators, die in der Hauptsache die Auswahl des ARIS-Toolset-Servers und der Datenbank, welche die neu zu visualisierenden Prozeßmodelle enthält, sowie die Definition des Zielpfades zur physikalischen Abspeicherung der erzeugten VR-gestützten Geschäftsprozeßvisualisierung unterstützt.

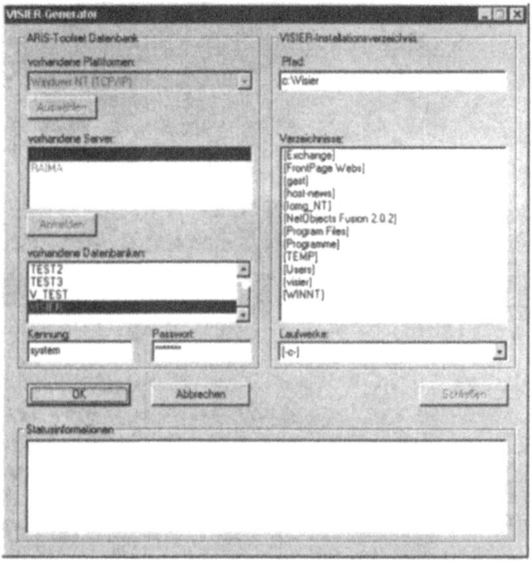

Abb. 3.4.5: Systemoberfläche des VISIER-Generators

Abb. 3.4.6 und Abb. 3.4.7 zeigen die Benutzungsschnittstelle des VISIER-Navigators bei der Visualisierung eines ausgewählten Geschäftsprozesses aus unterschiedlichen Perspektiven. Der Screenshot in Abb. 3.4.6 demonstriert die Analyse des gesamten Kontrollflusses quasi aus der Vogelperspektive. Im abgebildeten Beispiel werden fünf Funktionen auf immer noch abstrakte Art und Weise durch fünf mit den Namen der einzelnen Funktionen beschriftete und im virtuellen Raum angeordnete Quader visualisiert. Die Bearbeitungsreihenfolge der Funktionen ergibt sich aus der Anordnung der Quader im dreidimensionalen Raum.

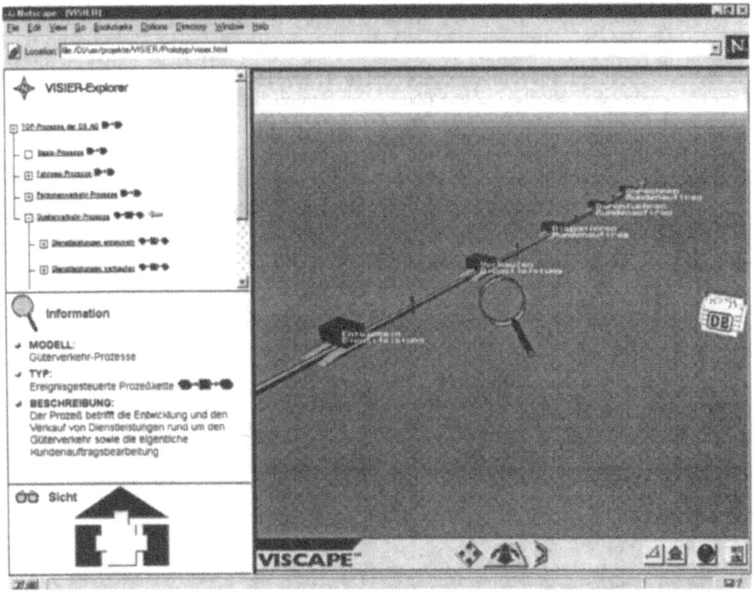

Abb. 3.4.6: VISIER-Navigator: Analyse eines Geschäftsprozesses aus der Vogelperspektive

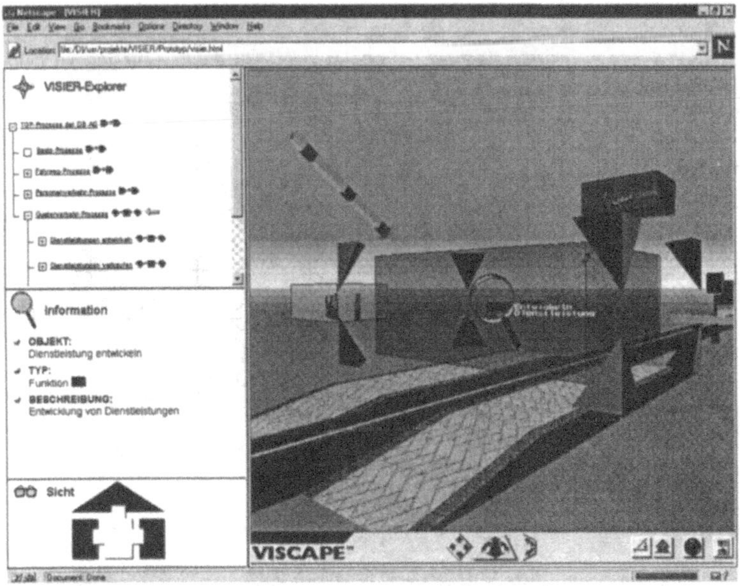

Abb. 3.4.7: VISIER-Navigator: Detailbetrachtung einer Funktion

Abb. 3.4.7 veranschaulicht die detaillierte Untersuchung einer ausgewählten Funktion. Zu dieser Darstellung gelangt der Benutzer durch Annäherung an die betroffene Funktion innerhalb der dreidimensionalen virtuellen Umgebung. Der Screenshot zeigt im Vordergrund des 3D-Fensters das selektierte und transparente Funktionsobjekt, das im Inneren mit einer weiteren Prozeßkette auf die Detailbeschreibung der Funktion hindeutet. Die benachbarten und ebenfalls transparenten 3D-Objekte weisen mit Hilfe geeigneter Metaphern (Avatare, Disketten und Dokumentenordner) auf die organisatorische Verantwortlichkeit und die bearbeiteten elektronischen und papierbasierten Dokumente hin. Die drei Frames im linken Bereich zeigen (von oben nach unten) den VISIER-Explorer zur Auswahl und Anzeige des aktuell dargestellten Geschäftsprozesses, das Textfenster mit Informationen über den Prozeß oder einzelne Prozeßbausteine sowie den VISIER-ARIS-Filter. Dieser bestimmt die Anzeige eines bestimmten Informationsflusses oder die grafische Hervorhebung derjenigen Funktionen, die von einem bestimmten Anwendungssystem unterstützt oder von einer bestimmten Organisationseinheit durchgeführt werden (vgl. Abb. 2.4.32 in Abschnitt 2.4.5.3).

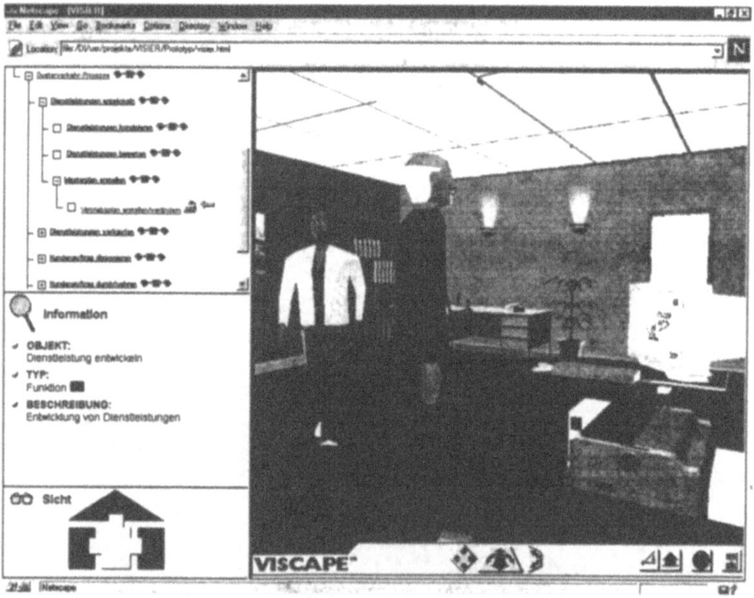

Abb. 3.4.8: VISIER-Navigator: Am virtuellen Ausführungsort der Funktion

Abb. 3.4.8 schließlich demonstriert den höchsten einstellbaren Detaillierungsgrad. Der System-Screenshot zeigt die Animation einer Detailfunktion innerhalb einer virtuellen Arbeitsumgebung. Der Benutzer kann in dieser Darstellung quasi den verantwortlichen Organisationseinheiten bei einer bestimmten Informationstransformation unter Verwendung der modellierten Informationssysteme über die Schulter schauen.

3.4.4 Praxistest

Zur Validierung der entwickelten Methode der VR-gestützten Geschäftsprozeßvisualisierung und deren Werkzeugunterstützung wurden drei Modellierungsworkshops mit insgesamt 45 Teilnehmern unter Verwendung des vorgestellten VISIER-Systems durchgeführt. Bei den Teilnehmern handelte es sich um Berater mit Expertenwissen sowohl über Methoden und Werkzeuge der Geschäftsprozeßmodellierung, als auch über die im Verlauf eines Projektes zur Prozeßmodellierung und –verbesserung auftretenden Probleme im Zusammenhang mit herkömmlichen abstrakten Prozeßvisualisierungstechniken. Eine schriftliche Umfrage brachte die in Abb. 3.4.9 und Abb. 3.4.10 grafisch dargestellten Ergebnisse. 93% der stellungnehmenden Modellierungsexperten werteten die VR-gestützte Visualisierung von Geschäftsprozessen mit Hilfe des VISIER-Systems als generelle Verbesserung gegenüber herkömmlichen Visualisierungssystemen.

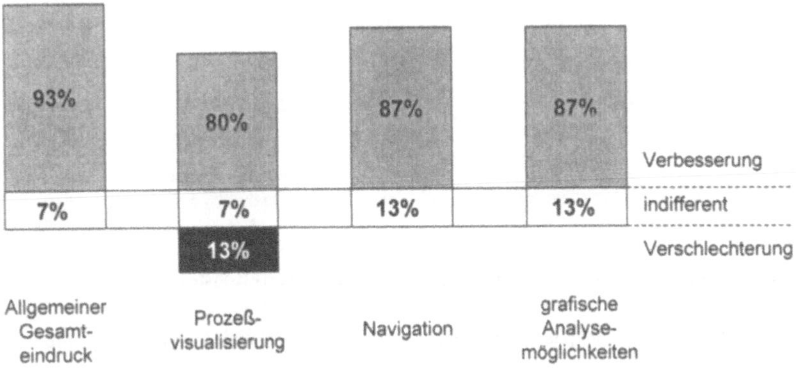

Abb. 3.4.9: Beurteilung des VISIER-Systems

Bei der Beurteilung einzelner Funktionalitäten bewerteten 80% der Antworten die dreidimensionale Prozeßvisualisierung als Verbesserung, 13% als Verschlechterung gegenüber zweidimensionalen Visualisierungstechniken. 87% der Rückmeldungen beurteilten sowohl die freie Navigation durch Prozeßmodelle im dreidimensionalen Raum als auch die grafischen Analysemöglichkeiten durch den VISIER-ARIS-Filter als Verbesserung gegenüber den bisher eingesetzten Werkzeugen. Die dargestellten Bewertungen des VISIER-Systems und seiner Teilfunktionalitäten deuten zweifellos auf eine insgesamt positive Beurteilung der VR-gestützten Geschäftsprozeßvisualisierung hin. Der Anteil der Rückmeldungen, der die dreidimensionale Prozeßvisualisierung als Verschlechterung bewertet hat, muß allerdings Anlaß für den Entwurf und die Realisierung weiter verbesserter dreidimensionaler Methaphern zur Beschreibung der unterschiedlichen Aspekte eines Geschäftsprozesses sein. Darüber hinaus müssen die Praxistests auf Personengruppen ausgedehnt werden, die nicht mit gegenwärtigen Methoden und Werkzeugen der Prozeßmodellierung vertraut sind, also insbesondere auf Mitarbeiter in unterschiedlichen Fachabteilungen. Solche Tests können durchgeführt werden, sobald das VISIER-System sein Prototypstadium verlassen hat, um auch Anwendungsfällen in der betrieblichen Praxis standzuhalten, bei denen eine anschauliche Visualisierung auch komplexen Prozeßwissens im Mittelpunkt der Anforderungen steht.

Eine Einschätzung konkreter Verbesserungspotentiale durch das VISIER-System wird durch das Diagramm in Abb. 3.4.10 deutlich. 93% der auf die Befragung antwortenden Berater erhofften sich durch den Einsatz eines Werkzeuges nach dem Vorbild des vorgestellten VISIER-Systems eine generelle Unterstützung ihrer Beratertätigkeit.

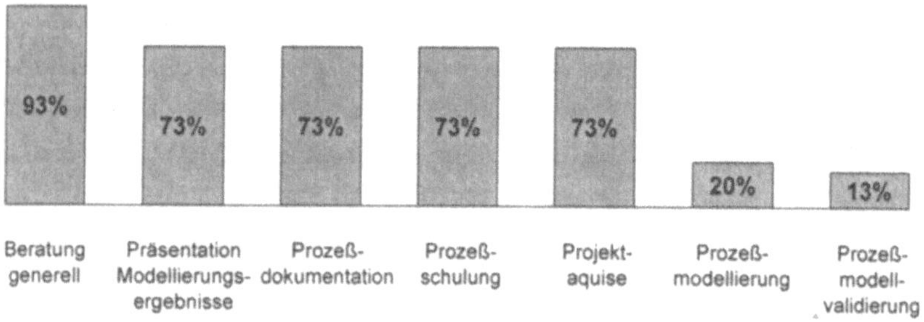

Abb. 3.4.10: Einschätzung der Verbesserungspotentiale durch das VISIER-System

Auf die Frage nach konkreten Einsatzfeldern, in denen sich eine Verbesserung durch das VISIER-System abzeichnet, wurden in 73% der Antworten die folgenden Anwendungsszenarien genannt:

- Präsentation von Modellierungsergebnissen (Ist- und Soll-Prozeßmodelle),
- Intuitive Dokumentation von Geschäftsprozessen,
- Mitarbeiterschulung mit Hilfe der VR-gestützten Prozeßvisualisierung sowie
- Projektakquise unter Verwendung der neuen Visualisierungtechnik zur Veranschaulichung des zentralen Reorganisationsgegenstandes „Geschäftsprozeß".

Nur 20% bzw. 13% der Rückmeldungen deuten auf Verbesserungspotentiale in den Projektphasen Prozeßmodellierung bzw. Prozeßmodellvalidierung hin. Diese Einschätzung kann allerdings mit dem ausgeprägten Modellierungs-Know-how der Befragten zumindest teilweise erklärt werden.

Zusammenfassung und Ausblick

Im Mittelpunkt dieser Arbeit stand die Vorstellung der Methode der interaktiven Geschäftsprozeßmodellierung und ihrer Werkzeugunterstützung durch die Systeme IMPROVE zur Prozeßerhebung und -modellierung sowie VISIER zur anschaulichen Prozeßvisualisierung. Motiviert wurde die Entwicklung dieser neuen Modellierungsmethode durch die Notwendigkeit einer intensiven Mitarbeiterbeteiligung im Rahmen prozeßorientierter Reorgansationsmaßnahmen. Insbesondere in den Phasen der Wissenserhebung, Ist-Analyse und Soll-Konzeption nimmt die neue Methode für sich in Anspruch, besonders intuitiv und damit einfach zu sein. Die Intuitivität resultiert im Wesentlichen aus dem Einsatz der Visualisierungs- und Interaktionstechnologie Virtual Reality (VR), mit deren Hilfe eine realitätsnahe virtuelle Umgebung geschaffen wird, die sich an der Erfahrungswelt der Mitarbeiter orientiert. Innerhalb dieser Umgebung können die zu betrachtenden Geschäftsabläufe durch Vormachen der beteiligten Akteure anschaulich beschrieben und visualisiert werden.

Der im letzten Abschnitt dieser Arbeit beschriebene Praxistest des Systems VISIER zur VR-gestützten Geschäftsprozeßvisualisierung bestätigt die generelle Richtigkeit der gewählten Entwicklungsrichtung. Er unterstreicht aber auch die Notwendigkeit zur Weiterentwicklung der verwendeten dreidimensionalen Metaphern, um Prozesse auf unterschiedlichen Detaillierungsstufen noch intuitiver abbilden zu können und gleichzeitig die Komplexität der Gesamtdarstellung besser beherrschbar zu machen.

Zur Validierung der entwickelten Methode der interaktiven Geschäftsprozeßmodellierung müssen ebenfalls Praxistests durchgeführt werden. Als Pilotanwender wird die DB Regio AG fungieren, die mit Hilfe des IMPROVE-Systems die aktuellen Geschäftsprozesse im Umfeld der Abwicklung interner Informationstechnologiebedarfe durch ihre Mitarbeiter interaktiv beschreiben und modellieren lassen wird. Zur Beurteilung der Intuitivität und insbesondere der Software-ergonomischen Qualität des IMPROVE-Systems werden die durchzuführenden Tests um Auswertungen ergänzt, die nach dem Vorbild des Benutzungsfragebogen ISO-NORM 9241/10[246] die Einhaltung der in Abschnitt 1.3.5.2 dieser Arbeit vorgestellten Gestaltungsgrundsätze benutzer- und aufgabengerechter Software überprüfen.

---

[246] Vgl. Prümper, Der Benutzungsfragebogen ISONORM 9241/10 1997.

Den Abschluß dieser Arbeit soll eine Aufwand-Nutzen-Betrachtung der neuen Geschäftsprozeßmodellierungsmethode bilden, und zwar insbesondere für den Fall, daß die interaktive Ablaufbeschreibung nicht in einer standardisierten VR-gestützten Unternehmungsvisualisierung stattfindet, sondern innerhalb einer sehr realitätsnahen grafischen Darstellung des betrieblichen Umfeldes der zu dokumentierenden Prozesse. Der Aufwand für die Implementierung realitätsnaher virtueller Umgebungen wird gegenwärtig noch durch überwiegend manuelle Modellierungstätigkeiten bestimmt, die mit Hilfe geeigneter VR-Entwicklungsumgebungen das Ziel verfolgen, die darzustellende Gebäude- und Innenarchitektur möglichst detailgetreu nachzubilden.[247] Dieser Aufwand kann mit Sicherheit durch die zunehmende Verfügbarkeit von CAD-Daten im Architekturbereich und die Möglichkeit zur automatischen Übernahme dieser Daten in die eingesetzte VR-Entwicklungsumgebung erheblich reduziert werden.[248]

Als allgemeinen Nutzen der interaktiven Modellierungsmethode wurde im Zusammenhang mit den in Unterkapitel 2.3 beschriebenen Entwicklungszielen eine Verbesserung hinsichtlich der Qualität der Modellierungsergebnisse und der Wirtschaftlichkeit des Modellierungsprozesses formuliert. Zur Qualitätsverbesserung tragen die im Rahmen der Grundsätze ordnungsmäßiger Modellierung (GoM) beschriebenen Prinzipien der *Richtigkeit*, der *Relevanz*, der *Klarheit*, der *Vergleichbarkeit* und des *systematischen Aufbaus* bei.[249] Die Einhaltung dieser Prinzipien soll durch die Anwendung der Methode der interaktiven Geschäftsprozeßmodellierung unterstützt werden. Die Erreichbarkeit dieser Zielstellung wurde für die meisten Grundsätze bereits bei der Zielbeschreibung in Unterkapitel 2.3 deutlich, spätestens jedoch im Verlauf der folgenden Methoden- und Werkzeugbeschreibung. Eine Ausnahme stellen lediglich der Grundsatz der semantischen Richtigkeit und die Anschaulichkeit als Teil des Grundsatzes der Klarheit dar. Ihre Förderung durch die Methode der interaktiven Prozeßmodellierung muß durch den zu Beginn dieser Zusammenfassung geforderten und bei der DB Regio AG angekündigten Praxistest explizit nachgewiesen werden.

Zur Verbesserung der Wirtschaftlichkeit des Modellierungsprozesses soll ebenfalls die Anschaulichkeit der neuen Modellierungsmethode beitragen, da die als „Modellieren durch Vormachen" bezeichnete Vorgehensweise mit erheblich weniger Schulungsaufwand zu erlernen ist, als herkömmliche Verfahren. Die Richtigkeit dieser Behauptung ist ebenso im Rah-

---

247 Vgl. hierzu das Vorgehensmodell zur VR-gestützten Unternehmungsvisualisierung in Abschnitt 2.5.3.3.

248 Vgl. Knöpfle/Schieferle, Data Preparation on Polygonal Basis 1998 und Hagemann, SIMPLIFY – Application Specific Data Preparation 1998.

249 Vgl. Becker/Rosemann/Schütte, Grundsätze ordnungsmäßiger Modellierung 1995, S. 439-441 sowie die Ausführungen in Abschnitt 1.2.5 und Abschnitt 2.3.1.

men einer empirischen Untersuchung zu belegen, wie die Korrektheit der Aussage, daß sich der Aufwand zur Koordination der an der Prozeßmodellierung beteiligten Mitarbeiter mit Hilfe der verteilten virtuellen Unternehmungsumgebung reduzieren läßt.

Zumindest für die im Rahmen dieser Arbeit explizit nachgewiesenen Verbesserungen im Hinblick auf die Qualität der resultierenden Geschäftsprozeßmodelle und die Wirtschaftlichkeit ihres Entstehungsprozesses gilt, daß die Fortschritte um so deutlicher werden, je realitätsnäher und damit intuitiver die VR-gestützte Unternehmungsvisualisierung als Rahmen der Ablaufbeschreibung durch die am Prozeß beteiligten Mitarbeiter ist.

Der spezielle Nutzen insbesondere einer realitätsnahen Unternehmungsdarstellung wird darüber hinaus auch durch eine Erweiterung ihrer Weiterverwendungsmöglichkeiten vergrößert. Die erste Weiterentwicklungsmöglichkeit betrifft den wiederholten Einsatz der VR-Visualisierung zur Unterstützung nachfolgender Reorganisationsprojekte bzw. regelmäßiger Modellierungaktivitäten im Sinne einer kontinuierlichen Prozeßbeobachtung, -analyse und –verbesserung.

Ebenfalls auf der Ebene der Prozeßgestaltung innerhalb des Geschäftsprozeßmanagementkonzeptes ARIS – House of Business Engineering (HOBE) (vgl. Abschnitt 1.1.3.1) sind die Möglichkeiten zur intuitiven Visualisierung von Prozeßsimulationsergebnissen innerhalb derselben VR-gestützten Unternehmungsrepräsentation einzuordnen, die auch für die Beschreibung und damit Modellierung der zu simulierenden Prozeßalternativen genutzt werden kann.[250]

Darüber hinaus kann auch das Monitoring der in der Unternehmung aktuell bearbeiteten Geschäftsvorfälle auf der HOBE-Ebene der Prozeßplanung und –steuerung (vgl. Abschnitt 1.1.3.2) durch eine realitätsnahe Visualisierung des relevanten Prozeßumfeldes unterstützt werden. Beispielsweise ist ein Szenario denkbar, in dem sich die verantwortlichen Prozeßmanager über den momentanen Bearbeitungsstand und abgeschlossene Teile laufender Geschäftsprozeßinstanzen dadurch informieren können, daß sie durch die virtuelle Umgebung entlang der bisherigen Prozeßwege navigieren und sich in den virtuellen Büros der verantwortlichen Sachbearbeiter die relevanten Informationen über bereits abgeschlossene oder aktuell bearbeitete Funktionen anzeigen lassen. Auch eine direkte Kontaktaufnahme mit den am laufenden Prozeß beteiligten Mitarbeitern sollte innerhalb dieser VR-gestützten Unternehmungsvisualisierung ermöglicht werden. Die möglichen Gefahren eines Mißbrauchs dieser dreidimensionalen Unternehmungsdarstellung für Zwecke einer massiven Über-

250 Vgl. Seel/Scheer, Simulation von Dienstleistungsprozessen, erscheint voraussichtlich im März 2000.

wachung der Arbeitsabläufe und Ergebnisse der Mitarbeiter sollen an dieser Stelle nicht weiter diskutiert, auf die Notwendigkeit eines verantwortungsbewußten Umgangs mit diesen Möglichkeiten allerdings explizit hingewiesen werden.

Die letzte Weiterverwendungsmöglichkeit der realitätsnahen Unternehmungsvisualisierung betrifft ihren Einsatz als Kommunikationplattform für Groupware-Systeme. Ähnlich wie existierende E-Mail- und Videokonferenzsysteme auch geographisch entfernten Mitarbeitern die Teilnahme an Besprechungen ermöglichen, kann eine verteilte virtuelle Umgebung auf Basis einer bestehenden VR-gestützten Unternehmungsvisualisierung als Informations- und Kommunikationsplattform beispielsweise für Mitglieder eines Concurrent Engineering-Teams dienen.[251]

[251] Vgl. hierzu die Vorstellung des VR-Anwendungsgebietes Visual Engineering in Abschnitt 1.3.4.9 sowie Dai, Beyond Walkthroughs 1998, S. 4f.

Literaturverzeichnis

Abowd u.a., Ubiquitous Computing in an Educational Setting 1998

Abowd, G.D.; Atkeson, C.G.; Brotherton, J.; Enqvist, T.; Gully, P.; LeMon, J.: Investigating the Capture, Integration and Access Problem of Ubiquitous Computing in an Educational Setting. In: Proceedings Computer-Human Interaction CHI '98, 18. - 23. April 1998, Los Angeles, Calif., S. 440-447.

Altrogge, Netzplantechnik 1996

Altrogge, G.: Netzplantechnik. 3. Aufl., München-Wien 1996.

Ansorge/Haupt, Software-Ergonomie 1997

Ansorge, P.; Haupt, U.: Software-Ergonomie: Ergebnisse des Projektes "Neue Instrumente für Innovationsprozesse zur Gestaltung von Arbeit und Technik in öffentlichen Büro- und Verwaltungsbereichen". Stuttgart u.a. 1997.

Arbeitskreis „Organisation", Organisation im Umbruch 1996

Arbeitskreis „Organisation" der Schmalenbach-Gesellschaft - Deutsche Gesellschaft für Betriebswirtschaft e.V.: Organisation im Umbruch - Was kann man aus den bisherigen Erfahrungen lernen? In: zfbf 48(1996)6, S. 621-665.

Astheimer u.a., Die Virtuelle Umgebung 1994 (a)

Astheimer, P.; Böhm, K.; Felger, W.; Göbel, M.; Müller, S.: Die Virtuelle Umgebung - Eine neue Epoche in der Mensch-Maschine-Kommunikation, Teil I: Einordnung, Begriffe und Geräte. In: Informatik Spektrum 17(1994)5, S. 281-290.

Astheimer u.a., Die Virtuelle Umgebung 1994 (b)

Astheimer, P.; Böhm, K.; Felger, W.; Göbel, M.; Müller, S.: Die Virtuelle Umgebung - Eine neue Epoche in der Mensch-Maschine-Kommunikation, Teil II: Interaktions- und Präsentationstechniken, Systeme, Anwendungen. In: Informatik Spektrum 17(1994)6, S. 357-367.

Aukstakalnis/Blatner, Silicon Mirage 1992

Aukstakalnis, S.; Blatner, D.: Silicon Mirage: The Art and Science of Virtual Reality. Berkley, Calif. 1992.

Barfield/Danas, Comments on the Use of Olfactory Displays 1996

Barfield, W.; Danas, E.: Comments on the Use of Olfactory Displays for Virtual Environments. In: Presence 5(1996)1, S. 109-121.

Bauer/Deisinger/Riedel, Ergonomic Issues of Virtual Reality Systems 1996

Bauer, W.; Deisinger, J.; Riedel, O.: Ergonomic Issues of Virtual Reality Systems: Head Mounted Displays. In: Virtual Reality World '96 Conference Documentation. München 1996.

Bauer, Nutzenorientierter Einsatz von Virtual Reality 1996

Bauer, C.: Nutzenorientierter Einsatz von Virtual Reality im Unternehmen: Anwendungen, Wirtschaftlichkeit, Anbieter. München 1996.

Baumgarten, Petri-Netze 1996

Baumgarten, B.: Petri-Netze: Grundlagen und Anwendungen. 2. Aufl., Heidelberg-Berlin-Oxford 1996.

Bayarri/Fernandez/Perez, Virtual Reality for Driving Simulation 1996

Bayarri, S.; Fernandez, M.; Perez, M.: Virtual Reality for Driving Simualation. In: Communications of the ACM 39(1996)5, S. 72-76.

Becker/Rosemann/Schütte, Grundsätze ordnungsmäßiger Modellierung 1995

Becker, J.; Rosemann, M.; Schütte, R.: Grundsätze ordnungsmäßiger Modellierung. In: Wirtschaftsinformatik 37(1995)5, S. 435-445.

Benedikt, Cyberspace 1994

Benedikt, M.: Cyperspace: Some Proposals. In: Benedikt, M. (Hrsg.): Cyberspace: First Steps. Cambridge, Mass. 1994, S. 120-224.

Berkau, Effizientes Geschäftsprozeß-Controlling 1996

Berkau, C.: Effizientes Geschäftsprozeß-Controlling mit modellbasierter Prozeßkostenrechnung. In: Berkau, C.; Hirschmann, P. (Hrsg.): Kostenorientiertes Geschäftsprozeßmanagement. München 1996, S. 3-25.

Berkau, VOKAL - Teil 1 1991

Berkau, C.: VOKAL - System zur Vorgangskettendarstellung und -analyse, Teil 1: Struktur der Modellierungsmethode. In: Scheer, A.-W. (Hrsg.): Veröffentlichungen des Instituts für Wirtschaftsinformatik, Nr. 82. Saarbrücken 1991.

Berkau, VOKAL – Teil 2 1991

Berkau, C.; Scheer, A.-W.: VOKAL - System zur Vorgangskettendarstellung und - analyse, Teil 2: VKD-Modellierung mit VOKAL. In: Scheer, A.-W. (Hrsg.): Veröffentlichungen des Instituts für Wirtschaftsinformatik, Nr. 90. Saarbrücken 1991.

Bettermann/Hollstein/Nettesheim, Business Procedure Reengineering 1993

Bettermann, P.; Hollstein, H.; Nettesheim, N.: Business Procedure Reengineering. Erfahrungen mit einem neuen Ansatz zur Durchführung unternehmensweiter Prozeßoptimierung im Rahmen eines Organisationsprojektes der Deutschen BP AG. In: Wildemann, H. (Hrsg.): Lean Management - Strategien zur Erreichung wettbewerbsfähiger Unternehmen. Frankfurt/M. 1993, S. 90-101.

Biocca, Virtual Reality Technology 1992

Biocca, F.: Virtual Reality Technology: A Tutorial. In: Journal of Communication 42(1992)4, S. 23-71.

Bock, Der Hochleistungsansatz von Arthur D. Little 1996

Bock, F.: Der Hochleistungsansatz von Arthur D. Little. In: Nippa, M.; Picot, A. (Hrsg.): Prozeßmanagement und Reengineering - Die Praxis im deutschsprachigen Raum. 2. Aufl., Frankfurt/M.-New York 1996, S. 78-92.

Bohuszewicz, Die Cyberbikes AG 1998

von Bohuszewicz, O.: Die Cyberbikes AG: Geschäftsprozeßvisualisierung in einer Virtuellen Umgebung. In: Rügge, I.; Robben, B.; Hornecker, E.; Bruns, F.W. (Hrsg.): Arbeiten und begreifen: Neue Mensch-Machine-Schnittstellen. Münster 1998, S. 107-115.

Boman, Virtual-Environment Research 1995

Boman, D.K.: International Survey: Virtual-Environment Research. In: Computer 28(1995)6, S. 57-65.

Bormann, Virtuelle Realität 1994

Bormann, S.: Virtuelle Realität - Genese und Evaluation. Bonn u.a. 1994.

Bricken/Byrne, Summer Students in Virtual Reality 1993

Bricken, M.; Byrne, C.M.: Summer Students in Virtual Reality – A Pilot Study on Educational Applications of Virtual Reality Technology. In: Wexelblat, A. (Hrsg.): Virtual Reality: Applications and Explorations. London u.a. 1993, S. 199-217.

Brodie/Mylopoulus/Schmidt, On Conceptual Modelling 1984

Brodie, M.L.; Mylopoulos, J.; Schmidt, J.W. (Hrsg.): On Conceptual Modelling: Perspectives from Artificial Intelligence, Databases, and Programming Languages. New York 1984.

Brown/Cobb/Eastgate, Learning in Virtual Environments 1995

Brown, D.J.; Cobb, S.V.G.; Eastgate, R.M.: Learning in Virtual Environments (LIVE). In: Earnshaw, R.A.; Vince, J.A.; Jones, H. (Hrsg.): Virtual Reality Applications. London u.a. 1995, S. 245-252.

Bruns/Robben/Rügge, Gestaltung von virtuellen und beGreifbaren Mensch-Computer-Schnittstellen 1999

Bruns, F.W.; Robben, B.; Rügge, I.: Gestaltung von virtuellen und beGreifbaren Mensch-Computer-Schnittstellen. In: Arend, U.; Eberleh, E.; Pitschke, K. (Hrsg.): Software-Ergonomie '99: Design von Informationswelten. Stuttgart-Leipzig 1999, S. 353-358.

Bryson, Virtual Reality for Scientific Visualization 1996

Bryson, S.: Virtual Reality for Scientific Visualization. In: Communications of the ACM 39(1996)5, S. 62-71.

Bullinger/Bauer, Strategische Dimensionen der Virtual Reality 1994

Bullinger, H.-J.; Bauer, W.: Strategische Dimensionen der Virtual Reality (1). In: Office Management 42(1994)3, S. 14-18.

Bullinger/Wiedmann, Der Wandel beginnt 1995

Bullinger, H.-J.; Wiedmann, G.: Der Wandel beginnt. Aktuelle Managementkonzepte in Deutschland – Ergebnisse einer Studie. In: Office Management 43(1995)7-8, S. 58-62.

Bungert/Heß, Objektorientierte Geschäftsprozeßmodellierung 1995

Bungert, W.; Heß, H.: Objektorientierte Geschäftsprozeßmodellierung. In: IM Information Management 10(1995)1, S. 53-63.

Burdea/Coiffet, Virtual Reality Technology 1994

Burdea, G.; Coiffet, P.: Virtual Reality Technology. New York u.a. 1994.

Burke, Der virtuelle Laden 1996

Burke, R.R.: Der virtuelle Laden - Testmarkt der Zukunft? In: Harvard Business Manager 18(1996)4, S. 107-117.

Classen, Virtual Reality in Telerobotics Applications 1998

Classen, H.J.: Virtual Reality in Telerobotics Applications at CAE Elektronik GmbH. In: Dai, F. (Hrsg.): Virtual Reality for Industrial Applications. Berlin u.a. 1998, S. 139-150.

Crux/Schwilling, Business Reengineering 1996

Crux, A.; Schwilling, A.: Business Reengineering. Ein Ansatz der Roland Berger & Partner GmbH. In: Nippa, M.; Picot, A. (Hrsg.): Prozeßmanagement und Reengineering - Die Praxis im deutschsprachigen Raum. 2. Aufl., Frankfurt/M.-New York 1996, S. 206-223.

Dai, Beyond Walkthroughs 1998

Dai, F.: Beyond Walkthroughs. In: Dai, F. (Hrsg.): Virtual Reality for Industrial Applications. Berlin u.a. 1998, S. 1-9.

Dai u.a., Virtual Prototyping Examples for Automotive Industries 1996

Dai, F.; Felger, W.; Frühauf, T.; Göbel, M.; Reiners, D.; Zachmann, G.: Virtual Prototyping Examples for Automotive Industries. In: Virtual Reality World '96 Conference Documentation. München 1996.

Davenport, Process Innovation 1993

Davenport, T.H.: Process Innovation. Reengineering Work through Information Technology. Boston 1993.

Davidow/Malone, Das virtuelle Unternehmen 1997

Davidow, W.H.; Malone, M.S.: Das virtuelle Unternehmen. Der Kunde als Co-Produzent. 2. Aufl., Frankfurt/M.-New York 1997.

Dede/Salzman/Loftin, The Development of a Virtual World for Learning Newtonian Mechanics 1996

Dede, C.J.; Salzman, M.; Loftin, R.B.: The Development of a Virtual World for Learning Newtonian Mechanics. In: Brusilovsky, P.; Kommers, P.; Streitz, N. (Hrsg.): Multimedia, Hypermedia, and Virtual Reality: Models, Systems, and Applications. Selected Papers der 1. International Conference MHVR '94, Moskau 1994. Berlin u.a. 1996, S. 87-106.

Deering, HoloSketch 1996

Deering, M.F.: The HoloSketch VR Sketching System. In: Communications of the ACM 39(1996)5, S. 54-61.

De Marco, Structured Analysis and System Specification 1978

De Marco, T.: Structured Analysis and System Specification. New York 1978.

Demers, Research Issues in Ubiquitous Computing 1994

Demers, A.J.: Research Issues in Ubiquitous Computing. In: Proceedings of the Thirteenth Annual ACM Symposium on Principles of Distributed Computing, 14. - 17. August 1994, Los Angeles, Calif., S. 2-8.

Diehl, Weltweit am Draht 1999

Diehl, S.: Weltweit am Draht. Verteilte virtuelle Welten mit Java, CORBA und VRML. In: iX Magazin für professionelle Informationstechnik (1999)3, S. 99-102.

Deutscher Multimedia-Verband, Multimedia Annual 1996

Deutscher Multimedia-Verband: Multimedia Annual. Köln 1996.

DIN, Bildschirmarbeitsplätze 1998

DIN Deutsches Institut für Normung e.V.: Bildschirmarbeitsplätze 1: Arbeitsplatz und Lichttechnik. Normen, Sicherheitsregeln (Informationstechnik 5). DIN-Taschenbuch 194. 4. Aufl., Berlin-Wien- Zürich 1998.

Dixon u.a., Mit Ausdauer ist es machbar 1995

Dixon, J.R. u. a.: Mit Ausdauer ist es machbar. In: Harvard Business Manager 17(1995)2, S. 105-114.

Dodgson, Organizational Learning 1993

Dodgson, M.: Organizational Learning: A Review of Some Literatures. In: Organization Studies 14(1993)3, S. 375-394.

Drews/Weyrich, Produktionsplanung und Anlagensimulation mit Methoden der Virtual Reality 1997

Drews, P.; Weyrich, M.: Produktionsplanung und Anlagensimulation mit Methoden der Virtual Reality. In: Industrie Management 13(1997)1, S. 18-22.

Durlach/Mavor, Virtual Reality 1995

Durlach, N.I.; Mavor, A.S. (Hrsg.): Virtual Reality: Scientific and Technological Challanges. Washington, D.C. 1995.

Dzida, Qualitätssicherung durch software-ergonomische Normen 1994

Dzida, W.: Qualitätssicherung durch software-ergonomische Normen. In: Eberleh, E.; Oberquelle, H.; Oppermann, R. (Hrsg.): Einführung in die Software-Ergonomie. 2. Aufl., Berlin-New York 1994, S. 373-406.

Eddon/Eddon, Inside Distributed COM 1998

Eddon, G.; Eddon H.: Inside Distributed COM. Redmond 1998.

Elgass/Krcmar/Oberweis, Von der informalen zur formalen Geschäftsprozeßmodellierung 1996

Elgass, P.; Krcmar, H.; Oberweis, A.: Von der informalen zur formalen Geschäftsprozeßmodellierung. In: Vossen, G.; Becker, J. (Hrsg.): Geschäftsprozeßmodellierung und Workflow-Management: Modelle, Methoden, Werkzeuge. Bonn-Albany 1996, S. 125-139.

Eyles u.a., PixelFlow: The Realization 1997

Eyles, J.; Molnar, S.; Poulton, J.; Greer, T.; Lastra, A.; England, N.; Westover, L.: PixelFlow: The Realization. In: Proceedings of the Siggraph/Eurographics Workshop on Graphics Hardware, 3.- 4. August 1997, Los Angeles, Calif., S. 57-68.

Fairchild, Information Management Using Virtual Reality-Based Visualizations 1993

Fairchild, K.M.: Information Management Using Virtual Reality-Based Visualizations. In: Wexelblat, A. (Hrsg.): Virtual Reality: Applications and Explorations. London u.a. 1993, S. 45-74.

Falter/Rötting/Springer, Zur Problematik der Verwendung von Displays 1993

Falter, H.; Rötting, M.; Springer, J.: Zur Problematik der Verwendung von Displays zur dreidimensionalen Wahrnehmung. In: Zeitschrift für Arbeitswissenschaft 47(1993)4, S. 198-205.

Ferstl/Sinz, Der Ansatz des Semantischen Objektmodells zur Modellierung von Geschäftsprozessen 1995

Ferstl, O.K.; Sinz, E.J.: Der Ansatz des Semantischen Objektmodells (SOM) zur Modellierung von Geschäftsprozessen. In: Wirtschaftsinformatik 37(1995)3, S. 209-220.

Finkeisen/Forschner/Häge, Werkzeuge zur Prozeßanalyse und –optimierung 1996

Finkeisen, A.; Forschner, M.; Häge, M.: Werkzeuge zur Prozeßanalyse und -optimierung, Ergebnisse einer Studie zur Bewertung unter betriebswirtschaftlichen Gesichtspunkten. In: Controlling (1996)1, S. 58-67.

Fisher u.a., A Hand-held Optical Surface Scanner 1996

Fisher, R.B.; Fitzgibbon, A.; Gionis, A.; Wright, M.; Eggert, D.: A Hand-held Optical Surface Scanner for Environment Modeling and Virtual Reality. In: Virtual Reality World '96 Conference Documentation. München 1996.

Frese/Maly, Organisationsstrategien 1994

Frese, E.; Maly, W. (Hrsg.): Organisationsstrategien zur Sicherung der Wettbewerbsfähigkeit - Lösungen deutscher Unternehmungen, zfbf-Sonderheft 33(1994).

Freund/Mehner, Roboterprogrammierung 1991

Freund, E.; Mehner, F.: Roboterprogrammierung. Hagen 1991.

Fritze/Riedel, Simulation of Complex Architectural Issues 1996

Fritze, T.; Riedel, O.: Simulation of Complex Architectural Issues in Virtual Environments. In: Virtual Reality World '96 Conference Documentation. München 1996.

Galler, Vom Geschäftsprozeßmodell zum Workflow-Modell 1997

Galler, J.: Vom Geschäftsprozeßmodell zum Workflow-Modell. Wiesbaden 1997.

Gausemeier/Bohuszewicz/Grafe, Simulation und Visualisierung von Prozessen 1998

Gausemeier, J.; von Bohuszewicz, O.; Grafe, M.: Simulation und Visualisierung von Prozessen in einem Virtuellen Modellunternehmen. In: Engeli, M.; Hrdliczka, V. (Hrsg.): Fortschritte in der Simulationstechnik. 12. Symposium, September 1998. Zürich 1998, S. 331-338.

Gausemeier/Brandt/Grafe, Nutzenpotentiale von Virtual Reality 1996

Gausemeier, J.; Brandt, C.; Grafe, M.: Nutzenpotentiale von Virtual Reality für Industrieunternehmen. In: Dangelmeier, W.; Gausemeier, J. (Hrsg.): Fortgeschrittene Informationstechnologie in der Produktentwicklung und Fertigung. Paderborn 1996, S. 391-406.

Gausemeier u.a., Das virtuelle Modellunternehmen 1996

Gausemeier, J.; von Bohuszewicz, O.; Ebbesmeyer, P.; Grafe, M.: Das Virtuelle Modellunternehmen - Eine funktionale und gestaltsmässige Abbildung eines Industrieunternehmens als interaktive virtuelle Umgebung. In: Mayr, H.C. (Hrsg.): Beherrschung von Informationssystemen. Wien-München 1996, S. 417-432.

Gausemeier u.a., Gestaltung industrieller Leistungserstellungsprozesse mit Virtual Reality 1997

Gausemeier, J., von Bohuszewicz, O.; Ebbesmeyer, P.; Grafe, M.: Gestaltung industrieller Leistungserstellungsprozesse mit Virtual Reality. In: Industrie Management 13(1997)1, S. 33-36.

Gerpott/Wittkemper, Business Process Redesign 1996

Gerpott, T.J.; Wittkemper, G.: Business Process Redesign. Der Ansatz von Booz-Allen & Hamilton. In: Nippa, M.; Picot, A. (Hrsg.): Prozeßmanagement und Reengineering - Die Praxis im deutschsprachigen Raum. 2. Aufl., Frankfurt/M.-New York 1996, S. 144-164.

Gibson, Neuromancer 1998

Gibson, W.: Neuromancer. 8. Aufl., München 1998.

Gigante, Virtual Reality 1993

Gigante, M.A.: Virtual Reality: Definitions, History and Applications. In: Earnshaw, R.A.; Gigante, M.A.; Jones, H. (Hrsg.): Virtual Reality Systems. London u.a. 1993.

Gomes de Sa/Baacke, Experiences with Virtual Reality Techniques in the Prototyping Process at BMW 1998

Gomes de Sa, A.; Baacke, P.: Experiences with Virtual Reality Techniques in the Prototyping Process at BMW. In: Dai, F. (Hrsg.): Virtual Reality for Industrial Applications. Berlin u.a. 1998, S. 151-158.

Grantham, Visualization of Information Flows 1993

Grantham, C.: Visualization of Information Flows: Virtual Reality as an Organizational Modeling Technique. In: Wexelblat, A. (Hrsg.): Virtual Reality: Applications and Explorations. London u.a. 1993, S. 219-237.

Green/Hallliday, A Geometrical Modeling and Animation System for Virtual Reality 1996

Green, M./Halliday, S.: A Geometrical Modeling and Animation System for Virtual Reality. In: Communications of the ACM 39(1996)5, S. 46-53.

Greiner, Evolution and revolution as organization grow 1972

Greiner, L.E.: Evolution and revolution as organization grow. In: Harvard Business Review 60(1972)4, S. 37-46.

Güssmann, Einführung in die Roboterprogrammierung 1992

Güssmann, B.: Einführung in die Roboterprogrammierung. Braunschweig-Wiesbaden 1992.

Hackl-Gruber, Ergonomie 1995

Hackl-Gruber, W.: Ergonomie – Begriff, historische Entwicklung, aktuelle Bezüge. In: Blaha, F. (Hrsg.): Der Mensch am Bildschirm-Arbeitsplatz. Ein Handbuch über Recht, Gesundheit und Ergonomie. Wien-New York 1995, S. 4-10.

Hagemann, SIMPLIFY – Application Specific Data Preparation 1998

Hagemann, F.-M.: SIMPLIFY – Application Specific Data Preparation. In: Dai, F. (Hrsg.): Virtual Reality for Industrial Applications. Berlin u.a. 1998, S. 95-102.

Hammer, Reengineering Work 1990

Hammer, M.: Reengineering Work: Don't Automate, Obliterate. In: Harvard Business Review 68(1990)4, S. 104-112.

Hammer/Champy, Business Reengineering 1995

Hammer, M.; Champy, J.: Business Reengineering: Die Radikalkur für das Unternehmen. 5. Aufl., Frankfurt/M.-New York 1995.

Hasenkamp, Einführung von CSCW-Systemen in Organisationen 1994

Hasenkamp, U. (Hrsg.): Einführung von CSCW-Systemen in Organisationen. Braunschweig-Wiesbaden 1994.

Hasenkamp/Kirn/Syring, CSCW 1994

Hasenkamp, U.; Kirn, S.; Syring, M. (Hrsg.) : CSCW – Computer Supported Cooperative Work. Bonn u.a. 1994.

Heib, Business Process Reengineering mit ARIS-Modellen 1998

Heib, R.: Business Process Reengineering mit ARIS-Modellen. In: Scheer, A.-W. (Hrsg.): ARIS – Vom Geschäftsprozeß zum Anwendungssystem. 3. Aufl., Berlin u.a. 1998, S. 147-153.

Heim, The Metaphysics of Virtual Reality 1993

Heim, M.: The Metaphysics of Virtual Reality. New York u.a. 1993.

Helling, ISO 9000-Zertifizierung mit ARIS-Modellen 1998

Helling, K.: ISO 9000-Zertifizierung mit ARIS-Modellen. In: Scheer, A.-W. (Hrsg.): ARIS – Vom Geschäftsprozeß zum Anwendungssystem. 3. Aufl., Berlin u.a. 1998, S. 154-161.

Herczeg, Software-Ergonomie 1994

Herczeg, M.: Software-Ergonomie. Grundlagen der Mensch-Computer-Kommunikation. Bonn u.a. 1994.

Herp/Brand, Reengineering aus Management-Sicht 1996

Herp, T.; Brand, S.: Reengineering aus Management-Sicht. In: Nippa, M.; Picot, A. (Hrsg.): Prozeßmanagement und Reengineering - Die Praxis im deutschsprachigen Raum. 2. Aufl., Frankfurt/M.-New York 1996, S. 126-143.

Hoffmann/Kirsch/Scheer, Modellierung mit Ereignisgesteuerten Prozeßketten 1993

Hoffmann, W.; Kirsch, J.; Scheer, A.-W.: Modellierung mit Ereignisgesteuerten Prozeßketten. In: Scheer, A.-W. (Hrsg.): Veröffentlichungen des Instituts für Wirtschaftsinformatik, Nr. 101. Saarbrücken 1993.

Kalawsky, The Science of Virtual Reality 1993

Kalawsky, R.S.: The Science of Virtual Reality and Virtual Environments. Wokingham u.a. 1993.

Keller/Nüttgens/Scheer, Semantische Prozeßmodellierung 1992

Keller, G.; Nüttgens, M.; Scheer, A.-W.: Semantische Prozeßmodellierung auf der Grundlage Ereignisgesteuerter Prozeßketten (EPK). In: Scheer, A.-W. (Hrsg.): Veröffentlichungen des Instituts für Wirtschaftsinformatik, Nr. 89. Saarbrücken 1992.

Kieferle, Reflections about Relations of Virtual Reality and the Architects Work 1996

Kieferle, J.B.: Reflections about Relations of Virtual Reality and the Architects Work. In: Virtual Reality World '96 Conference Documentation. München 1996.

Kloss u.a., VRML 97

Kloss, J.; Rockwell, R.; Szabo, K.; Duchrow, M.: VRML 97 - Der neue Standard für interaktive 3D-Welten im World Wide Web. Bonn u.a. 1998.

Knöpfle/Schieferle, Data Preparation on Polygonal Basis 1998

Knöpfle, C.; Schieferle, J.: Data Preparation on Polygonal Basis. In: Dai, F. (Hrsg.): Virtual Reality for Industrial Applications. Berlin u.a. 1998, S. 77-94.

Korf/Bonin, Leistungsfähigere Organisationsabläufe durch Geschäftsprozeßoptimierung 1997

Korf, P.; Bonin, P.-A.: Leistungsfähigere Organisationsabläufe durch Geschäftsprozeß-Optimierung im Steinkohlebergbau unter Nutzung von R/3. In: HMD 34(1997)198, S. 25-40.

Kortzfleisch, Werkzeuge für die computergestützte Organisationsgestaltung 1995

von Kortzfleisch, H.F.O.: Werkzeuge für die computergestützte Organisationsgestaltung: Marktübersicht und betriebswirtschaftliche Beurteilung. In: Wirtschaftsinformatik 37(1995)4, S. 384-392.

Krallmann u.a., ProVision^{3D} 1999

Krallmann, H.; Gu, F.; Mitritz, A.: ProVision^{3D} - Eine Virtual Reality Workbench zur Modellierung, Kontrolle und Steuerung von Geschäftsprozessen im virtuellen Raum. In: Wirtschaftsinformatik 41(1999)1, S. 48-57.

Kronz, Einführung von Workflow-Systemen mit ARIS-Modellen 1998

Kronz, A.: Einführung von Workflow-Systemen mit ARIS-Modellen. In: Scheer, A.-W. (Hrsg.): ARIS – Modellierungsmethoden, Metamodelle, Anwendungen. 3. Aufl., Berlin u.a. 1998, S. 184-189.

Krueger, Artificial Reality II 1991

Krueger, M. W.: Artificial Reality II. Reading, Mass. 1991.

Krueger, Videoplace 1990

Krueger, M.W.: Videoplace and the Interface of the Future. In: Laurel, B. (Hrsg.): The Art of Human-Computer Interface Design. Reading, Mass. 1990, S. 417-422.

Kruse, Referenzmodellgestütztes Geschäftsprozeßmanagement 1996

Kruse, C.: Referenzmodellgestütztes Geschäftsprozeßmanagement: Ein Ansatz zur prozeßorientierten Gestaltung vertriebslogistischer Systeme. Wiesbaden 1996.

Kruse/Scheer, Modellierung und Analyse dynamischen Systemverhaltens 1992

Kruse, C.; Scheer, A.-W.: Modellierung und Analyse dynamischen Systemverhaltens. In: Scheer, A.-W. (Hrsg.): Veröffentlichungen des Insituts für Wirtschaftsinformatik, Nr. 94. Saarbrücken 1992.

Latham, Dictionary of Computer Graphics and Virtual Reality 1995

Latham, R.: The Dictionary of Computer Graphics and Virtual Reality. 2. Aufl., Berlin u.a. 1995.

Lauffs, Bediengeräte zur 3D-Bewegungsführung 1991

Lauffs, H.-G.: Bediengeräte zur 3D-Bewegungsführung. Ein Beitrag zur effizienten Roboterprogrammierung. Braunschweig 1991.

Lehner/Hildebrand/Maier, Wirtschaftsinformatik 1995

Lehner, F.; Hildebrand, K., Maier, R.: Wirtschaftsinformatik - Theoretische Grundlagen. München-Wien 1995.

Leinenbach/Scheer, Geschäftsprozeßvisualisierung 1996

Leinenbach, S.; Scheer, A.-W.: Geschäftsprozeßvisualisierung: Neue Wege mit Virtual Reality? In: IM Information Management 11(1996)4, S. 73-76.

Leinenbach/Seel/Scheer, Interaktive Prozeßmodellierung 1999

Leinenbach, S.; Seel, C.; Scheer, A.-W.: Interaktive Prozeßmodellierung in einer Virtual Reality-gestützten Unternehmungsvisualisierung. In: Desel, J.; Pohl, K.; Schürr, A. (Hrsg.): Modellierung '99 – Workshop der Gesellschaft für Informatik, März 1999 in Karlsruhe. Stuttgart-Leipzig 1999, S. 11-26.

Leinenbach/Seel/Scheer, Mitarbeiter-orientierte Geschäftsprozeßmodellierung 1999

Leinenbach, S.; Seel, C.; Scheer, A.-W.: Mitarbeiter-orientierte Geschäftsprozeßmodellierung mit Virtual Reality – Von der VR-gestützten Visualisierung zur interaktiven Erhebung des Prozeßwissens. In: Deussen, O.; Hinz, V.; Lorenz, P. (Hrsg.): Proceedings der Tagung „Simulation und Visualisierung '99", März 1999 in Magdeburg. Ghent 1999, S. 287-301.

Leston/Ring/Kyral, Virtual Reality 1996

Leston, J.; Ring, K.; Kyral, E.: Virtual Reality: Business Applications, Markets and Opportunities. London 1996.

Ludwig/Cas, Virtual Reality 1995

Ludwig, P.; Cas, K.: Virtual Reality - Betriebswirtschaftliche Anwendungen, Kosten, Nutzen. Report des Forschungszentrums für Wissensbasierte Systeme. Erlangen-München-Passau 1995.

Lullies/Pastowsky/Grandke, Geschäftsprozesse optimieren 1998

Lullies, V.; Pastowsky, M.; Grandke, S.: Geschäftsprozesse optimieren - ohne Diktat der Technik. In: Harvard Business Manager 20(1998)2, S. 65-72.

Maaß, Software-Ergonomie 1993

Maaß, S.: Software-Ergonomie. In: Informatik Spektrum 16(1993), S. 191-205.

Mattheis/Jost, Einführung von Standardsoftware mit ARIS-Modellen 1998

Mattheis, P.; Jost, W.: Einführung von Standardsoftware mit ARIS-Modellen. In: Scheer, A.-W. (Hrsg.): ARIS – Modellierungsmethoden, Metamodelle, Anwendungen. 3. Aufl., Berlin u.a. 1998, S. 177-183.

McGreevy, Virtual Reality and Planetary Exploration 1993

McGreevy, M.W.: Virtual Reality and Planetary Exploration. In: Wexelblat, A. (Hrsg.): Virtual Reality: Applications and Explorations. London u.a. 1993, S. 163-197.

Nicolaou, Flexible Roboterprogrammierung durch Training 1995

Nicolaou, M.: Flexible Roboterprogrammierung durch Training. Clausthal 1995.

Nilan, Cognitive Space 1992

Nilan, M.S.: Cognitive Space: Using Virtual Reality for Large Information Resource Management Problems. In: Journal of Communication 42(1992)4, S. 115-135.

OMG, Unified Modeling Language Specification 1999

Object Management Group: Unified Modeling Language Specification, Version 1.3, Juni 1999. URL: http://www.rational.com/uml/resources/documentation/index.jtmpl, Stand: 07.12.1999.

Österle, Business Engineering 1995

Österle, H.: Business Engineering: Prozeß- und Systementwicklung. Band 1: Entwurfstechniken. Berlin u.a. 1995.

Pesce, VRML 1997

Pesce, M.: VRML: Cyberspace-Welten erkunden und erschaffen. München-Wien 1997.

Petri, Kommunikation mit Automaten 1962

Petri, C.A.: Kommunikation mit Automaten. In: Peschl, E.; Unger, H. (Hrsg.): Schriften des Rheinisch-Westfälischen Instituts für instrumentelle Mathematik an der Universität Bonn, Nr. 2. Bonn 1962.

Picot/Franck, Prozeßorganisation 1996

Picot, A.; Franck, E.: Prozeßorganisation – Eine Bewertung der neuen Ansätze aus Sicht der Organisationslehre. In: Nippa, M.; Picot, A. (Hrsg.): Prozeßmanagement und Reengineering - Die Praxis im deutschsprachigen Raum. 2. Aufl., Frankfurt/M.-New York 1996, S. 13-38.

Porush, Ubiquitous Computing vs. Radical Privay 1995

Porush, D.: Ubiquitous Computing vs. Radical Privacy: A Reconsideration of the Future. In: Computer-Mediated Communication Magazin 2(1995)3, S. 46.

Prümper/Frese, Software-Ergonomie und Neue Techniken 1996

Prümper, J.; Frese, M.: Software-Ergonomie und Neue Techniken. Hagen 1996.

Prümper, Der Benutzungsfragebogen ISONORM 9241/10 1997

Prümper, J.: Der Benutzungsfagebogen ISONOMR 9241/10: Ergebnisse zur Reliabilität und Validität. In: Liskowsky, R.; Velichkovsky, B.M.; Wünschmann, W. (Hrsg.): Software-Ergonomie '97: Usability Engineering: Integration von Mensch-Computer-Interaktion und Software-Entwicklung. Stuttgart 1997, S. 253-262.

Purschke u.a., Virtual Reality – New Methods for Improving and Accelerating Vehicle Development 1998

Purschke, F.; Rabätje, R.; Schulze, M.; Starke, A.; Symietz, M.; Zimmermann, P.: Virtual Reality – New Methods for Improving and Accelerating Vehicle Development. In: Dai, F. (Hrsg.): Virtual Reality for Industrial Applications. Berlin u.a. 1998, S. 105-122.

Randow, Roboter 1997

von Randow, G.: Roboter - Unsere nächsten Verwandten. Reinbek 1997.

Reisig, Petri-Netze 1986

Reisig, W.: Petri-Netze – Eine Einführung. 2. Aufl., Berlin u.a. 1986.

Reitzle, Industrieroboter 1984

Reitzle, W.: Industrieroboter. München 1984.

Remme, Geschäftsprozeßkonstruktion durch Montage generischer Prozeßpartikel 1997

Remme, M.: Geschäftsprozeßkonstruktion durch Montage generischer Prozeßpartikel. Wiesbaden 1997.

Remme u.a., Die Erfassung der aktuellen Unternehmensprozesse 1995

Remme, M.; Galler, J.; Gierhake, O.; Scheer, A.-W.: Die Erfassung der aktuellen Unternehmensprozesse als erste operative Phase für deren Re-engineering – Erfahrungsbericht. In: Scheer, A.-W. (Hrsg.): Veröffentlichungen des Instituts für Wirtschaftsinformatik, Nr. 118. Saarbrücken 1995.

Riegel, Beurteilung multimedialer Anwendungen und Systeme 1997

Riegel, M.: Beurteilung multimedialer Anwendungen und Systeme. In: Liskowsky, R.; Velichkovsky, B.M.; Wünschmann, W. (Hrsg.): Software-Ergonomie '97: Usability Engineering: Integration von Mensch-Computer-Interaktion und Software-Entwicklung. Stuttgart 1997, S. 253-262.

Rosemann, Komplexitätsmanagement in Prozeßmodellen 1996

Rosemann, M.: Komplexitätsmanagement in Prozeßmodellen: Methodenspezifische Gestaltungsempfehlungen für die Informationsmodellierung. Wiesbaden 1996.

Rosemann/Rotthowe, Der Lösungsbeitrag von Prozeßmodellen bei der Einführung von SAP R/3 1995

Rosemann, M.; Rotthowe, T.: Der Lösungsbeitrag von Prozeßmodellen bei der Einführung von SAP R/3 im Finanz- und Rechnungswesen. In: HMD 32(1995)182, S. 8-25.

Scheer, EDV-orientierte Betriebswirtschaftslehre 1990

Scheer, A.-W.: EDV-orientierte Betriebswirtschaftslehre. 4. Aufl., Berlin u.a. 1990.

Scheer, ARIS-House of Business Engineering 1996

Scheer, A.-W.: ARIS-House of Business Engineering. In: Scheer, A.-W. (Hrsg.): Veröffentlichungen des Instituts für Wirtschaftsinformatik, Nr. 133. Saarbrücken 1996.

Scheer, ARIS – Vom Geschäftsprozeß zum Anwendungssystem 1998

Scheer, A.-W.: ARIS - Vom Geschäftsprozeß zum Anwendungssystem. 3. Aufl., Berlin u.a. 1998.

Scheer, ARIS – Modellierungsmethoden, Metamodelle, Anwendungen 1998

Scheer, A.-W.: ARIS - Modellierungsmethoden, Metamodelle, Anwendungen. 3. Aufl., Berlin u.a. 1998.

Scheer/Nüttgens/Zimmermann, Rahmenkonzept für ein integriertes Geschäftsprozeßmanagement 1995

Scheer, A.-W.; Nüttgens, M.; Zimmermann, V.: Rahmenkonzept für ein integriertes Geschäftsprozeßmanagement. In: Wirtschaftsinformatik 37(1995)5, S. 426-434.

Scheer/Stehle, ARIS-Mentor: Towards a Process-Oriented Learning Environment for Software Users 1996

Scheer, A.-W.; Stehle, S.: ARIS-Mentor: Towards a Process-Oriented Learning Environment for Software Users. In: Proceedings of the World Conference on Educational Multimedia and Hypermedia. Boston 1996.

Schlüter, VRML 1998

Schlüter, O.: VRML: Sprachmerkmale, Anwendungen, Perspektiven. Köln 1998.

Schmidt, Prozess-Management 1997

Schmidt, G.: Prozess-Management. Modelle und Methoden. Berlin u.a. 1997.

Schreyögg/Noss, Organisatorischer Wandel 1995

Schreyögg, G.; Noss, C.: Organisatorischer Wandel: Von der Organisationsentwicklung zur lernenden Organisation. In: DBW 55(1995)2, S. 169-185.

Schwarze, Netzplantechnik 1994

Schwarze, J.: Netzplantechnik - Eine Einführung in das Projektmanagement. 7. Aufl., Berlin 1994.

Seel/Scheer, Simulation von Dienstleistungsprozessen 2000

Seel, C.; Scheer, A.-W.: Simulation von Dienstleistungsprozessen – Modellierungs- und Visualisierungskonzept, Anwendungsbeispiel. In: Proceedings der Tagung „Simulation und Visualisierung 2000" in Magdeburg. Erscheint voraussichtlich im März 2000.

Shneiderman, Designing the User Interface 1998

Shneiderman, B.: Designing the User Interface. Strategies for Effective Human-Computer Interaction. 3. Aufl., Reading, Mass. 1998.

Siegert/Bocionek, Robotik 1996

Siegert, H.-J.; Bocionek, S.: Robotik: Programmierung intelligenter Roboter. Berlin u.a. 1996.

Smith/Mosier, Guidelines for Designing User Interface Software 1986

Smith, S.L.; Mosier, J.N.: Guidelines for Designing User Interface Software. Report ESD-TR-86-278, Electronic Systems Division, MITRE Corporation. Bedford, Mass. 1986.

Smith/Wilson, Navigation in hypertext through virtual environments 1993

Smith, P.A.; Wilson, J.R.: Navigation in hypertext through virtual environments. In: Applied Ergonomics 24(1993)4, S. 271-278.

Spath/Osmers/Guinand, Virtual Engineering 1997

Spath, D.; Osmers, U.; Guinand, P.: Virtual Engineering: 3D-Projektierung und Simulation komplexer Produktionssysteme am Beispiel SPS-gesteuerter Anlagen. In: Industrie Management 13(1997)1, S. 38-41.

Spreitzer/Theimer, Providing Location Information in a Ubiquitous Computing Environment 1993

Spreitzer, M.; Theimer, M.: Providing Location Information in a Ubiquitous Computing Environment. In: Proceedings of the Fourteenth ACM Symposium on Operating Systems Principles, 5. - 8. Dezember 1993, Asheville, NC, S. 270-283.

Spring, Informating with Virtual Reality1991

Spring, M.B.: Informating with Virtual Reality. In: Helsel, S. K.; Roth, J. P. (Hrsg.): Virtual Reality - Theory, Practice and Promise. Westport 1991.

Spur/Krause, CAD-Technik 1984

Spur, G.; Krause, F.-L.: CAD-Technik: Lehr- und Arbeitsbuch für die Rechnerunterstützung in Konstruktion und Arbeitsplanung. München-Wien 1984.

Spur/Mertins/Jochem, Integrated Enterprise Modelling 1996

Spur, G.; Mertins, K.; Jochem, R.: Integrated Enterprise Modelling. Berlin-Wien-Zürich 1996.

Stary, Interaktive Systeme 1996

Stary, C.: Interaktive Systeme - Software-Entwicklung und Software-Ergonomie. 2. Aufl., Braunschweig-Wiesbaden 1996.

Steed, A Survey of Virtual Reality Literatur 1993

Steed, A.: A Survey of Virtual Reality Literature. Report (Nr. 623) des Department of Computer Science, Queen Mary and Westfield College. London 1993.

Steuer, Defining Virtual Reality 1992

Steuer, J.: Defining Virtual Reality: Dimensions Determining Telepresence. In: Journal of Communication 42(1992)4, S. 73-93.

Sutherland, Sketchpad 1963

Sutherland, I.E.: Sketchpad: A Man-Machine Graphical Communication System. Massachusetts 1963.

Sutherland, The Ultimate Display 1965

Sutherland, I.E.: The Ulitmate Display. In: Proceedings of the IFIP Congress 2(1965), S. 506-508.

Sutherland, A Head-Mounted three-dimensional Display 1968

Sutherland, I.E.: A Head-Mounted three-dimensional Display. In: Proceedings of the Fall Joint Computer Conference 33(1968), S. 757-764.

Vernadat, Enterprise Modeling and Integration 1996

Vernadat, F.B.: Enterprise Modeling and Integration: Principles and Applications. London u.a. 1996.

Viereck, Kosten und Nutzen ergonomischer Anwendungssysteme 1995

Viereck, A.: Kosten und Nutzen ergonomischer Anwendungssysteme. In: Daldrup, U. (Hrsg.): Menschengerechte Softwaregestaltung: Konzepte und Werkzeuge auf dem Weg in die Praxis. Stuttgart 1995, S. 181-215.

Vince, Flying in Virtual Worlds 1994

Vince, J.A.: Flying in Virtual Worlds. In: MacDonald, L.W.; Vince, J.A. (Hrsg.): Interacting with Virtual Environments. Chichester 1994, S. 257-269.

Vince, Virtual Reality Systems 1995

Vince, J.A.: Virtual Reality Systems. Reading, Mass. 1995.

Vince, Virtual Reality Techniques in Flight Simulation 1993

Vince, J.A.: Virtual Reality Techniques in Flight Simulation 1993. In: Earnshaw, R.A.; Gigante, M.A.; Jones, H. (Hrsg.): Virtual Reality Systems. London u.a. 1993, S. 135-141.

Vossen/Becker, Geschäftsprozeßmodellierung und Workflow-Management 1996

Vossen, G.; Becker, J. (Hrsg.): Geschäftsprozeßmodellierung und Workflow-Management: Modelle, Methoden, Werkzeuge. Bonn-Albany 1996.

Watkins/Marenka, Virtual Reality Excursion 1994

Watkins, C.; Marenka, S.R.: Virtual Reality Excursions with Programs in C. Boston u.a. 1994.

Weber, Virtual Reality as a marketing-tool 1996

Weber, M.: Virtual Reality as a marketing-tool. In: Virtual Reality World '96 Conference Documentation. München 1996.

Weiser, Some Computer Science Issues in Ubiquitous Computing 1993

Weiser, M.: Some Computer Science Issues in Ubiquitous Computing. In: Communications of the ACM 36(1993)7, S. 75-84.

Weiser, The Computer for the 21st Century 1991

Weiser, M.: The Computer for the 21st Century. In: Scientific American 265(1991)3, S. 94-104.

Weiser, The World is not a Desktop 1994

Weiser, M.: The World is not a Desktop. In: Interactions (1994)1, S. 7-8.

Wexelblat, The Reality of Cooperation 1993

Wexelblat, A.: The Reality of Cooperation: Virtual Reality and CSCW. In: Wexelblat, A. (Hrsg.): Virtual Reality: Applications and Explorations. London u.a. 1993, S. 23-44.

Wildemann, Lean Management 1993

Wildemann, H. (Hrsg.): Lean Management - Strategien zur Erreichung wettbewerbsfähiger Unternehmen. Frankfurt/M. 1993.

Wirtz, Business Process Reengineering 1996

Wirtz, B.W.: Business Process Reengineering - Erfolgsdeterminanten, Probleme und Auswirkungen eines neuen Reorganisationsansatzes. In: zfbf 48(1996)11, S. 1023-1036.

Wloka, CAVE 1996

Wloka, D.W.: CAVE: Personal or Small Group Non-HMD-based head tracked wrap-around Virtual Environment – The System of the Future for Virtual Reality Applications? In: Virtual Reality World '96 Conference Documentation. München 1996.

Zeller, Maßgeschneidertes Reengineering 1996

Zeller, R.: Maßgeschneidertes Reengineering. Ein pragmatischer Ansatz von Bain & Company. In: Nippa, M.; Picot, A. (Hrsg.): Prozeßmanagement und Reengineering - Die Praxis im deutschsprachigen Raum. 2. Aufl., Frankfurt/M.-New York 1996, S. 108-125.

Zimmermann, Objektorientiertes Geschäftsprozeßmanagement 1998

Zimmermann, V.: Objektorientiertes Geschäftsprozeßmanagement: Integrationsansatz – Modellierungsmethode – Anwendungsbeispiel. Dissertation Saarbrücken 1998.

Zink, TQM als integratives Managementkonzept 1995

Zink, K.J.: TQM als integratives Managementkonzept. Das Europäische Qualitätsmodell und seine Umsetzung. München-Wien 1995.

Schriften zur EDV-orientierten Betriebswirtschaft

Folgende Bände sind zuletzt erschienen:

Jürgen Kirsch
Prozessorientiertes Management von Client-Server-Systemen
1999, XIX, 254 Seiten
Broschur DM 98,–
ISBN 3-8244-9005-6

Claudia Kocian
Virtuelle Kooperationen im Mittelstand
1999, XVII, 238 Seiten
Broschur DM 98,–
ISBN 3-8244-9024-2

Matthias Krause
Computer Aided Selling in der Konsumgüterindustrie
Konzeption der Außendienstunterstützung
2000, XX, 220 Seiten
Broschur DM 98,–
ISBN 3-8244-9016-1

Stefan Leinenbach
Interaktive Geschäftsprozessmodellierung
2000, XXII, 208 Seiten
Broschur DM 98,–
ISBN 3-8244-9042-0

Thomas Rotthowe
Schnittstellenmanagement im Handel
1998, XXI, 298 Seiten
(1 Faltblatt)
Broschur DM 108,–
ISBN 3-409-12326-1

Jörg Sander
Mediengestütztes Bildungsmanagement
Virtuelle Lernwelten für Unternehmen
1999, XXIII, 223 Seiten
Broschur DM 98,–
ISBN 3-8244-9008-0

Volker Zimmermann
Objektorientiertes Geschäftsprozessmanagement
Integrationsansatz – Modellierungsmethode – Anwendungsbeispiel
1999, XXII, 248 Seiten
Broschur DM 98,–
ISBN 3-8244-9015-3

GPSR Compliance

The European Union's (EU) General Product Safety Regulation (GPSR) is a set of rules that requires consumer products to be safe and our obligations to ensure this.

If you have any concerns about our products, you can contact us on ProductSafety@springernature.com

In case Publisher is established outside the EU, the EU authorized representative is:

Springer Nature Customer Service Center GmbH
Europaplatz 3
69115 Heidelberg, Germany

Batch number: 10815964

Printed by Printforce, the Netherlands